貨幣の原理・信用の原理

マルクス=宇野経済学的アプローチ

海 大汎 著
해 대범

社会評論社

はしがき

仮想通貨が近年世間の注目を浴びている。電子化の波がおよそ貨幣領域にも押し寄せてきているようである。貨幣体の新たな可能性は、われわれの経済生活の営み方を大きく変貌させるであろうし、それはそれで社会学的意味をもつに違いない。だが、経済学、なかんずくマルクス経済学的観点からすれば、貨幣体の変貌自体は、それほど有意義なものとは言い難い。貨幣の個別的様態がどうであれ、商品経済が存続する限り貨幣は消えないからである。

むしろここで指摘したいのは、新たな事象を受け止めるわれわれの仕方である。とりわけ資本主義社会は、たえずわれわれを個別事象の新しさのみに注目させる。そのためか、しばしばわれわれはそのような命法に呪縛され、個別事象の基層に通底する原理を看取することができない。その結果、社会を単に、個別的諸事象の総合として受け止める仕方を無批判的に体化してしまう。しかしそれは、短編的で間歇的な刺激に対する反応、それ以上でも以下でもない。

マルクス経済学は、そのような思考法を真っ向から拒否する。それとは逆に、個別事象は徹底的に原理に基づいて再構成される。マルクス経済学が資本主義の構造と動態についての理論的研究に執拗なまでに突き詰めてきたのは、そのためである。その意味からいえば、マルクス経済学は、あくまでも経済学批判であって、批判的経済学などではない。つまり、マルクス経済学が批判―ある対象をしてそれ自身たらしめるものとは何かについて問うこと─の対象とするのは、経済的諸事象ではなく、経済学そのものである。メタ理論の構築こそがマルクス経済学の本領といってよい。

マルクス経済学とは何かについて多様な定義がありうるが、私はそれを、経済における人間と社会（または自然）の結びつき方の学として理解している。(注) 資本主義は、それらの結びつき方の一つの形式として成り立ち、紆余曲折を辿りながらも長らく存続してきた。たといそこには諸々の矛盾が伏在しているとしても、何世紀にもわたって人間社会を規律する支配的メカニズムとして機能しえたのは、その結びつき方にそれなりの完結性があるからであるといってよいかもしれない。

周知のようにマルクスは、労働者階級を、人間と社会（または自然）の結びつき方を規律する担い手として呼び上げたが、彼自身の期待とは異なり、労働者階級の先導による変革が起きなかったことを、われわれは歴史の経験則として承知している。にもかかわらず、資本主義を人間歴史から浮き彫りにし、その限界を資本主義の構造と動態から理論化する、マルクスの思考法は依然として有効である。たとえその終焉の方式に過剰な意味づけがあったにせよ、資本主義が始まりと終わりを内包している有限な社会体制であることを見事に描き出した。

マルクスの資本主義批判は、明瞭な境界（輪郭）をもつ資本主義像を理論化する一連の作業であったし、それは要するに、資本主義の超克の理論的試みに他ならなかった。資本主義という特殊歴史性の社会体制の運営原理を解明する試みは、資本主義の超克の可能性を創り出す、と彼は考えたのである。資本主義像をいかに構築するかについては諸論があるが、少なくとも資本主義が特殊歴史性の社会体制であることは、マルクス経済学系の共通認識といってよい。

マルクスの資本主義批判のなかにおいても、特にここで注目したいのは、その第一のターゲットとなっている「商品と貨幣」である。これはいってみれば、個別商品の自己関係から貨幣形態の成立原理を抽象し、また、商品と貨幣の関係から貨幣の諸機能を解明するものである。日本のマルクス経済学者、宇野弘蔵（一八九七〜一九七七）は、この理論領域を流通形態論として定式化したが、それによれば、商品論と貨幣論は、資本形式論とともに流通形態論を構成する理論領域であり、マルクス経済学における資本主義批判の出発点でもある。

資本主義批判における宇野の方法は、いってみれば、人間を理論の表舞台から退場させることであったが、これは、マルクスの資本主義批判における古典派的残滓を払拭し、資本から人間を対象化する体系としての資本主義像（原理論）の構築を可能にした。そこで人間は、もはや価値の形成者としてではなく、ひとまずその人格化された形象として現われる。人間が価値の形成者として登場するのは、資本の要請によってであるが――これがいわゆる労働力商品化であるが、そこにおいても、人間は徹底的に、資本によって対象化された客体として扱われる。主体としての資本と客体としての人間、これが原理論を貫く一つのロジックであり、その徹底化こそマルクス経済学における宇野の功績である。本書でも同様に、そうした理論的立場を堅持しながら、「商品と貨幣」批判を試みることとしたい。

本書は、貨幣論の一領域――支払手段論――および信用論にその理論的根底をなすとされる信用の原理を、商品論の枠内に組み込む一環として、貨幣形態の成立原理から信用関係の形成メカニズムを解明しようとするものである。こうした作業をつうじて、貨幣形態の成立と信用関係の形成との間における従来の二段構えの論理構造を相対化し、両方の原理が表裏の関係にあるということを明らかにする。

こうして、本書の狙いは、貨幣と信用の原理を批判するこれまでの理論体系そのものを見直すことにあるといえるし、その内容もまた、そのような結論にたどり着くための一連の推論過程といってよい。

（注）これは、ヘーゲル・マルクス研究者である清水正徳［2005］の言葉「マルクス経済学は経済における人間関係の学である」（八三頁）から得ている。

※本書は、北海道大学大学院経済学研究院の二〇二一年度出版助成を得て出版されたものである。

貨幣の原理・信用の原理──マルクス＝宇野経済学的アプローチ　＊目次

序文

本書は、マルクス経済学原理論における貨幣批判をテーマとし、信用の原理との結びつきを多角度から分析するものである。貨幣と信用を研究対象としたのは、信用貨幣の生成原理に関する従来の原理論体系に疑問を抱いたからである。

従来の原理論研究では、一般に貨幣または資本の運動を補助する信用の量的側面については詳論されているが、価値関係の形成因子として働く信用の質的側面にはさほど光が当てられてこなかった。その理由は、端的にいえば、現金売買を商品交換の正則とし、信用売買をその変則とみなす売買規定と、現物貨幣を本物の貨幣とし、信用貨幣をその代理物とみなす貨幣規定―いわば真なるものと偽なるものとの見分け―とによって体系化されていることにある(1)。

これに対して本書では、たとい両方の間に量的相違があるとしても、相対的価値形態側の価値表現によって形づくられる両極商品同士の価値関係のレベルでは質的相違は存在しないということを根拠として、従来の観点を相対化しようとする。以下では、本書の概略的な構想とその内容とについて述べることにする。

われわれが生きているこの社会は、いうまでもなく、資本主義社会である。資本主義社会とは何であるか。宇野弘蔵の言葉を借りていえば、「資本主義社会は、資本によってその経済を処理する社会である」[2]。おそらく次のように言い換えた方がわかりやすいかもしれない。すなわち、資本主義社会は、貨幣の特殊な使用方法によってその生産と流通を処理する社会である、と。

社会に必要とされる物的土台は、貨幣の特殊な使用方法を体現している資本によって構築され維持される。社会はもはや、生身の人間同士のネットワークとしてではなく、貨幣・資本の原理によって営まれる空間として再編される。資本主義社会において個別者の生は、ひとえに商品経済によって営まれるのであるが、そこでみられる貨幣依存は、資本主義社会の特殊性の一断面を如実に示すものといってよい。

ただし、ここでいう貨幣とは、貨幣体―金属貨幣や銀行券、エレクトロニック・マネーなど―そのものを意味するわけではない。貨幣は概して、特定の素材―金属のかけらや紙の切れはし、電磁気的なパルスなど―と結びつけて理解され説明される傾向があるが、もしそれだけでよければ、一見接点がないようにみえる商品貨幣説と貨幣法制説とは実は、貨幣体に貫かれている本質的契機を析出するような、いわば本質論的貨幣観の上に立っている点では同類のものといわなければならない。

本書では、そうした貨幣観を相対化しつつ、貨幣を価値関係の形成因子として捉える観点を基本線として維持している。貨幣は、モノではなく、いわば概念体系であるというのが本書の貨幣観である。そして、それが原理的に根拠づけられるところは、流通形態論、なかんずく価値形態論である[3]。

マルクス経済学の貨幣観は一般に、商品貨幣説―一種の商品が貨幣の地位につく過程を論証する議論―として取り扱われる。確かに『資本論』は、一九世紀のイギリスをモデルにしており、そこで金本位制が議論の時代的背景または理論的前提となっている。特に貨幣形態の成立原理を論証する価値形態論では、商品金が貨幣形態の等価商品として導き出されている。その限りで、マルクス経済学の貨幣像＝商品貨幣というような認識が生じるのも無理ではない。

ところで、問題はさほど単純ではない。周知のように、価値形態論においてマルクス自身が解明しようとしたのは、商品交換の繰り返しによる商品貨幣の登場ではなく、価値表現の展開による貨幣形態の成立だからである。[4] 貨幣形態は、貨幣そのものではなく、一般商品と貨幣商品との間の対極的関係を表象するものである。商品交換は、この形態（関係）の成立によってはじめて行われる。したがって要するに、マルクスは、商品と貨幣との間の対極的関係から仮構した価値形態の展開を通して貨幣形態の成立を原理的に明らかにしようとしたといえる。

しかし他方で、『資本論』の理論体系においてマルクス自身が価値形態論の理論的意義を生かしきれているのかといえば、必ずしもそうではない。ここで、信用の問題が生じてくる。マルクス経済学原理論においては、信用関係（債権債務関係）は、貨幣論（支払手段論）や信用論（利子生み資本論／信用制度論）で説かれるが、前者では貨幣の代理物としての信用貨幣、また後者では資本の一形態としての貸付資本／銀行資本が成り立つとされる。両者は、貨幣か資本かという相違はあるが、いずれも信用関係─債権者である売り手または（貨幣）資本家と、債務者である買い手または（機能）資本家との関係─を前提としている。このことから、信用関係はさしあたり、貨幣の補助的機能ないし資本の派生的形態といった信用の量的側面に焦点を合わせて説かれているということがわかる。

だが、ここでは、そのような理論体系については疑問なしとしない。詳しくは本文に譲るが、そこでは、現金売買／現物貨幣を機能的かつ形態的に代理している信用の量的側面に重きが置かれているだけで、信用売買／信用貨幣がひとまず、現金売買／現物貨幣と同様に価値関係―相対的価値形態と等価形態との間の対極的関係―の所産として成立する／生成されるという信用の質的側面が積極的に評価されていないように思われる。

われわれが価値形態論の結論を、貨幣の地位につく特定商品の登場ではなく、価値表現の展開を通じた貨幣形態の成立として捉える限りでは、信用の原理は、商品論・価値形態論―個別商品の価値表現に基づいて価値形態の発展から貨幣形態の成立を論じる理論領域―の枠組みにおいて明らかにされなければならないのではないか。まずは次のような問題を考えてみよう。

原理論研究にあたって、信用の問題がリアリティを持つことになるのは、商品交換における商品の掛買いや貨幣貸借における貨幣の借入のときである。そこで、売り手／貸し手は、買い手／借り手に対して割増金（プレミアム）をつけたり、利子や担保を取ったりするのであるが、だからといって、買い手／借り手の債務不履行リスク自体を払拭させうるわけではない。なぜなら、買い手／借り手の債務はいつか、貨幣（現金）でもって返済されなければならないからである。

それゆえに、信用関係の成立はひとまず、買い手／借り手の債務（不）履行可能性に対する売り手／貸し手の判断・評価の問題として迫ってくる。そこで、買い手／借り手は、与信を行う売り手／貸し手の方から債務履行能力を信認されることになれば、さしあたり手元に貨幣（現金）を持たなくとも商品を仕入れたり、貨幣（現金）を借入れたりすることができる。

このように、自分の信用（債務）でもって将来の購買力を先取りする受信者の経済的行為は、債務履行能力に対する与信者の信認を前提とするものといえる。しかし他方、たとえ与信者が受信者の債務履行能力を信認できないとしても、仮にその債務証書をもって商品買入や手形割引を行うことが可能ならば、与信者は受信者との信用関係を結ぶことができなくもないし、またそうした状況下では、与信者が必ずしも商品買入や手形割引を求めているとも限らない。

ここで、与信者が信認するのは、受信者の債務履行能力といったテクニカルな問題を超えて作動する商品経済的メカニズムそのものである。このことは、信用(債務)が価値関係を形成させるメタレベルの因子として、商品交換の成立、さらには商品経済の拡張を可能にするものであることを示唆する。

個別主体の信用(債務)が当事者間の非人格性を前提とする価値関係の形成因子として機能しうるのは単に、個別主体が債務履行能力をもっているからではない。個別主体の債務履行能力を云々する以前に、信用は理論上、無限に創造されうるからである。実際に、今日の資本主義経済を特徴づける金融危機は、消費者信用―信用創造による耐久消費財の買い入れ―における債務不履行―なかんずくサブプライム層の債務不履行―によって触発されたものに他ならない。

そのような信用関係の無制限的膨張および金融部門の肥大化について、信用の量的側面は有効な説明を与えてくれない。債務履行能力の高低を問わず将来の購買力を先取りできるのは、買い手/借り手の信用(債務)をもって価値関係を形づくることのできる商品経済のメタ原理がすでに働いているからである。その意味からいえば、信用の量的側面もまた、貨幣商品の登場そのものによってではなく、価値関係の完成によってはじめて根拠づけられるといわなければならない。

本書の構成は、以下のとおりである。まず第一章「信用売買の理論領域」では、資本主義的信用関係の形成に関する従来の諸説を批判的に検討し、信用売買における利子の生成の根拠を解明することで、従来の理論体系に疑問を提起する。

第二章「商品交換の成立原理」では、第一章の問題提起に応える形で、信用論から商品論に舞台を移し、商品論の枠内において価値関係が私的所有といかに結びついているのかを原理的に考察することで、商品交換が商品体と貨幣体の単なる引き換えではなく、両極商品の所有主体（私的所有権）の変更（移転）をめぐって行われる私的所有権者同士の経済的営みであることを論じる。そうすることで、商品交換における現金売買と信用売買の共時的成立可能性を原理的に解明する。

第三章「貨幣生成の論理構造」では、価値形態論における価値形態の移行過程に沿って貨幣生成の論理構造を探求し、一般的等価物の出現についてのこれまでの解釈を見直すことで、商品論の枠内における現物貨幣と信用貨幣の共時的生成可能性を引き出す。

第四章「貨幣の内なる二面」では、これまで流通手段論の延長線上で捉えられてきた価値の保蔵とその契機を批判的に検討し、貨幣の内なる二面を抽象することで、単純な商品流通に通底している貨幣像および市場像を捉え直す。

第五章「信用貨幣の生成原理」では、近年、商品論の枠内において信用貨幣の萌芽形態の抽象を試みた立論を批判的に検討し、貨幣商品の分岐構造を原理的に論証することで、信用貨幣が現物貨幣とともにひとまず価値関係の形成因子として生成されることを明らかにする。最後に、以上の考察を踏まえ、現代資本主義の貨幣現象について立ち入って論じる。

そのためにはまず、資本主義的信用関係の形成に関する従来の諸説を検討する必要がある。なぜなら、そのことから信用売買の成立メカニズムを読み取ることができるからである。このことは、商品交換そのものの成立の理論的根拠を問い直すと同時に、その成立の条件をなす貨幣の生成とその様態を明らかにしうる端緒を与える。これを通じて、われわれは商品経済を構成する主要なファクター——商品、貨幣、信用、そして市場自身——の存立根拠を原理的に把握することができよう。

【注】

（1）宇野学派の原理論においては、信用買いは一般に、単純な商品流通（W－G－W'）の変則的な展開——購買の先取りと販売の先送り——とされる〔これについては、宇野［1973］: 六五～六八頁、山口［1985］: 四二～四四頁及び菅原［2012］: 五〇～五六頁を参照されたい〕。こうした立場——現物貨幣の直接的な譲渡を商品交換の成立のバロメーターとみなす観点——からすれば、商品交換は、商品体と貨幣体の引き換えに他ならない。仮に「売手の側で商品に価格をつけて売りに出していれば、買手は金を現実に渡すことによって、その価格をきめることになる。貨幣による商品の売買を、商品と貨幣との単なる交換のように考えるならば、個別的な『合意』による価格決定ということも意味があるが、商品流通としての、貨幣の媒介による商品の社会的交換の過程では、『合意』は、一方の『表示』に対して他方の『購買』によって成立するのである。久留間さんのいう、掛買の場合にしても、何ヵ月か先に貨幣の支払を約束するから行われることで、先ず『現金の金』なしに『価格がきまり、そのきまった価格で売買がおこなわれる』段になって掛買になるというのではあるまい。それが一般の売買と異なって特定の個別的関係をもってせられることは、いうまでもない。われわれが、マルクスにならって、その関係を『流通手段としての貨幣』の解明にはなお考慮しないという理由も、そこにある。売買といえば掛売も直ちに解明されるというものではない」（宇野［1974a］：三四六頁）。これによれば、「掛買」は、「一方の『表示』」に対する「他方の『購買』」によって「成立する」、「一般の売買と異なって特定の個別的関係をもってせられる」。そのため「貨幣の媒介による商品の社会的交換の過程」においては、「その関係」を想定する必要はないということになる。すなわち、ここで宇野は、「貨幣」＝「現金の金」が登場する時点を商品交換の成立―「合意」―としてみなし、その上で「商品流通」を定式化している。その結果、「掛買」に際して「貨幣」なしに「商品」の譲渡が行われるのは、後払いの「約束」によるものと解されるにとどまってしまう。これについては本書の第一章と第二章で詳しく検討するが、ここでは、そうした原理論体系を根底から捉え直し、売買規定と貨幣規定における新たな原理を提示しようとすること、それが本書の基本姿勢であると述べるにとどめておく。

（2）宇野［1964］：二七頁。

（3）「ここでとりあつかわれる流通形態論は、流通形態がもともと特定の生産関係を前提としない、生産物の社会的媒介の無政府的な（つまり非共同体的な）私的形式でありながら、しかもそのもっとも展開された形態においては、人間の自然との物質代謝一般を全面的に媒介しうる形式であることをあきらかにするものでなければならない。〔……〕完全に発達した資本主義社会―いわゆる純粋な資本主義―を前提としながら、まず商品経済を純粋な流通形態の展開として、生産過程を直接前提とすることなく解明するという原理論の方法は、このような意味で、資本主義社会の特殊歴史性を原理的にあきらかにする唯一の方法であって、それは『社会的再生産の視角』や『流通滲透視角』などが理解するように、産業資本の確立に先だって『単純商品生産社会』が存在したからでもなければ、また商人資本の支配する重商主義段階が存在したからでもない。」（降旗［1965］：七七～七八頁）

（4）Marx［1890］：S.62。

第一章　信用売買の理論領域

本章では、資本主義的信用関係の成立と利子の生成原理を発生論的に考察しようとする[1]。マルクス経済学原理論では、資本主義的信用関係における利子の生成過程とその根拠をめぐって、K・マルクス［1894］による『資本論』第三巻第五篇「利子と企業者利得とへの利潤の分裂　利子生み資本」の議論と、宇野弘蔵［1964］による『経済原論』第三篇第三章「利子」の議論とが対峙してきた。これらの論点は、利子を、特定資本の価値増殖過程から生成されるものとして捉えるか、あるいは産業資本と銀行資本との間の貸付関係から生成されるものとして捉えるかによって分かれるが、いずれも個別経済主体の間の貨幣貸借関係を理論化したものといってよい[2]。

とりわけ宇野学派の原理論研究においては、宇野のアプローチに基づき個別資本間の商業信用関係に端を発する信用制度論の整合性を高める方向へと議論が積み重ねられてきた。なかんずくここで注目したいのは、鈴木鴻一郎と山口重克の立論である。両者は、貨幣貸借の原理を商業信用論の枠内に組み込む形で、信用制度論のさらなる刷新をはかり、利子論の新たな地平を開いたといえる。

ところが、両者の議論が商業信用論における貸借関係の導入の意義を生かしきれているかといえば、必ずしもそうではない。その根因は、端的にいえば、商業信用の形態規定に関する不十分な論証にあると思われる。利子の生成における発生論的理解が阻害されているのは、そのためである。

本章では、以上の問題関心から、資本主義的信用関係の成立をめぐる従来の議論とその限界を検討しながら、利子の生成メカニズムの解明を試みることにしたい。

まず第一節では、マルクスの利子生み資本論を批判した宇野の議論に焦点を当てて検討し、宇野自身の信用制度論の方法論的展開とその限界を見極める。

第二節では、宇野の信用制度論を批判的に受け継ぎつつも、商業信用論のさらなる刷新をはかった、鈴木の立論と山口の立論に焦点を当てて考察し、利子の生成における両者のアプローチを比較検討する。

第三節では、商業信用の成立における販売と貸付の共時性を引き出す山口の方法論的展開を踏まえて、貨幣貸借の原理について立ち入って検討し、商業信用の内なる貸借関係の形成原理を論じることで、利子の生成メカニズムを解明する。

最後に小活では、以上の検討を踏まえ、従来の原理論体系において信用関係の成立の理論的根底をなすとされてきた貨幣論・支払手段論の基本規定を取り上げて、その盲点を指摘することとする。

第一節　利子生み資本論と信用制度論

本節では、マルクスの利子生み資本論に対する宇野の批判の論旨を理解すると同時に、宇野の信用制度論の方法論的展開とその限界について論じることにする。

マルクスは『資本論』第三巻第五篇第二一章「利子生み資本」で、所有の担い手としての資本家と、生産の担い手としての資本家とにおける二種類の資本間の対立関係を想定し、次のように述べている。

「自分の貨幣を利子生み資本として増殖しようとする貨幣所有者は、それを第三者に譲り渡し、それを流通に投じ、それを資本として商品にする。ただ自分自身にとってだけではなく他の人々にとっても資本として、である。それは、それを譲り渡す人にとって資本であるだけではなく、はじめから資本として、剰余価値、利潤を創造するという使用価値をもつ価値として、第三者に引き渡されるのである。すなわち、運動のなかで自分を維持し、機能を終わったあとでその最初の支出者の手に、ここでは貨幣所有者の手に帰ってくる価値として、引き渡されるのである。つまり、ただしばらくのあいだだけ彼の手から離れ、ただ一時的にその所有者の占有から機能資本家の占有に移るだけで、支払われてしまうのでも売られるのでもなく、ただ、貸し出されるだけの価値として、である。すなわち、第一には一定期間の後にはその出発点に帰ってくるという、また第二には実現された資本として、したがって剰余価値を生産するというその使用価値を実現した資本として、帰ってくるという条件のもとでのみ、その価値は譲り渡されるのである。」

（Marx［1894］：S.355-356）[3]

マルクスはここで、「貨幣所有者」と「機能資本家」との間の貨幣貸借関係を、資本主義的信用関係の基本モデルとし、前者の「利子生み資本」の価値増殖運動から「利子」を析出している。そこで、前者の「貨幣」は、貨幣需要者とみなされる「第三者に引き渡され」、その手元に一時的に「占有」されることになるが、そうした過程は、両者にとって「はじめから資本として、剰余価値、利潤を創造するという使用価値をもつ」ものとして説かれる。そのため結果的に、「利子生み資本」の価値増殖運動から、一方の「貨幣所有者」は「利子」を、他方の「機能資本家」は「剰余価値、利潤」を享受するということになる[4]。

ところで、そこで「貨幣所有者」は、「自分の貨幣」＝「資本として商品」の貸し手として、また「機能資本家」は、他者の「貨幣」＝「資本として商品」の借り手として相対するとされているが、その場合、前者から後者に引き渡される「貨幣」を、果たして「資本」とみなしてよいであろうか、という問題が生じてくる。というのは、前者の「貨幣」が単に「貸し出されるだけ」のことであるならば、「利子」をそれ自身の価値増殖運動の産物として取得するというようなある種の独立的形態の資本を想定すべき所以は必ずしも明確でないからである。

これについて、マルクスは、「貨幣は商品に、といっても一つの独特な種類の商品に、なるのである。

または、結局同じことになるが、資本が資本として商品になるのである」[5]と述べているが、「貨幣は商品」になることと、「資本が資本として商品になる」ことがなぜ「同じことになる」のかを明確にしているとは言い難い。[6]ただし、「貨幣」と「資本」が一斉に「商品」となるのは、あくまでも「貨幣が資本として商品になる」[7]という意味においてであると受け止めれば、「利子生み資本」におけるマルクスの構想は、いわば資本＝商品説的アプローチとして理解しても差し支えないであろう。[8]

他方で、マルクスの利子生み資本論の方法論的展開について異議を申し立てたのは宇野弘蔵であった。[9]宇野は、「貨幣資本家と機能資本家というのは、貸借関係を資本家の資本から抽象したものとして理解する悪い抽象になるのではないか」[10]と指摘し、それでは「原理論的規定を与えることの〔は…引用者〕できない」[11]と言明している。これは、資本主義的信用関係の成立に関するマルクスの立論が産業資本の価値増殖運動によって裏づけられる内的必然性をはじめから欠いており、ゆえに「貨幣資本家」といった外的かつ偶然的な経済主体に依らざるをえないことを指摘するものであった。すなわち、

「利子付資本の特徴は、資本が出発点に復帰するということが媒介的過程ぬきに現われるという点にある。貨幣資本家は貨幣を何らの等価なしで手放す。すなわち貸付ける。貨幣は彼から機能資本家の手に移るが、それは依然として彼が所有している。したがって貨幣は一定期間後にはかならず彼のもとに返済される。こうして貨幣の貸付けと返済は、たんに任意の、法律的取引きによって媒介される運動として現われ、資本の現実の運動とは関係のないものとして現われる。借

り手のもとでの現実の資本の運動は、貸し手と借り手との間での取引きのかなたにある操作であり、その取引き自体には直接この現実の媒介過程は消え去っている。また貨幣の現実の還流は再生産過程の進行にかかっているのであるが、しかし利子付資本では貨幣の還流は貸し手と借り手との合意によって定まるかのように現われる。一定期限での貨幣の譲渡、すなわち貸付けと、利子をつけてのその還流、これが利子付資本の運動のすべてである。したがってそれは現実の資本の再生産過程という媒介過程を消失した資本運動の無概念的形態でしかないものとなるのである。」（宇野編［1968］：八〜九頁）

宇野は、マルクスの利子生み資本論における「貨幣資本家」と「機能資本家」との間の「貨幣の貸付けと返済」は、「たんに任意の、法律的取引き」にすぎず、「現実の資本の運動」を「操作」しえないもの、つまり「現実の資本の再生産過程という媒介過程を消失した資本運動の無概念的形態」として、単なる「貸し手と借り手との合意」による「一定期限での貨幣の譲渡」と「利子」の「還流」を、「利子付資本の運動のすべてである」と説いたにすぎない、と指摘している。[12]

もちろんそうはいっても、宇野はここで、「貨幣の貸付」による資本主義的信用関係の成立自体を否定しているわけではない。そうではなく、「貨幣資本家」と「機能資本家」との間で行われる方式としての「貨幣の貸付」を問題にしている。[13]このように、資本主義的信用関係における宇野の構想は、「貨幣の貸付」を「現実の資本の再生産過程」と結びつけることから始まっていることがわかる。そうすることで、「資本運動の無概念的形態」としての「利子付資本」の難点を克服し、価値法則の内的必

然性に基づいた資本主義的信用関係の成立と、そこで行われる「貨幣の貸付」の展開を明確にできるということである。(14)

「貸付資本は、これもまた後に明らかにするように資本を貸付けるものとして資本なのではない。いつでも資本として機能し得る貨幣を貸付けるということは、それ自身資本を貸付けるわけではない。貨幣を貸付けることが、そしてそれによって利子を得ることが、かかる貨幣の所有者にその貨幣を資本たらしめるのである。したがってその貸付に対して得られる利子は『資本の価値』ではなく、貨幣の一定期間の使用に対する対価に過ぎない。ここでは貨幣自身が商品となるのであって、なお資本が商品となるのではない。」（宇野［1973］：二二五九頁）

宇野はここで、「貨幣自身が商品となる」と述べているが、だからといって、宇野説を直ちに貨幣＝商品説とみなすわけにはいかない。詳しくは後述するが、「貨幣を貸付ける」とは、「貨幣の一定期間の使用に対する対価」を支払う売買関係を前提しており、それゆえ、厳密にいえば、「貨幣自身が商品となる」わけではなく、「貨幣」を「一定期間の使用」できる権利そのものが「商品となる」といわなければならない。(15)ともあれ、ここではひとまず、「貨幣の貸付」に関する原理的規定からして、「貸付資本」の「貸付に対して得られる利子は『資本の価値』」に還元できるものではないということが読み取られる。

もっとも、宇野［1974a］は、「『貨幣』としての貨幣は『資金としての貨幣』と規定してしまってもよいのではないか」（一八六頁）とし、「資金としての貨幣は、かくして一種の商品となる」（一八九頁）と述べているように、「貨幣自身が商品となる」というところの「貨幣」が「資金」として現われるということを強調している。ただし、宇野のいう「資金としての貨幣」＝「商品」は、「貨幣資本家」から「機能資本家」に貸し付けられるものとしてではなく、「銀行に資金が集中されて貸付けられる」[16]ある種の「特殊の商品売買」[17]の対象として措定される。

このようにみると、宇野の議論においては、第一に、資本主義的信用関係は個別資本の価値増殖運動に根底を有する銀行資本との貸付関係によって形づくられており、第二に、それによって得られる「利子」は、「資本の価値」ではなく、「貨幣の一定期間の使用に対する対価」として概念化されていることがわかる。したがって、資本主義的信用関係の成立に関する宇野の立論は、単に貨幣＝商品説または資金＝商品説というよりも、むしろマルクスの利子生み資本論に貫かれている資本＝商品説的アプローチの批判論としての資金＝貸付説として捉えたほうが妥当であろう[18]。

ところで、宇野の信用制度論において資本主義的信用関係の成立を基礎づける「銀行」の「資金」はどこからくるのか。これについて、宇野［1973］は『経済原論』第三篇第二章「利子」で、次のように説明している。

「資本の再生産過程における準備金乃至蓄積資金は勿論のこと、資本が一定の期間商品、或いは貨幣としてあるということ自身も、他の産業資本に対する信用を与え得る基礎をなすものである。商品としての生産物が一定の期間の後に貨幣に実現され、貨幣がまた一定の期間の後に生産手段なり、労働力なりの購入に充てられるということは、一定期間の後に貨幣をもって支払われることを条件としてその生産物を他の資本家に販売し得ることを示すものに外ならない。しかもこの関係は単に一方的に信用を与えるというだけでなく、一方で信用を与える資本家は、他方で信用を与えられる関係を展開する。一定の期限をもって一定額の貨幣を支払うという契約書としての手形の流通は、かかる関係を具体的に示すものである。」（四六一頁）

ここでは宇野は、貨幣資本家と機能資本家との間の貸付関係ではなく、「一方で信用を与える資本家は、他方で信用を与えられる関係」にあることに着目して、「資本の再生産過程」から「蓄積」される「貨幣」を「他の産業資本に対する信用を与え得る基礎をなすもの」として措定している。宇野が「手形の流通」によって結ばれる経済的関係を資本主義的信用関係の基礎をなす形態として位置づけているのは、そのためである。

ただし、ここで留意すべきは、「資本の再生産過程における準備金乃至蓄積資金」を単に、「手形の流通」だけを可能ならしめるものとしていないという点である。すなわち、「資本の再生産過程に伴う遊休資金の存在は商業信用の基礎をなすのであるが、これが銀行の如き金融機関に集中せられ、その必要に応じこれが融通されるということになると、産業資本家の間に行われる商業信用は銀行と産業資本家との間に行われる銀行信用となる。預金と貸付の形式をもって媒介される[19]」ということである。

宇野によれば、「資本の再生産過程に伴う遊休資金」は、一方では「商業信用」の展開を支えるものであり、他方では「銀行」に流れ込むものである。そこから「商品を信用販売した資本家は、必要に応じてその代金を銀行によって現金化し、銀行はこれによって商品の売買代金を売手を通して買手に貸付けることになる。〔……〕これは直接にこの買手に貸付けるのと異なって、すでに行われた商品売買を基礎とする貸付を売手を通してなす」[20]というのである。

このように、「銀行の如き金融機関」は、「産業資本」の「遊休資金」を集め「預金」のプールを形成し、それをバックにして「商品を信用販売した資本家」に対して「売買代金」を「現金化」するような、「買手」に「売買代金」を間接的に「貸付ける」方式で「預金と貸付」を媒介することがわかる。

しかし、そこで「銀行」の「貸付」は、「銀行」に「集中」されている「預金」によって支えられており、またその「預金」の出処は、個々の「産業資本」によって「蓄積」された「遊休資金」となっている。したがって要するに、「遊休資金」は、「商業信用」の展開の基礎をなすものであると同時に、「銀行」に「集中」＝「預金」され、「産業資本家との間に行われる銀行信用」を可能にするものということになる。結局そこからは「銀行信用」が「商業信用」に先行してしまうような自己矛盾を露呈せざるをえない。

そこにおいて生じる「遊休資金」の重複展開は、「商業信用」と「銀行信用」を、同様の理論的な根底から共時的に成立するものとして措定するだけでなく、逆に「銀行」に「預金」されている「産業資本」の「遊休資金」を所与の前提として行われる「商業信用」の展開も、理論上想定できるようにする。[21]

そうして、「銀行信用」の成立は、「商業信用」の展開とは無関係に「産業資本」の「遊休資金」から直ちに根拠づけられる一方で、「商業信用」は、「銀行信用」の成立における発生論的根拠を欠いたまま、「銀行の如き金融機関」による「現金化」をはじめから予定している他律的な機構として位置づけられるにとどまらざるをえない[22]。

これは、「商業信用」を展開する個別資本の内なる動力だけでは自らの限界を打開しうる何らの契機を引き出すことができず、結局のところ「商業信用」から「銀行信用」への展開動力は、個別資本の間の信用関係からではなく、高次の「機関」から救済される方式で解消されるということを示唆する。もっとも、これは、「商業信用」を「いわば個別資本間の相互扶助関係」[23]を実現させるものとする捉え方に起因するものと思われる。しかし、留意すべきは、「個別資本間の相互扶助」というのは、売り手の種々なる「遊休資金」を間接的に融通することによって成り立つ経済的関係の一断面にすぎず、「個別資本」としては、そのような支え合う関係に対していかなる目的性かつ指向性も有していないということである[24]。

そうした捉え方は、一方では「商業信用」を他律的な機構として位置づけるだけでなく、他方では「商業信用」の成立における個別資本の内なる商品経済的契機をも捨象してしまう。したがって、「銀行信用」の成立・展開にあたっての発生論的根拠を欠いた「商業信用」の理論的無力感は、不明確な自己規定に起因するものといわざるをえない。

以上の考察から、資本主義的信用関係の理論化をめぐる宇野の方法論的展開は、商品経済的論理を徹底させるものにはなっておらず、特に産業資本の遊休資金の重複問題、さらには商業信用を個別資本間の共同体的運営原理に還元することからくる難点を抱えていることがわかる。このことは、商業信用―個別資本間の信用関係―から銀行信用―個別資本と銀行資本との間の信用関係―へと高次化する、資本主義的信用関係における発生論的展開を阻害する根因となるだけでなく、[25]価値法則の内的必然性に基づき資本主義的信用関係を基礎づけようとした、宇野自身の信用制度論の方法論的意義をも甚だしく矮小化する主因といえよう。[26]

第二節　貨幣貸付説と貨幣融通説

本節では、信用制度論における宇野の方法論的展開を批判的に受け継ぎながら、商業信用論のさらなる刷新をはかった鈴木鴻一郎と山口重克の立論に焦点を当てて検討し、商業信用の成立と貨幣貸借の原理について考察することにする。

まずは鈴木の所説から検討をはじめよう。鈴木［1962］は、「マルクスは銀行信用を、『信用制度の他の側面』として、支払手段としての貨幣の機能から展開された商業信用とは別個に、説きおこしている」点を取り上げ、そこでは、「すでに商業信用において、貨幣の貸借関係が資本家相互のあいだに広汎に展開しているはずであり、銀行信用はこれをさらに社会的に一般化する資本家社会的な機構にほかならない」ということを看過しているとし、その根因は、「はじめから抽象的に前提してかかっているということに由来する」と述べている（三六一～三六二頁）。

みられるように、鈴木の議論は、一方では、マルクスの利子生み資本論は抽象的なアプローチから由来するものにすぎないと指摘しながら、他方では、「商業信用」の展開と、それに続く「銀行信用」の成立を理論的に定式化しようとする点で、信用制度論における宇野の方法論的展開と同様な立場に立っていることがみてとれる。

ところが、両者が必ずしも同様な論理を展開しているとは限らない。というのは、鈴木の議論においては、「銀行資本または銀行」は「産業資本家および商業資本家の支払準備金が社会的に分化し、独立の資本種類として自立化して、いまや自己の金庫に保有するにいたった支払準備金を根拠に、自己を支払人とする一定金額の一覧払いの手形を発行し、これを商業手形と振替えることを専一的業務とする」ものとして位置づけられており、そこから「産業資本家および商業資本家の支払準備金の銀行への預託」が、「預金という形態に発展」するような展開が行われるからである(三六三〜三六七頁)。

このように、「銀行資本または銀行」の成立における鈴木の方法論的展開は、個別資本の遊休貨幣の預金化からではなく、特定資本の与信能力に基づいていることがわかる。すなわち、宇野が遊休資金→預金→発券へ進む、いわば預金先行説をとっているのに対して、鈴木は支払準備金→発券→預金(預託)へ進む、いわば発券先行説をとっている[27]。後者の議論は、産業資本の遊休資金に端を発する前者の議論と異なり、「商業信用」の展開過程において承認される特定資本の与信能力を基盤として、手形割引を「専一的業務とする」機構の出現、それに続いて「預託」ないし「預金」業務への発展を説いているのであり、利子概念もまた、そうした方法論的展開を踏まえて引き出されることになる。

すなわち、

「資本主義的生産の基礎のうえでは、貨幣の商品化とその価格としての利子は、このような商品の信用売買をとおしておこなわれる資本家相互間における貨幣の融通関係を資本家社会的に媒介する銀行信用の展開をまって、—すなわち、商業手形の銀行券への振替により、商品の信用売買をとおしておこなわれる資本家相互間の貨幣の融通関係を社会的に拡充深化し利潤率の増大と均等化を促進するという、銀行信用の展開をまって、はじめて成立するものとしなければならない。」（三九四〜三九五頁）

これによれば、「商品の信用売買をとおしておこなわれる資本家相互間における貨幣の融通関係」は、「銀行信用の展開をまって、はじめて」「貨幣の商品化とその価格としての利子」を実現させる。「銀行」に預金される産業資本の遊休資金を基にして貸付が行われると想定する宇野の信用制度論とは対照的に、「資本家相互間」の「商品の信用売買」を、与信能力を有している「銀行」がそれ自身の「信用」で肩代わりするということである。

しかし、そこでは、「貨幣の融通関係」から生じる「利子」がなぜ「銀行信用の展開をまって、はじめて成立」しなければならないかを明確にしているかといえば、必ずしもそうではない[28]。鈴木自身も、「すでに商業信用において、貨幣の貸借関係が資本家相互のあいだに広汎に展開している」と述べており、また発券先行説の方法論的展開からしても、「支払準備金」→「商業信用」→「銀行信用（＝発券：引用者）」→「預金」・「預託」となっているように、「商業信用において、貨幣の貸借関係」は、

「銀行信用の展開」に先行するものとして措定されているからである。

さらにいえば、「利潤率の増大と均等化を促進するという」規定も、「銀行信用の展開をまって、はじめて」根拠づけられるものとは言い難い。というのは、「商品の信用売買の関係をとおしておこなわれる貨幣の融通関係は、資本主義的生産の基礎上では、流通資本の節約による再生産の拡大をとおして利潤率を増大しつつ均等化する資本家社会的な機構へと転化する」(三五七頁)からである。「これがいわゆる商業信用であるが、このような商業信用の展開とともに、再生産のための種々な貨幣準備は、同時に、商業信用にたいする支払準備金たる性格をうけとることになる」(同上)。

いってみれば、「再生産のための種々な貨幣準備」は、「商品の信用売買の関係をとおしておこなわれる貨幣の融通関係」を形成し、それによって個別資本が「流通資本の節約による再生産の拡大をとおして利潤率を増大」することで、「商業信用」は「資本家社会的な」存立根拠を獲得し、徐々に「銀行信用」化していくわけである。

このように、鈴木の議論では、「商業信用」の展開における「貨幣の融通関係」の成立を論じながらも、「商業信用」と「利子」との関係にまで考察が及んではいないまま、「商品の信用売買」から「利子」を支払う関係は単に、「銀行信用の展開をまって、はじめて成立するもの」としてみなされるだけで終わってしまう。これは、「商業信用」の形態規定に関する鈴木自身の理解に起因するものと思われる。

鈴木によれば、「もともと、商品の信用売買の関係をそれ自体としてみれば、そこでは現実の貨幣が登場するわけではないが、貨幣は購買手段ないし価格の実現者として機能し、同時に売手と買手とのあいだに貨幣の貸借関係が成立する。すなわち、貨幣の支払約束にたいして商品を信用売りする売手は、自己の商品を貨幣として実現すると同時に、その貨幣を買手に貸付けることになるのであって、かれはその貨幣を現金として手に入れるかわりに買手にたいする債権として所有するのであり、これにたいして買手は、商品を購入すると同時に、その購入代金を売手から借受けることになるのであって、一定の支払期日には商品ではなく貨幣を返済しなければならない」が、その際に「支払手段としての貨幣は、商品の価格にたいして支払われるのではなく、貨幣債務にたいして支払われるのであり、貨幣の借受けにたいする貨幣の返済」がなされる（三五三〜三五五頁）。

ここでは、「商業信用」を「個別資本間の相互扶助関係」として捉える宇野流のアプローチは極力排除されているだけでなく、「商品の信用売買の関係」自体が「貨幣の融通関係」として捉えられていることがわかる。(29) すなわち、「商品の信用売買」は、「売手と買手とのあいだ」の「貨幣の貸借」によって成り立つものとして措定される。これは、「貨幣の貸借」の原理を「銀行信用」レベルに限定して論じている宇野の議論とは対照的であり、「商業信用」に潜んでいる商品経済的動機を浮き彫りにする試みとして評価することができる。

しかしながら同時に、鈴木の議論においては、「そこでは現実の貨幣が登場するわけではない」にもかかわらず、なぜ「売手と買手とのあいだに貨幣の貸借関係が成立する」のかがはっきりしないまま、「商品」の「売り」と「貨幣」の「貸付」とが「売手」によって同時に行われるのに対して、「商品」の「購入」と「貨幣の借受け」とが「買手」によって同時に行われると説明するにとどまっている。したがって、そこでの「貨幣債務」は、事実上「商品の価格」と同額になってしまい、量的には区別できないだけでなく、「支払期日」という時間規定の長さからも影響されていないという点で「商品の価格」と質的に区別できないものとならざるをえない。

そこに現われる「貨幣債務」と「商品の価格」との量的かつ質的な同一性は、一度「購買手段ないし価格の実現者として機能」した「貨幣」が、再び「買手」に貸付けられ、それが後に「支払手段としての貨幣」、つまり「貨幣の借受けにたいする貨幣」として登場するというような、「購買」と「貸付」との二段構えの展開と決して無関係ではないと思われる(30)。

以上の考察から、資本主義的信用関係の成立における鈴木の方法論的展開は、第一に、商業信用論に貨幣の貸借関係を導入したとはいえ、そこでは利子の生成についての解明が銀行信用論に先送りされており、第二に、売買と貸付が単に機械的に二分されているだけで、それらがいかにして商業信用の形態を根拠づけることになるのかについては明確にされていない、という限界を露呈しているといわざるをえない。

他方、両者（宇野／鈴木）の利子論の不整合性を指摘し、商業信用の成立と利子の生成との間の関係を明確にしたのは山口重克であった。山口［2000］は、「宇野の説明では〔……〕商業信用は個別資本間の相互扶助関係ないし遊休資金の相互融通関係であるというようないい方によって、商業信用が売り手から買い手に対する事実上の貨幣の融通関係であることが明確に取り出されえない構造になっているのである」（iii頁）と指摘して、資本主義的信用関係の成立に関する従来の議論の難点を解消しようとしている。

「実際またこの商業信用の関係には、すでにみたように実質的に遊休貨幣の事実上の融通関係であると考えられる面があった。B→A→Cの商業信用関係において、B、Aが流通資本を節約するなり、生産を拡張するなりする関係は、事実上Cにおける準備としての貨幣資本を超える、いわば過剰準備としての遊休貨幣資本の一時的な自由処分可能性の流用関係とみることができるからである。その意味でまたCは、いわばAとBの結合体に対立してその関係全体に貨幣を融通している形になっており、遊休貨幣資本にその融通の直接的な基礎をおくものではあるにせよ、のちにみる銀行と近似した面をもっているのである。」

（山口［1984］：六二頁）

ここでは、「商業信用関係」における「銀行と近似した面」が取り上げられているように、山口の論点は基本的に、「相互扶助関係」ではなく、鈴木の商業信用論と同様に個別資本間の「融通関係」に基づいて個別資本の内なる商品経済的動機を浮き彫りにしようとするものであることがわかる。すなわちそこでは、一方の資本は、「流通資本を節約する」ことになり、他方の資本は、「過剰準備」を免れるようになることで、「実質的に遊休貨幣の事実上の融通関係」が成り立つということである。

ところが、「事実上の融通関係」は、「いわば過剰準備としての遊休貨幣資本の一時的な自由処分可能性の流用関係」だけを意味するものとは必ずしもいえない。詳しくは後述するが、第一に、実際そこで「融通」の対象となるのは「遊休貨幣資本」ではなく販売／購買代金だからであり、第二に、「融通関係」にあたって「一時的」と「自由処分」とは両立しえない概念だからである。

いずれにせよ、山口の議論では、「遊休貨幣の事実上の融通関係」は、「貨幣の融通」を行う「銀行と近似した面をもっている」としても、「銀行」と「個別資本」との間で行われる貨幣貸付を意味す

るわけではないという点が強調されている。さらに、

「商品は『観念的に実現』されたにすぎないとはいっても、事実上販売されてしまったのであり、販売代金の支払が一定期間繰り延べられているのであって、いわば販売代金の貸付が行なわれているわけである。そのかぎりでは、商品か貨幣かということであれば、貨幣の貸付であるともいいうるが、いずれにせよ要点は、貨幣そのものが直接貸付けられるのではなく、事実上融通されている関係があるという点にある。」（六二頁）

ここでの「要点」は、「商業信用」が「商品」の「貸付」でも「貨幣」の「貸付」でもない点、つまり「貨幣そのものが直接貸付けられるのではなく」、「いわば販売代金の貸付が行われている」形で「事実上融通されている関係」が成り立つということである。その限りにおいて、商業信用論における山口の方法論的展開は、鈴木のそれと同類のものといえなくもない。というのは、山口のいう「事実上の融通関係」は、「販売代金の貸付が行われている」という点で、「購入代金を売手から借受ける」という鈴木の商業信用論における「貨幣の貸借関係」と類似している側面を持っているからである。

だが、山口の立論には、それとは相容れない論点が含まれているように思われる。(31) 山口［2000］は、自説に対する日高［1966］の批判について次のように反駁している。

「私としては貨幣融通が商品売買から外化・独立していない点に注目して、商業信用は貨幣その

ものが直接に貸付けられる関係とは区別すべきであることを述べたつもりである」(七頁)。／「販売と貸付とが同時に、合体して行なわれているとみるとしても、たとえば販売代金の貸付約定付きで販売が行なわれたとみなすこともできる。つまり販売と貸付は契約で連結された非独立的行為であるとみなすこともできるのであって、その場合には、販売と貸付を同時的行為と捉えていても、この考え方は販売の困難を無視しているどころか、両者の連結によって商品の販売を確保し、流通期間という難問を回避しようとする行為であると捉えていることにもなろう。」(二〇～二一頁)

みられるように、山口は、「商業信用」では「貨幣そのものが直接に貸付けられる」わけではなく、「販売代金の貸付約定付きで販売が行なわれた」のであり、その際に「販売と貸付は契約で連結された非独立的行為」ないし「同時的行為」になると述べている。すなわち、「商業信用」では「販売」と「貸付」が機械的に二分されて行われるという鈴木の二段構えの展開と異なり、山口は「販売と貸付」が共時的に行われるという意味での「貨幣融通」を展開している。その意味で、「貨幣融通」は、さしあたり「販売と貸付」の共時性に起因するものといってよい。

もっとも、「商業信用」における「販売と貸付」の共時性は、「貨幣そのもの」を「直接に貸付」する関係を「商品売買」の展開過程のなかに組み込むことから生ずるものであり、また「貨幣融通」の間接性を裏付けるものとなっている。このように、山口のいう「貨幣融通」は、売買関係による貸付関係の非可視化を含意した概念であり、したがってまた、売り手と買い手との間における売買と貸付の二段構えの展開を想定する鈴木説の方法論的展開とは似て非なるものといわなければならない。
ところで、前節で述べたように、貨幣貸付自体は、貨幣を一定期間使用できる権利そのものが商品となるという意味で、商品売買の原理を含んでいる。それゆえそこでは、その権利（商品）に対して支払われる等価を概念的に規定しなければならないということが当面の課題となってくる。これに関して山口［2000］は、大内［1978］説を批判的に検討し、次のように結論づけている。

「商業信用における利子は、地代の存在を前提して外的に根拠を与えられるものとして説かれるべきではなく、商品の信用売買関係の中で形成されるものとして説かれるべきであり、貨幣の事実上の融通にともなう与信資本にとっての利得は信用価格の中にいわば埋没して存在していると捉えられるべきである。商業信用にも事実上の貨幣融通関係とそれにともなう事実上の利子は存在すると解読することはできるのであるが、利子という概念は一般には貨幣融通が貨幣貸付として外化しているところで用いられてきたし、またそのように限定して用いることに一定の意味があると考えられるので、商業信用では貨幣融通が貨幣貸付として外化していない限りでは、そこには固有の利子は存在していないというべきであろう。」（八四頁、七五頁）

ここでは、鈴木の商業信用論では皆無であった「利子という概念」を「商品の信用売買関係」から打ち出していることがみてとれる。すなわち、「商業信用における利子」は、「商品の信用売買関係の中で形成される」が、「貨幣」の形で直ちに「外化」されるのではなく、「信用価格の中にいわば埋没して存在している」ものとして形づくられるということである。

ただし、それ自体は、「固有の利子」とは言い難く、「与信資本にとっての利得」として形づくられる、「事実上の利子」に他ならない。もちろん、こうした「区別」は、次節で検討するように、貨幣貸借についての従来の概念規定に則るものであるが、それはともかく、商業信用論における山口の方法論的展開はさしあたり、鈴木の商業信用論が抱えていた二つの難点を解消しつつ、「商業信用」を事実上、「利子」を生成する資本主義的信用機構として位置づけることに成功しているといえよう。

以上の検討を踏まえれば、山口の商業信用論を、鈴木の商業信用論と同様なものと取り扱うのは妥当ではないといわざるをえない。というのは、両説は、資本主義的信用関係の基礎としての商業信用関係を、売買と貸付の二段構えの展開に即して形づくっているか、あるいは売買と貸付の共時性に即して形づくっているかだけでなく、利子の生成においても相異なる規定を与えているからである。したがってその意味からいえば、鈴木の商業信用論を貨幣貸付説として、また山口の商業信用論を貨幣融通説として分類したほうが適切ではないかと思われる。

第三節　商業信用と利子

本節では、商業信用論における山口の方法論的展開をさらに突き詰めることで、商業信用の内なる貸借関係の形成原理を明確にし、利子の生成の原理を発生論的に究明しようとする。

いま仮に資本（A）が、現在一〇〇万円の相場を形成している資本（B）の商品生産物を信用買いで仕入れようとしているとしよう。そこで、資本（B）は、流通資本の余裕があるならば、無理に販売を急ぐ必要はなく、しかも現在の相場より高い価格で自商品を売ることができれば、信用売りを行うことも考えられる。[32]実際に、資本（B）が信用売りで追加利益を実現できると判断して、資本（A）の要請を受諾するならば、両者の間に資本主義的信用関係が成り立つ。その過程において、資本（A）は、一定期間後に約定金額を支払うという支払約束をして、資本（B）から一〇〇万円相当の商品生産物を原料として仕入れることになる。[33]

ただし、信用買いによる原料の仕入れは、一〇〇万円に相当する資本（A）の購買力を前提とするのであり、またそれは、資本（A）の将来の支払能力に対する資本（B）の信認を土台として承認されたものである。もちろん、その過程は、貨幣自体が現金の形で貸し出されるわけではなく、擬制的な形をとって展開される。その意味で、両方の資本の関係は、鈴木の商業信用論によって打ち出された「貨幣の貸借関係」とは似て非なる、いわば信用創造の側面を帯びているといえる。[34]

したがって、そこで資本（A）は、購買代金一〇〇万円をそのまま売り手から借受けるわけではなく、それに相当する購買力を擬制的に先取りするのであって、それによって負うことになる債務もまた、直接的な「貨幣の借受けにたいする貨幣の返済」として清算されるわけではないといわなければならない。[35]

他方で、資本（B）は、資本（A）の購買力の擬制的な先取りを承認するにあたって、現金売りならすぐに得られるはずであった販売代金一〇〇万円の代わりに債権（債務履行請求権）を保有することで、現金一〇〇万円を運用して得られるはずであった便益をも一定期間留保しなければならなくなる。

さらにまた、そこには、一〇〇万円の債務が履行されないリスク—手形不渡りや貸し倒れなど—もつきまとっている。もちろん、資本（B）は、単に支払期日を待ち構えたり、債務不履行リスクを甘受したりするわけではない。したがって当然、そこには、未確定の損失分をあらかじめ商品経済的な方式でもって補おうとする動機が働くと考えられる。

このように、資本（B）は、信用売りを通じて高い価格で販売しようとする動機と、債務不履行の発生リスクを最小化しようとする動機とをもって資本（A）との信用売買を展開するのであるが、だからといって、資本（B）が信用価格を一方的に確定できるわけではない。契約の内容—約定価格や支払期限など—は、売り手と買い手のどちらが一方的に決めるものではないのであって、そこには、商品売買における両者間の交渉および駆け引きの余地が入り込むことになる。信用売買は、決まった方式によって行われるのではなく、両者間で資本運営上の諸事情を鑑みながら行われる。

交渉の結果、仮に三ヶ月の支払期限と一〇五万円の約定価格とを骨子とする契約が提携されたとすれば、資本（B）は、一旦五万円の追加利益を確保することになる。いわばプレミアム（割増金）が現金価格に付け加えられ、信用価格を形成するのである[36]。そこで、現金価格に付け加わるプレミアム（割増金）は、山口のいう「事実上の利子」に他ならない[37]。というのは、商業信用における利子は「与信資本にとっての利得」として、「信用価格の中にいわば埋没して存在している」ものだからである。

それはいってみれば、みなし利子である。「そこには固有の利子は存在していない」と結論づけられるのは、そのためである。

しかし他方で、山口の商業信用論における販売と貸付の共時性からすれば、「与信資本にとっての利得」は、もとより「貨幣の事実上の融通にともなう」ものに他ならず、ゆえにその差額分（＝五万円）を「利得」という包括的な概念でもって規定づけてしまえば、商業信用論における「貨幣融通関係」の導入の意義はきわめて矮小化されるように思われる。

「利子という概念は一般には貨幣融通が貨幣貸付として外化しているところで用いられてきたし、またそのように限定して用いることに一定の意味がある」と山口は言う。だが、「与信資本にとっての利得」の源泉が商業信用の内なる「貨幣融通関係」によって根拠づけられる以上、それは、プレミアム（割増金）でもみなし利子でもなく、利子そのものとして捉えるべきではないだろうか。

要するに、そのような「貨幣融通関係」から「固有の利子」が導き出されないからといって、それが直ちに「利子は存在していない」ということを意味するわけではないということである。突き詰めるべきは、利子の不在などではなく、むしろそれが存在していないかのように映る現象がなぜ生じるのかという点ではないだろうか(38)。

他方で、小幡［2013］は、利子について次のように述べている。

「信用売買の交渉過程の内部で提示される信用価格と現金価格との間に、ある程度のひらきが伏在していたことをふまえてみれば、それを基礎にして貨幣貸付関係はそれを外化させるものとして、〔……〕観念的な価格差が、いわば現金価格相当を貸付けて信用価格相当を返済させる関係に転化され、利子として自立化すると見なせる。」（二〇五頁）

確かに、山口が「信用価格の中にいわば埋没して存在している」ものをみなし利子として捉えているのに対して、小幡は「信用売買の交渉過程」から生ずる「信用価格と現金価格との間」の「価格差」を「利子」として捉えていない。小幡［2009］によれば、「信用売買」と「貨幣貸付（貨幣貸借）」はむしろ相互に「競合する立場にたつ」（七五頁）ものに他ならないからである。

しかし、にもかかわらず、両者は、「信用売買」からは「利得」が、「貨幣貸付」からは「利子」が各々生み出されるというような理解を共有しているようにみえる。それは、「信用売買」では「利子」は存在していない」が、「貨幣貸付」では「利子」が「外化」＝「自立」されるというものである。

だが、「信用売買」では「信用価格と現金価格との間」の「価格差」、つまり「現金価格」に付け加わるプレミアム（割増金）があるだけで、「利子」は存在せず、たとえ在っても、それは「事実上の利子」にすぎず、「固有の利子」とは似て非なるものだというような説き方は、商業信用における販売と貸付の共時性と両立しえないものといわなければならない。なぜなら、商業信用においては、「外化」＝「自立」されない形で「貨幣貸付関係」が成り立っており、そこから両者は、「利子」を支払う／受け取る関係を形成しているからである。

その意味からいえば、商業信用の内なる「貨幣貸付関係」に対する原理論的理解は、「利子」の生成原理を解読するだけでなく、「信用売買」を「利得」と、また「貨幣貸付」を「利子」と結びつけて理解する、従来の概念規定を見直す手がかりともなりうるであろう。
たとえば、経済主体（A）が、経済主体（B）から一〇〇万円を借りる貨幣貸借の取引契約を締結したとしてみよう。そこにおいては、借り手（A）が一年後に元本一〇〇万円と、五％の賃料として課される利子五万円とを貸し手（B）に返済するということを契約の条件としている。この過程において、借り手（A）は、貸し手（B）から借りた一〇〇万円を一時的に占有すると同時に、それを単に所持するのではなく、特定の目的のために使用することで、そこから何らかの利益を創出することができる。したがって、借り手（A）は、借金一〇〇万円の一時的占有および使用に対する対価として五万円の利子を返済する義務を負うことになる。[39]
このようにみると、利子五万円は、貨幣一〇〇万円の一時的占有および使用に対して発生するある種の費用（手数料）であるともいえそうである。というのは、そこでは利子自体は、さしあたり貨幣一〇〇万円を占有し使用する借り手―利子を支払う側―の行為と結びつけて理解されているからである。しかし他方で、小幡［2014］は次のような見解を提示している。
「売買の直接の対象とされるのは、そうした具体的な効果ではなく、あくまで一定期間、特定の対象を利用できるという定量性を具えた権利である。売買される商品体は、厳密にいえば、『用益』ではなく『用益権』なのである。用益の大きさは量れないが、用益権ならこの一ヘクタールの土地を一年間利用する権利というかたちで明確に限定できる。商品売買には、商品体の確定が絶対条件となるのであり、外形的な定量性をもつことで、貨幣で賃料を支払い一定期間借りて利用す

る関係が、同時に用益権の売買として商品売買の世界に翻訳可能となるのである。」(一四三頁)

ここでいう「用益権」とは、「貨幣」一〇〇万円に対する一時的な占有ないし使用の「権利」のことであり、「貨幣貸付」は、その「用益権」を「商品体」として売り買いする「商品売買」の側面を有していることがわかる。すなわち、「貨幣貸付」では、「貨幣」の「用益権」をめぐって借り手を買い手として、また貸し手を売り手として位置づける関係が成り立つ。それゆえ、借り手が貸し手に支払う「賃料」は、ある種の「権利」の買入価格として、「貨幣」一〇〇万円に対する「用益」を商品経済的な方式で確定づけるものとみることができる。

したがって、「貨幣の貸借は、いかなる意味でも貨幣そのものの売買ではない。貨幣は貸されるのであり、それによって一定期間の用益権が売買されるのである。この貨幣の用益権を『資金』とよぶとすれば、《貨幣は貸され、資金が売られる》ということになり、貨幣の賃料が資金の価格であるということでひとまず決着がつく」(同上)と小幡は言う。そこで《貨幣は貸され、資金が売られる》は、「貨幣の貸借」が、一〇〇万円の「貨幣」が「貸される」ことと、「貨幣」の「一定期間の用益権が売買される」こととが同時になされる契約であるということを示唆する。

ところが、それは、厳密にいえば、〈資金は売られ、貨幣は貸される〉を意味すると解さなければならない。というのは、両者が「貨幣」の「一定期間の用益権」を売り買いすることで、貸し手の「貨幣」が「一定期間」借り手に「貸される」のであって、その逆ではないからである。すなわち、〈資金は売られる〉は、〈貨幣は貸される〉を可能にし、〈貨幣は貸される〉は〈資金は売られる〉を前提とする。「貨幣の賃料」―利子―がはじめから「資金の価格」として確定されるのは、そのためである。

ただし、利子は、単純に「貨幣」の「用益権」の使用価値を、用益期間でもって換算した「権利」の「価格」ではない。「用益権」自体は、「貨幣」が「貸される」ことなしに行使しえないものであり、その限りで用益期間以外の期間に対する「権利」は一切認められない。というのも、「貨幣」の「一定期間の用益権」の「売買」は、「貨幣」の返済を前提とするものだからである。

それゆえ当然、貸し手としては、借り手の返済能力（貸金の回収可能性）を把握しておこうとする動機を持っていると考えられる。貸し手は、借り手の返済能力に関する情報を事前に把握しておくことで、「資金の価格」の確定にあたって自らの交渉力を高められるようになる。

もちろん、「資金の価格」を引き上げたからといって、その分借り手の返済能力が高まるわけではない。だが、自分の商品をできるだけ高く売ろうとする売り手の行為は、できるだけ安く買おうとする買い手のそれと同様に、市場一般の行動原則をなすのであり、それゆえ、借り手に対する貸し手の信認の程度は、「資金の価格」の水準に影響するだけでなく、場合によっては値上げの当為を提供する。

需給によって騰落を繰り返す相場などの外的要因をさしあたり論外におけば、利子は、借り手に対する貸し手の信認の程度を反映している、「貨幣」の「一定期間の用益権」の「価格」として定義することができる。このようにして、「資金の価格」は、借り手の債務返済能力に対する貸し手の信認の程度を反映したものとして現われるが、それは直ちに商品価格に付け加わるものとしてではなく、売買代金から独立した個別態として信用価格の一部を構成することになる。

そうだとすれば、商業信用―個別資本同士の信用関係―の場合はどうだろうか。確かに、そこでは、資本（A）と資本（B）が文字通り貨幣貸借を行っているわけではなく、単に支払約束による商品の譲渡が行われているだけである。とはいえ、支払約束はもとより、資本（A）の債務返済能力を根拠にして締結されたものであり、それに対する資本（B）の信認がなければそもそも不可能なことである。それゆえ、資本（A）が単に後払いの申し出をしたからといって、支払約束がその場で締結されるわけではない。資本（A）は、資本（B）に向けて自身の支払能力を何らかの形で証明しなければならない。資本（A）が資本（B）から支払能力を信認されると、資本（A）は、資本（B）に所定の金額―利子―を支払い、一〇〇万円に対する「一定期間の用益権」を獲得することで、資本（B）から一〇〇万円に相当する購買力を行使しうるようになる。

このことからわれわれは、信用売買における商品の譲渡が、支払約束の締結、つまり貸借関係の成立による購買力の承認を前提として行われるということに気がつく。すなわち、商業信用においても、「いわば現金価格相当〔の購買力：引用者〕を貸付けて信用価格相当〔の現金：引用者〕を返済させる関係」が成り立つということである。

ここで貨幣が、現金の形ではなく、「現金価格相当」の購買力の形で貸し付けられる所以は、資本（B）が資本（A）にとっての売り手であると同時に貸し手でもあるからである。結果的に、資本（A）としては、資本（C）などから借りた貨幣をもって資本（B）から原料を仕入れるような展開はもとより不要かつ無益である。資本（A）は直接、資本（B）から支払能力を信認され、「現金価格相当」の購買力を承認されさえすれば済むからである。いわば貨幣なき貨幣貸借といってよいかもしれない。

いずれにせよ、資本（A）としては、二段構えの展開を進めて商品を仕入れるべき必要はなくなり、同時に承認済みの購買力（一〇〇万円）をそのまま保持する必要もなくなるということになる。すなわち、資本（A）は、資本（B）から「現金価格相当」の購買力を独占的に占有・使用できる「権利」を獲得するのであるが、そのことから直ちに商品（一〇〇万円）を仕入れる形で承認済みの購買力（一〇〇万円）の「用益権」を行使することになる。支払約束の締結時に確定した約定期限が尽きると、資本（A）は、資本（B）から購買力の形で承認された一〇〇万円を利子とともに返済しなければならない。

こうした理解からは、信用価格と現金価格との間の差額部分を利得として捉える概念規定の不十分さを窺い知ることができよう。というのは、利得とはもとより、商品売買の展開―商品の価格をめぐる売り手と買い手との間の力関係―から発生するプレミアム（割増金）を意味するだけで、支払約束の締結＝貸借関係の成立によって形づくられる利子を概念的に受け止めているとはいえないからである。そこでは、利子は存在していないものとして措定されるか、もしくは「固有の利子」とは似て非なる「事実上の利子」、つまりみなし利子として措定されるかだけである。

しかし、以上の考察から明らかなように、貨幣が資本主義的信用関係の成立にあたって必ずしも現金の形で現われる必要はない。購買力であっても、形態的には現金と同格かつ同位に並ぶものであり、それゆえ、その「用益権」の売買においても、利子が「資金の価格」として生み出される。そこで、「貨幣融通が貨幣貸付として外化している」かどうか、または貨幣が現金なのかどうかは、利子の存立根拠に直結する問題ではないことがわかる。[40]「固有の利子」であれ「事実上の利子」であれ、いずれも「資金の価格」として措定される利子の個別態―いわば下位概念―であり、どちらか一方だけが真の利子であるというわけではない。

こうして、現時点で貸し手の手元にある貨幣を直接貸し借りする関係だけを想定して利子の生成を根拠づける、従来の狭義の概念規定は、利子自体が支払約束の締結＝貸借関係の成立によって形づくられる、ある種の関係概念であることを看過するものといわざるをえない。(41)

―小括―

以上の考察をもとに、信用売買の成立根拠に関する従来の規定の盲点を指摘することで、次章の課題を提示してみたい。

本章の考察から次のような結論を導き出すことができる。すなわち、信用売買は、貨幣貸借の原理を借用して展開する商品交換の一形式であり、利子は、現金価格を形成する商品の売買代金とは異なり、資金の売買過程において形成（締結）される貸借関係（支払約束）によって形づくられるということである。このことからすれば、信用売買における利子と貨幣貸付における利子は、いずれも資金の価格の個別態として同格に並べられるものに他ならない。したがって、利子の発生論的根拠は、資金売買による貸借関係（支払約束）の成立（締結）にこそあるということができる。

ところで、こうした理解に基づくと、「信用買い＝商品Wを後払いで買う方式」というような等式は再考される必要が生じてくる。それは何故か。従来の支払手段論では一般に、信用売買は、W－G・G－W'〔売ってから買う〕の展開を先取りしたもの、つまりG－W'・W－G〔買ってから売る〕の展開として捉えられてきた。[42] すなわちそこでは、購買代金の支払時点の変更（商品譲渡時点→支払約定時点）によって〔売ることなしに買える〕展開が成り立つと解される。これはいってみれば、購買代金の一時的な支払猶予である。

しかし、信用売買における商品譲渡から貨幣支払までの期間は、商品譲渡時点で売り手に支払われるはずであった購買代金が遅延している状態を意味するものではない。なぜなら、買い手は、売り手から承認された購買力（一〇〇万円）をもって、商品（一〇〇万円）を仕入れることで、購買代金（一〇〇万円）の支払を完了しているからである。ここで、未完なのは、購買代金（一〇〇万円）の支払ではなく、承認済みの購買力（一〇〇万円）に対する返済である。したがって要するに、信用売買では、擬制的に先取りした購買力（一〇〇万円）自体が、支払約束および返済の対象になるということである。

このように、信用売買にあたって〔売ることなしに買える〕のは、購買代金の後払いに対する一方の申し出と他方の受諾とによってではなく、売ることなしには獲得しえない購買力を一方が他方から承認されたからであるとみなければならない。信用売買における商品の譲渡は、買い手（借り手）の支払を前提として行われるのであって、売買代金の支払自体が猶予されているわけではないからである。その意味では、「信用買い＝商品W'を後払いで買う方式」として捉えてきた従来の規定は再考されるべきであろう。

ところで他方で、このことは単に、買い手（借り手）の債務額を概念的にいかに規定するかといった問題にとどまらず、より根本的には商品交換そのものの成立をいかに根拠づけるかという新たな問題を提起する。詳しくは次章に譲るが、従来の原理論体系においては、商品体と貨幣体の物理的な位置変更ないし占有状態の変更を交換成立のバロメーターとみなしてきたがゆえに、後者の出現なしに前者が先に譲り渡されるようにみえる信用売買は、現金売買―正則の商品交換―の補助的かつ変則的な展開として了解されてきた。

それゆえに、信用売買における買い手（借り手）の債務額は、一定期間支払猶予されている商品の購買代金とされたのである。支払うべき購買代金が依然として未払いとなっていると解されたのは、そのためである。だが、そのようなアプローチが商品交換の成立を理論的に根拠づけることができるかといえば、必ずしもそうではない。この点については、再考の余地が多分にあるといわざるをえない。

かくして、われわれは信用論から商品論に舞台を移して、商品交換の成立原理を考察することにする。商品交換における商品所有者と貨幣所有者との間の対極的な関係を抽象し、そこから貨幣形態の成立を原理的に解明するのが商品論の課題だからである。次章では、資本主義的信用関係の成立および利子の生成に関する本章の考察を踏まえ、商品交換の成立根拠を原理的に問い直すことで、信用売買の位置づけについての新たな観点を提示することとしたい。

【注】

（1）本章では、山口［1983a］のいわゆる発生論的方法を採用した。それによれば、「『資本論』で発生論的論理の展開が志向されているもっとも典型的な個所は第一巻の価値形態論であろう。第三巻では商業資本論に発生論的に説いているところが部分的にみられるが、きわめて不十分で徹底していない。利子論になると、そのような方法は部分的にもみられない」（一八頁）。ただしここでは、そうした「発生論」を分化発生論として採用しているわけではない〔新田［2014］：第二節〕。これに関して、清水［2014］は次のように述べている。「たとえば商業資本の分化発生という場合、従来は『分化=発生』とか、『分化・発生』というように表記することが一般的であった。つまり、『分化』と『発生』という二つの概念は、それほど明確に区別されてこなかった」が、「『分化』という概念の本義が、あくまで産業資本から発生する、産業資本を母体として発生するという規定性にあるとすれば、この概念と『発生』という概念とを注意深く区別する必要が出てくるのではないか。いいかえれば、分化=発生論とは異なる、もう一つの発生論を用意する必要が出てくるのではないか」。ここでいう「もう一つの発生論」とは、「発生=行動論」を指しており、「分化=発生論」は「その部分集合にすぎない」ものとされている（五一～五二頁、清水［2017］：一〇五頁）。すなわち、「発生=行動論」は、商品経済的合理性を体現している個別経済主体の「行動」を「発生」の根拠とする方法論であり〔山口［1985］：三～四頁、青木［2001］：三九頁〕、それゆえ、利子は、信用関係（債権債務関係）における個別経済主体の商品経済的動機によって形づくられる、ある種の「関係概念」（青木［2005/2009］）として捉えることができる。このように、本章において「発生=行動論」を採用するのは、あくまでも「いわば商業信用の形態的根拠」（清水［2006］：六五頁）から利子を解明するためであって、市場機構または信用制度の成立原理を論ずるためではない。仮に「原理論は、ある命題を論証することを目的とする議論〔=論証の論理：引用者〕と、その命題から出発して新しい推論を行うことを目的とする議論〔=展開の論理：引用者〕との二つから成り立っているといってよい」（清水［2017］：八七頁）とすれば、本章の内容は、前者に重きを置いたものといえる。

（2）マルクスは、『資本論』第三巻第五篇「利子生み資本」で「信用制度の基礎」について、一方で「資本主義的生産様式が存続するかぎり、利子生み資本はその諸形態の一つとして存続するのであって、実際にこの生産様式の信用制度の基礎をなしているのである」（Marx［1894］：S.621）とし、他方では「商業信用、すなわち再生産に携わっている資本家たちが互いに与え合う信用を分析してみよう。この信用は信用制度の基礎をなしている」（Marx［1894］：S.496）と述べている。両方の叙述は、「信用制度の基礎」に関する相異なる見解、つまり「信用制度」を、前者では「利子生み資本」の展開から、後者では「商業信用」の展開から基礎づける視座を示している。とはいえ、マルクスによる両方の見解が如何に関連づけられているのかは明らかにされないままであった〔岡部［1989］：五五頁〕。その結果、「信用制度の基礎」に関する議論は、「利子生み資本説」と「商業信用説」とに分かれ、利子論の方法論的展開の分岐点となった〔松井［1990］：三五頁〕。両説は、マルクスの叙述から触発され、対峙してきたが、いずれも利子の概念規定の基本原理を提供するものといってよい。

（3）引用文の傍点は、原文ではイタリック体であるが、訳書にしたがって傍点を付す。

（4）麓［1956］：一八〜二四頁は、商品の販売を、ほんらいの商品の譲渡様式と、利子生み資本という独自の種類の商品の譲渡様式とに二分して捉えている。前者では、使用価値は譲渡されるが、価値はそうはならず手元に保持される一方、後者では、使用価値と価値は、いずれも資本としての貨幣の形で借り手に譲渡されるのであるが、「貸付のばあいには等価が受けとられないのであるから、所有権は譲渡されない」と麓はいう。だが、「貸付のばあい」において貨幣の「所有権は譲渡されない」という事象を、「等価が受けとられない」ことから裏づけることができるだろうか。詳しくは本章の第三節に譲るが、借り手に譲渡される貨幣の価値は、期限付き権利においてであり、それが可能なのは、借り手が貨幣の一定期間の用益権に対する「等価」を貸し手に支払うからに他ならない。そこで、借り手は単に、一定期間中に貨幣の形式的使用価値を発揮させることができるだけである。その期限が尽きると、貨幣の価値は貸し手の手元に戻る。このように捉えると、「貸付のばあいには等価」が受け取られるとしても「所有権は譲渡されない」ということになる。そもそもそこでは貨幣体が売買の対象となるわけではないし、したがって当然、その所有権が譲渡されるかどうかは問題ではない。「貸付」において貨幣体の物理的な位置変更（貸し手→借り手）に注目する限り、貨幣体が譲渡されない貸借関係—信用売買における売り手と買い手の関係—を説明することはできないと思われる。

（5）Marx［1894］：S.351。

（6）「利子＝価格論における『〝特殊な〟商品』になる主語は、単なる貨幣では不足であるが、それを『資本としての資本』とするのは、利子率が帯びる増殖の仮象的純粋性に訴えざるをえない点で、やはり過剰となる。このことは、さまざまな利子率を貨幣利子率に代表させ、資本の増殖概念を貨幣の増加と同一視する誤りにつながる。貨幣貸付はどこまで延長しても、資本を商品にすることにはならないのである。」（小幡［2014］：一四五頁）

（7）Marx［1894］：S.354。

（8）下平尾［1974］：二一九頁。

（9）宇野［1973］：二五八頁、木村［1976］：二二九頁。

（10）宇野編［1968］：三四〇頁。

（11）宇野［1974b］：二五〇頁。

（12）マルクスの利子論に対する宇野の批判は、山口［1984］が評価しているように「一種の発生論としての分化論的方法」（二三頁）の提起であったといえる。とはいえ、宇野自身による利子の解明が、そうした「方法」に徹しているかといえば、必ずしもそうとはいえない。詳しくは本文に譲るが、その欠陥は事実上、商業信用の展開と銀行信用の成立が共時的になされていることに起因するように思われる。そこには、前段から後段への展開を解く「発生論としての分化論的方法」の視座はもとより欠けている。宇野の方法論的展開が「貸し手と借り手とがどちらも産業資本家であるという初期設定」（清水［2017］：九〇頁）に限定されているのもそのためであろう。

（13）宇野［1974a］：二一〇頁。

（14）松井［1991］はこれに関して、次のように述べている。「貨幣資本家と機能資本家の間で売買される対象は何か、という点については、宇野弘蔵氏と三宅義夫氏の論争がある。宇野氏は、『貨幣自身が商品となるのであって、なお資本が商品となるのではない』と、貨幣の商品化を唱え、貨幣資本家と機能資本家の間で売買または貸借されるのは、資本ではなく貨幣であると主張された。これに対し、三宅氏は、『資本が商品として取引されるのだ』と、資本の商品化を唱え、貨幣資本家と機能資本家の間で売買または貸借されるのは、貨幣ではなく資本であると主張された。宇野・三宅論争のポイントは、貨幣資本家と機能資本家の間で売買される対象は何か、という点にあったが、貨幣資本家と機能資本家の間の経済関係が信用であるから、宇野・三宅論争は、実質的には、信用の概念規定をめぐる論争であったといえる」（六〇頁）。ところが、たとい「宇野・三宅論争」が「信用の概念規定をめぐる論争であった」としても、宇野自身が「貨幣資本家と機能資本家の間の経済関係」を受け止めているとは必ずしも言い難い。宇野の立論は、むしろ「貨幣資本家と機能資本家の間の経済関係」そのものを批判し、価値法則の内的必然性に基づいて資本主義的信用関係を見直したものであって、「信用の概念規定」自体における論点の食い違いで対峙したわけではないというべきである。

（15）実際に宇野［1974a］：二〇二頁は、「利子」を「一定の期間の資金の使用に対する代価」として捉えながら、「ここで商品となっているのは資金としての貨幣なのである」と述べているように、貨幣貸付における「資金としての貨幣」を「商品」として扱う見方をとっている。本書では、そうした見方をとらないが、いってみればそこでは、「利子」を貨幣貸付を行う際に発生するある種の費用（手数料）とする不徹底さと、「貨幣」を販売の対象とする不徹底さとが露呈されているといわざるをえない。

（16）宇野編［1968］：三四四頁。

（17）宇野編［1968］：三四五頁。

（18）その一方で、宇野［1964］：二三五～二四〇頁及び宇野［1973］：五〇六～五一三頁においては、「資本の所有者としての資本家」と「資本の運営者としての資本家」との関係に基づく資本＝商品化は、利子論の守備範囲を超える株式会社制度の問題として取り扱われている。

(19) 宇野［1973］：四六七頁。

(20) 宇野［1964］：二一六頁。

(21) 日高［1968］は、「宇野氏の銀行信用論においてほんとうの前提になっているのは、実は商業信用だけではなしに、個別資本相互の貨幣の貸借関係なのではないか」（七二頁）と疑問視し、宇野の方法論的展開にあたって「銀行信用を可能にするとされているのは、商業信用そのものではなく商業信用の『基礎をなす』遊休資金にすぎない」（七三頁）と指摘している。いってみれば、宇野の信用制度論における「銀行信用」の成立は、「商業信用そのもの」とは無関係なものということである。ここで日高は、産業資本の「遊休資金」が、一方では「商業信用」の成立を可能にし、他方では「銀行」に預金として流れ込むという「遊休資金」の重複を問題にしている。その意味で、この点は、信用制度論の方法論的展開だけでなく、利子の出処をも不明確にする種になっていると思われる。またこれについて、大内［1978］は次のように述べている。「しかし、このばあい融通される資金は、『資本論』でいう貸付資本家の資金のように、それ自体がかならず利子を要求するような性質のものではない。もともとそれはその資本にとっては一定期間利用する必要もないし、利用することがさしあたりできもしない遊休資金である。それはほんらい産業資本にとっては、その管理のために費用を要することはあっても、何らの利潤なり利子なりをもたらす資金ではない。そういうものが事実上他人によって利用されたからといって、利子がすぐ要求されるということにはならないであろう」（四四頁、傍点は原著者）。要するに、大内の指摘は、「遊休資金」が「事実上他人によって利用されたからといって」、そこから直ちに「利子」が生成されるわけではないということである。確かに「遊休資金」の存在自体は、商業信用関係を成立させる一つの契機ではあるが、だからといってそれが、「利子」の形態的根拠を与える決定的で直接的な契機になるわけではない。本章では、「利子」の生成を解明するにあたって、「こういう関係〔＝商業信用関係：引用者〕のなかから利子を根拠づけるわけにゆかない」（同上）という大内の見解を採用しているわけではないが、それはともかく、「利子」の生成を「遊休資金」の「利用」と関連づけるアプローチが必ずしも当を得ているとも思われない。

(22) 藤川［1976］：二五八頁。

(23) 宇野［1973］：四六五頁。

(24) 仮に「商業信用はいくつかの資本が協力してこの流通資本を節約することでそれを生産資本たらしめ、形成される剰余価値量を増加するのである」（日高［1983］：219頁）としたり、「商業信用とは、基本的には、資本が流通形態であるがゆえに必然的に被らざるをえない制約を、個々の資本相互の関係のうちに解除しようとする、いわば、資本の相互扶助関係にほかならない」（岡部［1989］：五八頁）としたりされるところの、「協力」＝「相互扶助関係」とは要するに、「共同体内部の互酬関係などの人格的関係」（岡部［1984］：六六頁）を意味するものではないであろう。というのは、「資本主義社会は、私的所有の確立を前提として成立する社会であり、そこに理論的に想定されるあらゆる経済主体は、自己の利益の最大化のみに基づいて行動し、互いに対立する存在でしかない」（岡部［1990］：一〇〇頁）からである。もちろん、「あらゆる経済主体」が常に「互いに対立する」とまではいえないかもしれない。ある「経済主体」が「自己の利益」を「最大化」するために他の「経済主体」と「協力」＝「相互扶助関係」を結ぶことがありうるからである。しかし、その場合でさえ「自己の利益の最大化」という行動原則自体が否定されるわけではない〔他方、新田［1997a］は、そうした行動原則が商品交換に限らず「経済活動一般、交換一般、人間行為一般に共通する」（四八頁）ものであることを力説している〕。それらはむしろ、「自己の利益の最大化」を実現させるためのものにすぎない。要するに、「商業信用」を含む「資本主義社会」の交換関係においては、「あらゆる経済主体」は「協力」＝「相互扶助関係」に対する目的指向性を有してはならないというより、各「経済主体」がいかなる目的指向性を有しているかは、商品交換の形態的分析レベルでは問わないということである。したがって、分析者自身がいくら「商業信用」を「個別資本間の相互扶助関係」として捉えても、それは結果的かつ事後的な意味づけにすぎないといわざるをえない。

(25) 岡部［1984］：四九頁、山口［2000］：六三頁。

(26) 日高［1968］：七五頁、大内［1978］：六三頁。

(27) 岡部［1989］：五七頁、日高［1968］：八五〜八七頁。

(28)「鈴木教授自身そう考えられているようでもあるし、宇野博士も、もうすこしふくみをのこしながら、そう主張されているようでもある（旧『原論』、四七〇頁）。しかし、商業信用を基礎に展開される銀行信用において、前者でまったく根拠づけのなかった利子が突然登場してくるという論理は、このかぎりでは十分納得的ではない。商業信用においても事実上資金の融通がおこなわれており、その利用によって利潤率が上昇することをみとめる以上、そして利潤率の上昇が利子の根拠だという以上、どうしてもそこで利子を説く必要が生じよう。」（大内［1978］：四三〜四四頁）

(29) 大内［1978］：三九〜四五頁・七三〜七五頁。

(30) これに対して、日高［1966］は、「商品の価格の実現が、第一の行為〔＝商品譲渡および貨幣貸借：引用者〕によっておこなわれた」（六六頁）とされる点を、鈴木説—日高によれば「貨幣説」—の問題として取り上げながら、「商品にとっての『命がけの飛躍』の最終的完成は、現金が返済されたときか、あるいは、裏書譲渡した手形が不渡りでないことが確認されたときに求めなければならないであろう」（七一頁）と指摘している。しかしながら他方で、清水［2006］：注6－一〇三頁が、「不確実な現金貨幣による支払い、つまり『商業信用の全過程』の結了を待たずとも、譲渡されている商品と商業手形との関係のみを『抽出』することが可能だ」とし、「『商業信用の全過程』の結了を待っていわば事後的な反省規定として与えられた商業手形の貨幣性の方こそ、いかなる理論的な意義を主張しうるものか、余程疑わしいというべきであろう」という見解を示しているように、日高の批判はあくまでも、「貨幣」＝「現金貨幣」といった貨幣規定に基づいたものにすぎないといわなければならない。もちろん、これについては、さらなる考察が必要であろうが、ともあれ、さしあたりはそうした規定自体を根底から捉え返さない限り、そのような異議申し立ては避け難いといわざるをえない。

（31）「両氏〔＝日高・大内：引用者〕が批評に際してその対象として念頭においていると思われる貨幣貸付説と拙論とでは、同じく貨幣貸付説と呼ぶにしても必ずしも同じものではないのであって、その意味で拙論にたいする批評は適切でない点があるように思われる。」（山口［2000］：七頁）

（32）山口［1985］によれば、「商業信用が成立するための第一の条件は、信用の与え手が産業資本の場合は、信用を与えている期間中の生産過程を一定の規模に維持するために必要な貨幣資本が与信資本の手もとに十分準備されており、信用で販売する商品を仮に現金貨幣にたいして販売するとすれば、その販売代金の分は過剰遊休化するという事情があることである」（二二二頁、山口［1984］：一〇七頁）。しかし、「商業信用」の「成立」にあたって「貨幣資本」の「十分」な「準備」と「販売代金の分」の「過剰遊休化」の回避とを同格の「条件」として取り扱ってよいであろうか。確かに「信用の与え手」が現時点で「現金貨幣」不足に陥っているならば、商業信用は進め難い。他方で、「信用の与え手」がいくら「販売代金の分」の「過剰遊休化」を回避しようとしていても、受信資本の将来の支払能力を信認できなければ、「商業信用」は「成立」しかねるようになる。結果的に後者のような「事情」は、前者のように「商業信用が成立するための」基本前提というよりも、「与信」を行う一つの動機といえるし、それゆえ、両方を同次元の「条件」として取り扱うのは適切でないように思われる。

（33）たとえば、日高［1983］は次のように述べている。「綿花業者はその商品を貨幣でならすぐには売りにくいからこそ、商業手形で売る」（二一九頁）。ここでは特に商業信用論における日高の展開を否定するつもりはないが、「商業手形」を、日高の述べるように「貨幣でならすぐには売りにくいから」致し方なく選択されるものとみなしてよいかについては、再考の余地がある。「綿花業者」自身がいくら「貨幣でならすぐには売りにくい」と見込んでいても、流通資本の余裕があるし、それに対して特に逼迫していない（需要をもたない）状態にあり、なお買い手の支払能力を信認できないと判断すれば、「商業手形」

で売らずに現金買いを行おうとする買い手を待ち構えることも当然ありうると考えられる。しかも、将来の「綿花」価格の下落を見越していたり、出来うる限り貨幣資本の過剰遊休化を回避しようとしたりするならば、「綿花業者」は、とくに「貨幣でならすぐには売りにくい」かどうかに関係なく、「商業手形で売る」であろう。したがって、「貨幣でならすぐには売りにくい」というのは、「綿花業者」にとっての考量可能な一つの選択肢にすぎず、それ自体が信用売りに乗り出す決定的な契機になるとは限らないといわなければならない。

(34) 山口［1984］：四四〜四七頁。

(35) 信用売買について、マルクスは次のように述べている。「この場合に貸されるものは、けっして遊休資本ではなく、その所有者の手のなかでその形態を変えなければならない資本であり、その所有者にとっては単なる商品資本であるという形態で存在する資本、すなわち、再転化させられなければならない資本、しかも少なくともまず貨幣に転換されなければならない資本である」(Marx［1894］：S.499)。ところが、ここでの叙述は、商業信用では「商品」が「貸される」としながら、その支払は、「貨幣」をもってなされるというような、信用売買の原則に正面から背馳するものになっている〔岡部［1984］：五五頁〕。詳しくは本文に譲るが、商業信用における債権債務関係は、あくまでも現金価格相当の債務額、つまり「貨幣額」(伊藤［1989］：一七〇頁)を基準にして結ばれるものであって、そこで両者が「商品」そのものを貸したり、借りたりするわけではない。

(36) 信用価格の形成においては、「他の事情が等しいとすれば、一般に信用度が高い相手には信用価格と現金価格の差が小さく、信用度の低い相手にはこの差が大きくなるような競争が行なわれるであろう」(竹内［1996］：一八六頁)といわれるように、個別資本の「信用度」による偏差が生じる一方、「社会的需要が供給にくらべすみやかに増加しつつある商品の信用価格は、近い将来における市場価格の上昇の見込みを反映して、現金価格にくらべてより高く設定されるであろう。逆の場合は信用価格と現金価格との差額が縮小されるにちがいない」(伊藤［1989］：一七〇頁)といわれるように、「商品」の「市場価格」の相場による偏差が生じる。ただしそこには、「また融通を行なうことが可能な資本間の融通競争もあると考えられるから、利得についての個別的な要求がそのまま実現されうる保証もないであろう」（山口［2000］：七三頁）。

(37) 岡部［1989］：六〇頁。

(38) 岡部［1990］は、「商業信用では、与信資本の遊休貨幣資本の負担に基づき受信資本がより多くの利潤を取得するという関係において、事実上の資金の融通関係が形成され、その融通の代価を支払うものとして、現金価格を上回る信用価格が形成された」（八九頁）とし、そこでの「事実上の資金の融通関係」を、「商品売買を基礎とした『間接的』なもの」（同上）として捉えている。確かに、「与信資本の遊休貨幣資本」を「融通」の根拠として捉えれば、そうした「関係」は「『間接的』な」性格を帯びるようになる。とはいえ、それが必ずしも「融通」そのものの間接性を意味するとは限らない。「融通」の成立が「売買」の展開と一体化していると受け止めれば、「資金の融通」の直接性はむしろ、非可視化されているということになるからである。それは、「事実上」という語彙の意味を、「はじめは資金の貸借をともなわないようにみえるものが、事後的にさかのぼって、実は資金の貸借があったのだ」（日高［1966］：一〇四頁）というように読み取るか、もしくは本文の山口の叙述のように実際に「商業信用では貨幣融通」がなされるが、「貨幣貸付として外化していない」というように読み取るか、というような問題につながる。詳しくは本文に譲るが、本節では、さしあたり後者の見解を批判的に受け継ぎながら「商業信用」の形態的理解を深めることにしたい。

(39) 古結［1979］は、「ヘーゲル」にならって「占有、使用および処分」を「所有の三契機として」取り上げている（二〜四頁、傍点は原著者）。但し、留意すべきは、これらの「契機」は決して同格のものではないということである。たといある対象を「占有、使用」していても「処分」しかねるならば、それを「所有」したことにはならず、またその逆も同様である。このように、「所有の三契機」の中で「処分」だけが、決定的で最終的な権利になるのであって、「占有、使用」と厳格な区別が要請されなければならない〔これについて詳しくは本書の第二章で検討する〕。なお、「特殊の処分権と普遍の処分権」については、古結［1979］：六～一二頁、松井［1990］：三八頁及び松井［1991］：六三～六五頁を参照されたい。

（40）日高［1966］によれば、「資金を貸したことになるかどうかは、現金で売るばあいの販売期間と、手形をかかえていなければならない期間の、どちらがヨリ長いかによって区別される」（一〇二頁）。ここでは「資金」――これは貨幣用益権としての資金概念と違う――の貸付関係は、「現金」売りの「期間」と「現金」が支払われる「期間」との対比によってみえてくるような事後的なものである点、それゆえ、その存在もまた曖昧にならざるをえない点を取り上げている。ところが、それは、商業信用を単に、商品売買関係だけで捉えることからくるものといってよい。「資金」の貸付関係が事後的なもののようにみえるのは、それ自体が、商品売買関係といった外皮によって包まれて非可視化されているからであり、さらにまた、擬制的に先取りした購買力の用益権を、買い手が売り手の商品を仕入れる形で行使しているからである。したがって、商品売買関係のみに限定して「資金を貸したことになるかどうか」を論定するだけでは、一面的な議論になりかねないように思われる。その一方、大内［1978］は次のように指摘している。「商業信用関係をこのように単純に貨幣の貸付に還元してしまうことは、じつはひとつの擬制にすぎないし、またその擬制によって本質的な点を見失う危険性を孕むものといわなければならない。それが擬制であるに〔ママ〕とは明かであろう」とし、「このような擬制的理解がことの本質を見失わせるというのは、そう理解すれば商業信用の関係が同時に商品流通の連関をあらわしており、したがって手形は、一面では債務証書でありながら、一面では信用貨幣でもあるという側面が軽視されるに〔ママ〕とになるからである」（七四～七五頁）。しかし、「商業信用関係」は、「貨幣の貸付」の方式を借用して展開することによってはじめて成り立つ「商品流通」であって、「単純に貨幣の貸付に還元してしまう」ものではない。こうした共時性は、結果的に「擬制的」な「貨幣の貸付」として現われるのである。したがって要するに、「商業信用」の内なる「貨幣の貸付」は、むしろ「手形」が「一面では債務証書でありながら、一面では信用貨幣でもあるという側面」を明確にするものといってよい。

(41) 清水［2006］：第二章は、「商業信用論」における「実質貸借説」は「現金貨幣こそが『貨幣』であるという、狭義の貨幣概念」にとらわれているという点を指摘し、「貸し借りなき『売買』という原理」に徹する上で、「商業信用」を「『資金』なる商品の売買関係」として定立している。ただし、「実質貸借説」の欠陥とされる「狭義の貨幣概念」は単に「実質貸借説」に限らず、たとえば「手形金額への支払いも元金の返済というよりも、やはり代金の支払いと見る方が無理はないであろう」（中村［2009］：七三頁）というような「商品売買説」的見解そのものからもみてとれる。ともあれ、「貸借」は「売買」への翻訳が可能であることを受け止めれば、「商業信用」の内部に通底している「『貸借』という原理」を捨象するのは容易ではない。清水自身も述べているように、そこには「現時点で存在しない何ものかを前もって貸借する」関係が成り立ちうるからである。たとい「貸借」を「『売買』という原理」、つまり「将来貨幣」の「用益権の売買」に基づき「貨幣預託」に換言しても、「商業信用」から「『貸借』という原理」を払拭しきれないのは、そのためである。

(42) 小幡［2014］：一四一～一四二頁。

第二章　商品交換の成立原理

マルクス経済学は、商品交換を人間の本性と関連づけて理解する方法を相対化し、市場という限定的な空間で行われる社会的営みとして捉えてきた[1]。それによれば、商品交換の成立根拠は、人間にではなく、むしろ空間にこそある[2]。

マルクス経済学界の中でも特に宇野学派の原理論においては、そうした社会的営みを行う担い手は商品所有者として想定されている。商品交換の展開にあたって商品所有者は、交換主体または欲望主体として相対的価値形態と等価形態という対極的な立場に立たされる。ここではそれを価値関係と呼ぶことにする[3]。

では価値関係はいかにして形成されるのか。宇野原論によれば、価値関係の形成機制とみなされるのは、商品所有者の主観性―私的欲望および交換要請―である[4]。たとえば価値表現の形態「p量の商品X＝q量の商品Y」では、商品Yは商品X所有者の私的欲望の対象であり、「p量の商品X」の価値が実現できた場合には、商品Xもまた商品Y所有者の私的欲望の対象であることが判明する。

そこで、商品X所有者は、交換／欲望主体として価値表現を行い、商品Y所有者との価値関係を形成することで、自商品の価値実現を試みる。いってみれば、価値関係は、個々の商品所有者の主観性の所産として形成されるということである。

ところで、価値関係の形成について、次のような疑問が生じてくる。すなわち、商品Xまたは商品Yを所有する両極の商品所有者は、価値関係に先立って存在するといえるだろうか。というのは、商品所有者の主観性を価値関係内でしか通用しないものとして捉えた場合、商品所有者としての自己規定または自己根拠は、価値関係の成立によって反省的に与えられることになるからである。

このように捉えると、個々の商品所有者は、もとより自存する商品の所有主体として他者との価値関係を形成していくのではなく、逆に価値関係の成立によってはじめて商品所有者としての自立性ないし独立性を承認されるということになる。そうすることで、それ自身の主観性を商品交換の展開動力―いわば社会化された欲望―として現出しうることになる。

本章では、所有主体としての商品所有者の先在性を所与の前提とする原理論の規定を相対化し、私的所有を価値関係の所与ではなく、価値関係の所産として捉え返すことで、商品交換の成立根拠に対する従来の見方を再考しようとする。

結論を先取りすれば、商品所有者は、他の商品所有者との対極的で非対称的な価値関係の下において私的所有を体現する担い手としてのアイデンティティを与えられることによってそれ自身の主観性を社会化することが可能になる。商品交換は単に、商品X所有者の私的欲望の対象と、商品Y所有者の私的欲望の対象との占有状態を変更しあう過程としてではなく、各商品の「排他的・包括的・直接的」な権利（権利の主体）を移転（変更）しあう過程として行われる[5]。したがって、そこで「p量の商品X」または「q量の商品Y」の処分・譲渡による商品体の物理的な位置変更自体は、副次的かつ二義的なものとならざるをえない。そのような当該商品の占有状態の変更は、所有主体（私的所有権）を変更（移転）することによってはじめてなされるのであって、その逆ではない[6]。

ところが、従来のマルクス経済学原理論―なかんずく宇野理論―では、両極商品の占有状態の変更を可能にする形態的根拠―私的所有権者同士の権利義務関係の成立―についてはほとんど無関心であったのではないか。その根因は、端的にいえば、商品交換において価値関係が私的所有といかに結びついているのかについての考察を原理論の課題としていないことにある。商品交換の成立根拠を商品体と貨幣体の占有状態の変更に求めるのは、そのような理由によると思われる。

詳しくは本文に譲るが、価値関係と私的所有の結びつきに関する解明は、「いわば生産過程と生産過程との間に発生した交換関係に特有なる形態をもって[7]」現われる商品経済の存立根拠をより明確にするだけでなく、商品交換の成立に対する新たな観点を提示することになろう。

本章では、以上の問題関心に基づき、次のように考察を進めようとする。まず第一節では、商品論における所有主体および交換主体の概念規定を批判的に検討し、問題の所在を把握する。第二節では、マルクス交換過程論を考察の対象とし、商品交換の成立過程にあたって私的所有がいかに機能するのかについて立ち入って考察する。

第三節では、価値関係の対極性ないし非対称性を基にして、両極商品同士の物象的依存性を浮き彫りにし、両極商品と私的所有の結びつきを明らかにする。

第四節では、価値関係と私的所有が商品交換の展開過程においていかに機能しているのかを、商品物神性論を通して考察し、価値表現の意味内容と商品交換の成立根拠を明らかにする。

最後に小活では、以上の検討を踏まえて、商品交換における現金売買と信用売買の位置づけに対する従来の見方を再考する。

第一節　所有主体と交換主体

原理論では一般に、「私有物として取引の対象となりうるものでさえあれば、商品とならないものはない」[8]とされる。これによれば、「私有物」と「商品」は、いずれも「私有」という内的契機を有しつつ、他方では「取引」という外的契機によって概念的に区切られる。

さらにまた、そこには、もう一つの原理論的想定が与えられている。

「商品という場合われわれはその所有者なしにこれを考えることは出来ない。もっとも商品所有者はその場合いわば商品の人格化したものとしてあるに過ぎない。したがって理論的考察では商品の交換、流通等の種々なる運動と機能とは、かかる商品の人格化されたる商品所有者の行動として理解すればよいことになる。以下単純に商品に関する規定を与えられる場合にもこの点は常に前提されているわけである。」

（宇野［1973］：二七頁、宇野［1974］：一八一頁）

ここで宇野の論旨は、「商品」概念は「商品所有者」と表裏の関係にあるということである。周知のように、それは、マルクスの冒頭商品論に対する批判の骨子をなすだけでなく、価値形態論の刷新にもつながっている。それによれば、「商品の人格化されたる商品所有者」は、「商品の交換、流通等の種々なる運動と機能」を展開させるための「理論的」な装置として商品論の「前提」をなす。

こうした想定は、いってみれば、「マルクスが人間主義的立場から資本主義を解明し批判しようとしたのに対して、宇野弘蔵のそれは、全く逆に、ひとまず資本の立場に主語を置いて、徹底的に『人間』を対象化し批判する方法論を貫こうとした」[9]点を明確に示すものといってよい。

しかし同時に、そうした想定は、負の側面を残してしまっているともいえる。というのは、そこで「商品」と「商品所有者」の結びつきについての理解は、原理論の課題として受け止めていないことになっているからである。[10]

たとえば「p量の商品X＝q量の商品Y」というような価値表現の形態では、一方の「商品所有者」が自分の所有物（p量の商品X）をもって他者の所有物（q量の商品Y）と交換しようとすることがポイントになる。[11]この場合、両極の「商品所有者」は当然ながら、価値表現以前から「商品」を「私有物」として所有していたものとみなされる。すなわち、「商品所有者」は、はじめから所有主体として自存していたのであり、その前提に立脚して交換／欲望主体として価値形態論の前面に現われるようになる。したがって結局は、ここでは所有主体に関する概念規定などは不必要な事柄にすぎないということになる。[12]

そこにおいて示される所有主体の先在性は、「商品経済的私有制を全面的に確立する社会」[13]を議論の前提とするその体系に起因していると思われる。そこで「商品交換関係が前提する私的所有」は、自己労働による自己所有ではなく、「土地所有の近代化」によって根拠づけられている。[14]また、その過程において、「労働力の商品化を基軸として、ほんらいは流通形態としての資本による生産過程の実質的な把握を要すること、ここにおいてはじめて売買関係が、所有関係を確立していくものとして、自分自身が前提するものを措定する」[15]ということになる。

このように、原理論における「商品所有者」なるものは、「自分自身（＝交換／欲望主体：引用者）が前提するもの（＝商品経済的私有制：引用者）を措定する」形で「売買関係を確立していく」というのであるが、これはいってみれば、循環論的アプローチに他ならない。

他方で、柴垣［1968］は、私的所有と所有主体との結びつきについて次のように説明している。

「『財産（所有）権』は、経済学的範疇との関連では、端緒的・一般的にはまず『商品』にはじまる『流通形態』（商品・貨幣・資本）と直接かかわる権利と考えられるのであって、権利概念の構成に『産業資本』、つまり『資本の生産過程』を必要としない。富が商品形態をとるその瞬間において、商品の所有者は領有でもない保有でもない、その商品にたいする排他的・独占的な私的所有権者となるのであって、その意味では所有権は商品交換という人間の経済行為が直接的・事実的につくりだす権利であるといえよう。流通形態である商品が商品として運動しようとするかぎり、その売り手と買い手、つまり商品交換の主体の存在を必要とするし、その商品交換の実現は、交換主体の相互の同意（契約）によっておこなわれる以外になく、しかもこの交換主体の相互の同意によってのみ商品交換が実現されるということは、交換主体が相互に相手を私的所有権者として認めあっていることを前提としているからである。」（三二三頁）

柴垣の論旨が既存の原理論的理解とは一線を画するものであることは一目瞭然である。というのは、ここでは、「財産（所有）権」の成立には、「『産業資本』、つまり『資本の生産過程』を必要としない」と論じられているからである。個々の「商品の所有者」が「交換主体」に転化するためには、ひとまず「相互に相手を私的所有権者として認めあって」いなければならない。そうしてはじめて「商品交換の主体」は、「その商品にたいする排他的・独占的な私的所有権者」として登場しうることになる。[16]

このように、柴垣の議論は、「商品交換の主体」についての既存の見方を顛倒し、「所有権」概念を原理的に捉え直しているという点で示唆に富む。だが、そこでの議論は、「人間の経済行為」が「所有権」概念をいかにつくりだすのか、また、「商品交換」をいかに「所有権」概念と結びつけて理解すべきなのかについて突き詰めているとは必ずしも言い難い。[17]

これに関して、青木［2002a］は次のような見解を提示している。

「マルクスが『交換過程論』で述べた、『商品の占有者（Warenbesitzer）が互いに私的所有者

（Privateigentümer）として認め合う』意思関係なるものは、現実には、こうした貨幣による商品の購買をつうじて初めて現実化するといわねばならない。じっさい商品の『占有』が『所有』として認められるのは、一定の代金を支払うことによって流通のなかでその譲渡を受けたことが社会的に認知されたときだけなのである。だが、こうした交換における社会関係は、人間の意識においてはつねに逆立ちして観念されざるをえない。すなわち現実の社会関係に先行して商品の『所有者』がまず自存し、しかるのちにこれが契約によって交換関係に入るかのごとく観念されるのである。」（二六八～二六九頁）

これによれば、「交換関係」が「意識」の主体として自存する「商品の『所有者』」の主観性によって成り立つとみなすのは、ある種の「観念」にすぎない。というのは、それは「社会関係」から呼び寄せられたものにすぎないからである。それゆえ、価値形態論の段階においては、「商品の『所有者』」なるものが存在してはならない。すなわち、他商品との価値関係を形づくる商品の担い手は、「商品の『所有者』」ではなく、「商品の占有者」だということである。そこで後者は、「商品の同質性と差異性を人格的に体現する者として、まさに形式的に平等ではあるが、実質的に差別主義者」（二六四頁）として位置づけられる。「商品の『所有者』」ないし「私的所有者」が「貨幣による商品の購買をつうじて初めて現実化」されるという青木の主張は、両者の質的相違を前提とするものといってよい。

これに対して、新田［2004］は、「貨幣で買うことで私的所有が成立するという論理」（七九頁）の無根拠性を詳論し、次のように述べている。

「交換・流通という関係それ自体が私的所有者という主体を設定していくというのは、理解困難な主張である。というのは、マルクスの理論構成とも宇野の理論構成とも違って、青木氏の場合には、労働主体も交換主体も、およそ能動的な要素をもった主体は消去されたうえで、主体なき交換・流通関係が空中に浮遊して、それがどのようにしてか私的所有主体なるものを創造することになるからである。」（同上）

新田の指摘のように、「貨幣で買うことで私的所有が成立するという論理」は、価値形態論における貨幣形態の成立によって根拠づけられている。しかしながら、貨幣形態の成立以前には存在していなかった「私的所有主体なるもの」が、その成立以後、売り手の「商品」を買い手が「購買」することで「初めて現実化する」というのは、やはり「理解困難な主張である」といわざるをえない。

もちろん、青木［2005］が、「拙説は、関係による主体への構造的規定性を説いているのであり、所有主体の発生論ではないことを強調しておきたい」（注一五−三五頁）と注記しているように、青木の価値形態論は「所有主体の発生論」というより、「所有主体」を呼び寄せる「社会関係」の編成論といったほうが適切かもしれない。実際に、青木［2002a］は、「『主体』の存立構造の解明こそが、価値形態論というプロブレマティクなのである」（二六〇頁）と強調している。

ただしその反面において、新田［2001］は、「価値形態論」の「存立構造」について次のような見解を提示する。

「ホッブスやスピノザは、情報費用空間における限定合理的な主体を主発点に仮定したところから、社会契約による法治状態＝国家状態の生成を説いているのである。これとまったく同型の論理構造をもって、情報費用空間における限定合理的な主体の間での財・サービスの交換関係から、貨幣の生成のメカニズムと商品・貨幣形態の存立構造を解明したのが、マルクス『資本論』の価値形態論であった。」（六三頁）

新田の主張は要するに、「価値形態論」における「私的所有者」は「限定合理的な主体」として相互に「財・サービス」を交換する関係を結ぶ形で、「貨幣の生成のメカニズムと商品・貨幣形態の存立構造を解明」する端緒を提供するということである。これによれば、「価値形態論」こそ「『主体』の存立構造」に他ならない。そのため解明すべきなのは、「『主体』の存立構造」などではなく、「商品・貨幣形態の存立構造」である。後者の解明にあたって「私的所有者」は、必要不可欠な存在なのである。このようにして、「私的所有者」は、「商品・貨幣形態の存立構造」と結びつけて理解されなければならないということになる。

ここでわれわれは、両者の結びつきにあたって、「マルクス『資本論』の価値形態論」の一文を吟味してみる必要があろう。

「いまここでなされなければならないことは、ブルジョア経済学によってただ試みられたことさえないこと、すなわち、この貨幣形態の生成を示すことであり、したがって、諸商品の価値関係に含まれている価値表現の発展をその最も単純な最も目だたない姿から光まばゆい貨幣形態に至るまで追跡することである。」

(Marx［1890］: S.62)

マルクスのこの一文は、終点――「貨幣形態」――から始点――「その最も単純な最も目だたない姿」――へ遡及（下向）した後に再び終点に向かう（上向する）というアプローチの提言である。ここで「追跡」という語はまさに、価値形態論が、所与の現実の構造（商品と貨幣の対極的関係）に着目して仮構した初期条件（商品同士の関係）から「価値表現の発展」を追体験する、ある種の思考実験であることを示すものと理解することができる。

それによれば、「二つの商品の価値関係」[18]は、あくまでも現実における商品と貨幣との間の「価値関係」の成立を解明するための理論上の仮構に他ならない。ゆえに、その理論的意義もまた、初発の「価値関係」がいかにして「貨幣形態」をつくりだしていくのかを問うことにあるというよりも、商品と貨幣の「価値関係」を抽象化して得たものを初発形態とし、そこから再び「価値表現の発展」を追うことで、「貨幣の謎（なぞ）」[19]、ひいては「貨幣呪物の謎」[20]を解明することにあるといえる。

マルクスのアプローチからすれば、少なくとも「商品・貨幣形態の存立構造」――価値関係――以前における所有主体の先在性はありえないといわざるをえない。というのは、所有主体自身のアイデンティティは、あくまでも相対的価値形態と等価形態からなる価値関係によって反照されたものに他ならないからである。その意味で、商品所有者ないし私的所有者は、「いわば〈価値の狡智〉List des

Werts に操られた人形にすぎない」[21]といったほうが適切かもしれない。

すなわち、商品または商品所有者は、自己完結的なモノまたは人間のことではなく、貨幣商品（等価形態）との価値関係によってそこ（相対的価値形態）に置かれてしまったもののことなのである。「そうすると、二者間の関係を仮構してはいても、相対的価値形態と等価形態というカテゴリーの背後に想定されている主体は、自己の行動を自己の意志に還元しうる自律的主体ないし自己同一的主体ではなく、『資本』ないし『価値』という、二者の外ないし上に立つ真の主体によって衝き動かされる他律的な『主体』であることになる」[22]。

このことから、価値形態論において商品所有者＝私的所有者の存在を想定するというのは、青木の指摘のように「現実の社会関係に先行して商品の『所有者』がまず自存し、しかるのちにこれが契約によって交換関係に入る」ということを示すためではなく、新田のいうように「貨幣の生成のメカニズムと商品・貨幣形態の存立構造を解明」するためであることがわかる。それゆえにこそ、そこには、「富が商品形態をとるその瞬間において、商品の所有者は領有でもない保有でもない、その商品にたいする排他的・独占的な私的所有権者となる」とする柴垣の議論と相通じるところがあると思われる。

詳しくは次節に譲るが、売り手（相対的価値形態側）は、買い手（等価形態側）との価値関係に組み込まれることで、「その商品にたいする排他的・独占的な」性格を社会的に承認されることになる。私的所有は、単に商品を領有し保有している状態のことではなく、それ自身の主観性を発揮する個々の商品所有者の存立根拠を与えるものであり、したがってまた、私的所有者ないし私的所有権者についての概念規定は、相対的価値形態と等価形態からなる価値関係なしにありえないといわなければならない[23]。

以上の考察から明らかなように、両極商品同士の価値関係は単に、アプリオリに自存していた商品所有者＝私的所有者が自分の私有物をもって交換関係を形づくるということを表象しているものではない。価値関係の成立以前における個別物財または個別主体を直ちに私有物または私的所有権者とみなすわけにはいかないからである。私的所有を体現する個別物財または個別主体は原理的には、価値関係によって反省的に措定されるものであり、したがって、商品所有者＝私的所有者がそれ自身の主観性を発揮して価値関係を形成するというような原理論の方法論的展開（所有主体→交換／欲望主体）は再考されるべきであろう。

続く第二節と第三節では、本節の問題提起を踏まえ、商品交換の展開過程において私的所有と価値関係とが相互にいかに結びついているかを原理的に考察することにする。

第二節　反省規定としての私的所有

まず本節では、マルクスの交換過程論を検討の対象とし、商品交換の展開および成立過程を追いつつ、そこにおいて形づくられる経済的関係から私的所有の再帰性と相互依存性を見極めることにする。

マルクスは『資本論』第一巻第一篇第二章「交換過程」冒頭で、商品交換の成立過程について次のように述べている。

「商品は、自分で市場に行くことはできないし、自分で自分たちを交換し合うこともできない。だから、われわれは商品の番人、商品所持者を捜さなければならない。商品は物であり、したがって、人間にたいしては無抵抗である。もし商品が従順でなければ、人間は暴力を用いることができる。言いかえれば、それをつかまえることができる。これらの物を商品として互いに関係させるためには、商品の番人たちは、自分たちの意志をこれらの物にやどす人として、互いに相対しなければならない。したがって、一方はただ他方の同意のもとにのみ、すなわちどちらもただ両者に共通な一つの意志行為を媒介としてのみ、自分の商品を手放すことによって、他人の商品を自分のものにするのである。それゆえ、彼らは互いに相手を私的所有者として認めあわなければならない。契約をその形態とするこの法的関係は、法律的に発展していてもいなくても、経済的関係がそこに反映している一つの意志関係である。この法的関係、または意志関係の内容は、経済的関係そのものによって与えられている。ここでは、人々はただ互いに商品の代表者としてのみ、存在する。一般に、われわれは、展開が進むにつれて、人々の経済的扮装はただ経済的諸関係の人化でしかないのであり、人々はこの経済的諸関係の担い手として互いに相対するのだということを見いだすであろう。」（Marx［1890］：S.99-100）

「自分の商品」を「他人の商品」と交換するためには、その「商品所持者」が他の「商品所持者を捜さなければならない」し、また「互いに相手を私的所有者として認めあわなければならない」。すなわち、マルクスは、商品交換が成り立つためには互いに「他人」＝「相手」を「私的所有者」として承認しあう過程が前提となるということを説明している。[24] そこで、「商品所持者」は、「共通な一つの意志行為」を前提として「私的所有者」、つまり「法的＝私的所有権者 Privateigentümer として措定されることになる」。[25]

このように、「商品所持者」は、「『商品交換』という場面を設定するために消極的・暫定的に置かれたにすぎない一種のブラックボックスである」[26]のに対して、「私的所有者」は、「商品所持者」同士の「共通な一つの意志行為」から成り立つ「法的関係」＝「意志関係」の「代表者」として位置づけられる。[27]

ただし、留意すべきは、すでに検討したように、「私的所有者」としての自己規定または自己根拠は、主体それ自身の個別意志によってではなく、「経済的関係そのものによって与えられている」ということである。[28] それゆえ、「私的所有者」なるものが先在していて、それらが「経済的関係」を主体的に形成していくとみなすわけにはいかない。「私的所有者」は逆に、「経済的関係」の成立によって反省的に措定されるものだからである。[29]

その過程においていわば分岐点となるのが、「法的関係」＝「意志関係」の形成である。「商品所持者」の場合には、「私的所有者」と異なり、「法的関係」＝「意志関係」を形成していない。というのは、共通認識などをもって「他人」＝「相手」と相対することなしでも、ある対象を所持することができるからである。[30] それゆえ、「商品所持者」が自分自身を「私的所有者」として措定するなどありえない。

「商品所持者」が所持する「自分の商品」に対する私的所有権を承認されるためには、それ自身を「他人の商品」と交換し合う場――「経済的関係」――に置かなければならない[31]。

このパラグラフでマルクスは、「私的所有者」同士が「自分のもの」を、それ自身の主観性の発揮を通じて交換し合うような商品所有者同士の交換関係ではなく、両方の相互承認が求められる「法的関係」＝「意志関係」と、それに基づいて形づくられる「経済的関係」とを交換モデルとして想定しているが、この点は、商品交換における宇野の方法論的展開とは似て非なるものといってよい。すなわち、宇野原論においては、前節で検討したように、「商品所持者」同士が「法的関係」＝「意志関係」を形成したり、「互いに相手を私的所有者として」承認したりする一連の過程が理論的に検討されているわけではない[32]。

それに対して、マルクスの議論では、所有主体の先在性に基づいて「経済的関係」を根拠づける理路は見あたらない。ここで「私的所有」は、所与の前提というより、両方の相互承認によって形づくられる「経済的関係」の所産として措定されるからである。「両者」は、「共通な一つの意志行為を媒介」にしてはじめて「相手を私的所有者」として承認しあうのであり、したがって、「経済的関係」の成立以前における「商品」の存在様態は、「所有」ではなく、「所持」――いわば占有 Besitz――となる。

続いてマルクスは、商品交換と私的欲望の関係について次のように述べている。

「どの商品所持者も、自分の欲望を満足させる使用価値をもつ別の商品とひきかえにでなければ自分の商品を手放そうとはしない。そのかぎりでは、交換は彼にとってただ個人的な過程でしかない。他方では、彼は自分の商品を価値として実現しようとする。すなわち、自分の気にいった同じ価値の他の商品でさえあれば、その商品の所持者にとって彼自身の商品が使用価値をもっているかどうかにかかわりなく、どれででも実現しようとする。そのかぎりでは、交換は彼にとって一般的な社会的過程である。だが、同じ過程が、すべての商品所持者にとって同時にただ個人的でありながらまた同時にただ一般的社会的であるということはありえない。」

（Marx［1890］：S.101）

マルクスによれば、商品交換は、「どの商品所持者」にとっても「個人的な過程」と「一般的な社会的過程」、この二つの過程として行われる。そのうち前者は、その「商品所持者」をして「自分の欲望を満足させる」かどうかを問題にする場合を示している。「他の商品」が「自分の欲望を満足させる使用価値」でなければ、「商品所持者」は、交換を通じて「自分の商品を価値として実現しよう」とはしない。しかし、それは同時に「商品所持者」をして「他の商品」に対する「自分の欲望」だけでなく、「自分の商品」に対する「自分の欲望」を絶えず確かめさせる。それにより、この過程は必然的に、「自分の商品」の「使用価値」を肯定することに帰着する。

それに反して、「一般的な社会的過程」においては、「自分の商品」に対する「自分の欲望」は、「商品所持者」にとってもはや意味をなさない。「彼」は、「商品を価値として実現」すること以外に関心を持たないからである。それゆえ、この過程において「自分の商品」の「使用価値」は、「彼」自身によって否定されることになる。ただし、このことは、「自分の商品」に対する「自分の欲望」をゼロにするということを意味するわけではない。そうではなく、「商品所持者」は、「自分の欲望」を一旦括弧に入れる。それゆえ、ここでは、「自分の商品」はそれが「使用価値をもっているかどうかにかかわりなく」、徹底的に「他の商品」を獲得するための一つの手段として扱われる。

ところで、商品交換は、「個人的な過程」としてではなく、「一般的な社会的過程」として行われるのが商品経済における常態である。というのは、「すべての商品は、その所持者にとっては非使用価値であり、その非所持者にとっては使用価値である」[33]からである。すなわち、「商品の所持者」は、「他の商品」を獲得するために「自分の商品」に対する「自分の欲望」に拘泥してはならず、徹底的に交換を通じて「他の商品」を獲得するための手段としてのみ取り扱わなければならない。そうでなければ、商品交換は、「一般的な社会的過程」としては展開されない。このような自己否定は、「自分の気にいった同じ価値の他の商品」からくる反照的な側面を持っているといえる。[34]

このように、商品交換は、さしあたり「自分の商品」の「使用価値」を自ら否定することによってはじめて行われると考えられる。というのも、「同じ過程が、すべての商品所持者にとって同時にただ個人的でありながらまた同時にただ一般的社会的であるということはありえない」からである。「交換」が「個人的な過程」にとどまってしまうと、それは、個別的かつ観念的なものにすぎなくなる。そのため、「商品」の「所持」から「商品」の「交換」への展開にあたっては必然的に自己否定が生じざるをえない。

「個人的な過程」が否定されなければ、「商品所持者」は、「一般的な社会的過程」への展開を進めることができず、結果的に商品交換は成り立たなくなる。したがって、「商品所持者」が純粋に「自分の欲望を満足させる」かどうかという功利的判断もまた、当該商品に対する「自分の欲望」を否定する／括弧に入れることによって可能となるといえよう。

ここまでの議論を踏まえると、商品交換の成立は、自分の所持する商品に対する自己否定（他の商品に対する私的欲望）と、私的所有をめぐる売り手と買い手との間の相互承認とをその契機とするということがわかる。そして、これらの契機は、次のような二種類の商品間の価値関係に帰着することになる。

「直接的生産物交換は、一面では単純な価値表現の形態をもっているが、他面ではまだそれをもっていない。この形態は、x量の商品A＝y量の商品Bであった。直接的生産物交換の形態は、x量の使用対象A＝y量の使用対象Bである。AとBという物はこの場合には交換以前には商品ではなく、交換によってはじめて商品になる。ある使用対象が可能性から見て交換価値であるという最初のあり方は、非使用価値としての、その所持者の直接的欲望を越える量の使用価値としての、それの定在である。諸物は、それ自体としては人間にとって外的なものであり、したがって手放されうるものである。この手放すことが相互的であるためには、人々はただ暗黙のうちにその手放されうる諸物の私的所有者として相対するだけでよく、また、まさにそうすることによって互いに独立な人として相対するだけでよい。」（Marx［1890］：S.102）

ここでマルクスは、「物」の商品化について相反する二通りの観点を提示している。一つは、「使用対象A」や「使用対象B」などといった「物」が「商品になる」ためには、交換されなければならないが、その際、「物」は、「その所持者の直接的欲望を越える量の使用価値としての、それの定在」でなければならないということである。要するに、私的欲望による「物」の商品化である。[35]

さらに、もう一つは、商品交換は、「その所持者の直接的欲望」とは別個に、「人間にとって外的なもの」という「物」それ自身の属性によって成り立つということである。すなわち、「人間」と「物」との関係による商品化である。これらの観点をまとめて言えば、「物」が「その所持者」にとっての「非使用価値」になる際には交換対象ないし欲望対象になりうるが、それは、「物」自体が譲渡可能な属性を生まれながらにしてもっているからであるということになる。

ところで、「物」が交換／欲望対象になることと、「物」が譲渡可能な属性をもっていることとの間にはいささか論理の飛躍があるように思われる。というのは、「物」が「商品」になるにあたって、譲渡可能な属性をもっているかどうかは問題にならないからである。詳しくは次節に譲るが、「物」の譲渡可能性は、その属性自体にではなく、「価値関係」という一つの観念体系に起因するものに他ならない。逆にそれが「物」固有の属性によっているとみなしてしまえば、「手放すことが相互的である」必要はなく、「その所持者」は単独で「物」を手放すことができるということになってしまう。

そうだとすれば、「物」は、先天的に譲渡可能な属性などをもっているわけではなく、むしろ「商品所持者」同士の「法的関係」＝「意志関係」によって承認された「私的所有」から譲渡可能性を擬制的に付与されるというべきである。それゆえ、その過程は常に「相互的」である。「相互的」な譲渡過程では、マルクス自身が交換過程論冒頭で述べているように、「他人」＝「相手」を「私的所有者」

または「独立な人」として承認しあわなければならないという前提が「暗黙のうちに」貫かれている。そうして、「物」は、「私的所有」をめぐる「法的関係」＝「意志関係」の下ではじめて一つの交換／欲望対象として現出することになる。

要するに、「y量の商品B」を交換／欲望対象とする「商品A」側の「価値表現の形態」が「一般的な社会的過程」として意味を持つためには、「商品所持者」同士が「私的所有者」または「独立な人として相対する」という相互承認過程を伴わなければならない。そうすることで、両方の「商品所持者」は、「私的所有者」としての「いわゆる物象的依存関係」[36]を形成し、「商品」を相互に手放すことになる。

こうして、商品交換は、「個人的な過程」としてではなく、「一般的な社会的過程」として行われる。「物」が「私的所有」という社会的かつ擬制的契機を相互承認の産物として体現することになるのは、「商品A」側と「商品B」側とが商品交換の当事者として「物象的依存関係」を形づくっているからである。

しかしながら同時に、そこでは、マルクス自身が、「私的所有」をめぐる相互承認過程から「物象的依存関係」がいかにして形成されるのかを論じているとは必ずしも言い難い。そこでは、あたかも「その所持者の直接的欲望」だけで「x量の商品A＝y量の商品B」といった「価値表現の形態」が成り立つかのように説かれているのであり、「私的所有者」または「独立な人として相対する」相互承認過程は、「商品」を譲渡する／されるための暗黙的な手続きとみなされているだけで、その内容についてのさらなる説明は見当たらないといわざるをえない。

マルクスは交換過程論で、「商品所持者」の私的欲望を土台にして、「x量の商品A＝y量の商品

B」といった「価値表現の形態」の成立を説明しながらも、実際にその理論的土台をなす両極商品同士の価値関係においては、周知のように、「人間労働という同じ社会的な単位」[37]に基づいて「経済的関係」を抽象するだけであって、「私的所有」との結びつきについては明らかにしていない。「私的所有」の相互承認に基づいて形づくられる「経済的関係」が「人間労働」の抽象性によって裏づけられているのは、こうした理由による。[38]

だが、「人間労働」に基づいて「経済的関係」を形づくるのは、商品交換の成立過程―自分の所持する商品に対する自己否定および私的所有をめぐる商品所持者同士の相互承認―を不明確にするだけである。ゆえにここでは、「人間労働」にではなく、「私的所有」に基づく「経済的関係」を想定し、そこから商品交換の成立根拠を解明する方向に進む必要があると思われる。それは、「私的所有」が価値関係の所産であることを明確にすると同時に、「経済的関係」が「x量の商品A＝y量の商品B」というような相対的価値形態側の「価値表現の形態」から形づくられる「物象的依存関係」として成り立つことを解明することである。そうすることで、商品交換の成立根拠を原理的に究明できることになろう。[39]

第三節　反省規定としての価値関係

商品交換の成立過程にあたって、価値関係以前から所有主体として自存するとされる商品所有者の先在性を否定しつつ、両方の相互承認によって成り立つ私的所有の再帰性と相互依存性を捕捉したのは、いうまでもなくマルクスの功績である。だが、そこでは、商品所有者同士の物象的依存関係がいかなる原理によって形づくられるのかについて解明されていないため、私的所有といった商品交換の一契機が、価値関係の所与ではなく、価値関係の所産として成り立っていることを明確に示すことができなかったといわざるをえない。

本節では、そのような限界を踏まえながら、価値関係の成立過程に焦点を合わせて考察し、そこに貫かれている対極性ないし非対称性を吟味することで、私的所有が両極商品同士の物象的依存性によって形づくられた価値関係の所産であることを論じてみたい。

マルクスは『資本論』第一巻第一篇第一章第三節「価値形態または交換価値」の「A 単純な、個別的な、または偶然的な価値形態」で、次のように述べている。

「ある一つの商品、たとえばリンネルの相対的価値形態は、リンネルの価値存在を、リンネルの身体やその諸属性とはまったく違ったものとして、たとえば上着に等しいものとして表現するのだから、この表現そのものは、それが或る社会的関係を包蔵していることを暗示している。等価形態については逆である。等価形態は、ある商品体、たとえば上着が、このあるがままの姿の物が、価値を表現しており、したがって生まれながらに価値形態をもっているということ、まさにこのことによって成り立っている。いかにも、このことは、ただリンネル商品が等価物としての上着商品に関係している価値関係のなかで認められているだけである。しかし、ある物の諸属性は、その物の他の諸物にたいする関係から生ずるのではなく、むしろこのような関係のなかではただ実証されるだけなのだから、上着もまた、その等価形態を、直接的交換可能性というその属性を、重さがあるとか保温に役だつとかいう属性と同様に、生まれながらにもっているように見える。」（Marx［1890］: S.71-72）

これによれば、「等価物としての上着商品」の「価値形態」は、「他の諸物にたいする関係から生ずるのではなく」、「リンネル商品」との「価値関係のなかで」しか成立しえないものである。それゆえ、「上着商品」の「直接的交換可能性というその属性」は、「商品体なしには存在しない」[40]有用性、つまり「重さがあるとか保温に役だつとかいう属性と同様に、生まれながらにもっているように見える」。その結果、そのような錯視は逆に、「リンネル商品」をして「上着商品」との対極的かつ非対称的な立場を正当化させてしまう。

これに関してマルクスは、次のような注釈を付けている。

「およそこのような反省規定というものは奇妙なものである。たとえば、この人が王であるのは、ただ、他の人々が彼にたいして臣下としてふるまうからでしかない。ところが、彼らは、反対に、彼が王だから自分たちは臣下なのだと思うのである。」

(Marx［1890］: S.72)

「等価物としての上着商品」があたかも「直接的交換可能性というその属性」を「生まれながらにもっているように見える」のは、所与の条件にではなく、ある種の「反省規定」によるものである。ここでマルクスが捕捉しているのは、「直接的交換可能性というその属性」が「上着」に実装される過程自体が「リンネル」側の価値表現から生まれたにすぎないという点であろう[41]。すなわち、「王（＝上着：引用者）」の権威ないし権能は、「臣下（＝リンネル：引用者）」が「ふるまう（＝価値表現を行う：引用者）」ことによるものでしかないのであって、「生まれながらにもっている」ものではない。だが、「奇妙な」ことに、「臣下」側では、「反対に」そのことを所与の前提として受け止めてしまうというのである[42]。

これについて、宇野は、「しかし『単純な価値形態』における等価形態ではまだ貨幣のような関係が完成するわけではない。それはただいわゆる相対的価値形態にある商品リンネルに対してだけであり、しかも一着の上衣として二〇エレのリンネルの価値を表わすにすぎない。マルクスのこの注は、少しはや過ぎたとしか思えない」[43]と指摘している。確かに、そこでは、「臣下」が複数で描写されており、「王」が擁する絶対的な権威ないし権能からすれば、マルクスの比喩は、「貨幣」と「商品」の関係を連想させる[44]。

とはいえ、この比喩の意義は、「王」の権威・権能、つまり「直接的交換可能性というその属性」がいかにして生み出されるのかを説明することにあるといえるのではないか。すなわち、これらが「貨幣」と「商品」の関係なのかどうかは、マルクスにとってはさしあたり二義的なものであり、たとえそうでないにしても、その限定的かつ一時的な関係だけをクローズアップしてみれば、「リンネル」に対する「上着」の「直接的交換可能性」は、「貨幣」のそれと同様のものといえなくもない[45]。

しかし他方で、この比喩は、「貨幣」と「商品」の関係そのものではなく、むしろ「貨幣のような関係が完成する」段階ではもはや捕捉し難い機制を表象しているように思われる。一見すると、「王」の権威・権能は、「臣下」の倒錯ないし虚偽意識によって正当化されており、それさえ解消されれば、その関係もたちまち霧散してしまうかのように描かれている。そこでは「王」を「王」たらしめる根拠は、「臣下」の行為そのものに起因するとされるからである[46]。

しかしだからといって、「臣下」を、単に「王」の権威・権能に対する虚偽意識に囚われるもの、またその無根拠性を正当化しているものとみなすわけにはいかない。というのは、「臣下」としての自己規定または自己根拠はひとえに、「王」―「他人」＝「相手」―の権威・権能に依拠して形づくられているからである。すなわち、「臣下」はひとまず、あなたが「王だから」、私は「臣下なのだ」、と「ふるまう」ことによって、「彼」は「生まれながらに」して「王だから」、自分は「臣下なのだ」と観念し、それを通して「臣下」としてのアイデンティティを与えられる。

こうした「反照規定は自己内還帰として、それ自体が自己言及的、自己関係的な決定不可能性を根柢にもっている」[47]と考えられる。そこで、「『国王』は彼らが自らを対象化し、映し出し、集約し、普遍化しようとしたものの現実化」[48]として呼び寄せられる[49]。

他方、宇野［1974］は次のように述べている。

「亜麻布二〇エレは一着の上衣に値するという、最も簡単なる価値形態は、マルクスもいうように、その中に一切の価値形態の秘密を蔵しているのであるが、したがってまた特殊の使用価値をもつ金が、貨幣としてはそのまま一般的な価値物をなすという、いわゆる貨幣の謎をとく鍵もそこに与えられるのであるが、それはまた同時に商品経済の私的社会性に適応した形態であることを明らかにするものでもなければならない。」（一七四頁）

「貨幣」は、「商品経済の私的社会性に適応した形態」として生まれるのであるが、「最も簡単なる価値形態」においては、ある種の可能性としてのみ読み取ることができるのであり、その中にある「一切の価値形態の秘密」は、「貨幣」を通じて姿を現わす。すなわち、「リンネル」―引用文では「亜麻布」―側によって展開される価値表現は、「商品経済の私的社会性に適応した形態」を導き出す機制ということができる。

その意味で、「貨幣は社会的な合議や政治権力によって創り出されたものではない。無政府的な商品所有者の個々的交換要請に示される、個別的商品の価値表現の織りなす展開のうちに生まれてくるものであり、まさに商品経済に特有な私的社会性の結晶といえる」[50]。「商品所有者の個々的交換要請」は、「商品経済」という「私的社会」内で「無政府的」に行われるのであり、またその「結晶」として「貨幣」をその頂点に据える。このことから、「最も簡単なる価値形態」におけるリンネル所持者の価値表現にはすでに、「商品経済の私的社会性に適応した形態」への上昇圧力が働いていることがわかる。[51]それにより、両極商品同士の価値関係もまた、対極性ないし非対称性を持つようになる。

同様に、あなたが「王だから」私は「臣下なのだ」という「臣下」側の宣言（モノローグ）は、他者（等価形態）を「商品経済の私的社会性に適応した形態」に押し上げる動力を創り出すと考えられる。そこで創り出されるのは、「王」と「臣下」との間の垂直的なヒエラルキーに他ならない。すなわち、「臣下」は、「王」を自然人としてではなく、社会・政治的制度を体現する上位の存在として規定することで、自分自身を「臣下」という下位の存在として位置づける。[52]

「上着」の「直接的交換可能性というその属性」が「リンネル」との価値関係のなかで絶対的な権威・権能として働くのは、「臣下」側の一方的な宣言（モノローグ）によって両者の間に垂直的なヒエラルキーが形づくられるからである。そこでマルクスは、自分を「臣下」として規定し認識する相対的価値形態側の価値表現に着目して「王」と「臣下」の関係に貫かれる対極性・非対称性を暴露する。こうした関係は、「臣下」の倒錯・虚偽意識でも「王」の権威・権能でもなく、「臣下」のいわば自発的隷属によってはじめて形成されることになる。[53]

自発的隷属とは、「臣下」側は「彼」を「王」として認めることで、自らその垂直的なヒエラルキーに縛られるような立場を自発的に選択するということを意味する。逆にいえば、「臣下」は、誰かが「王」の地位に就くことで、そこに置かれてしまったものなのである。ということは、商品交換が、垂直的なヒエラルキーからなる特有の「私的社会性」を土台にして行われることを示唆する。「王」と「臣下」

とは各々、垂直的なヒエラルキーが要請する役割を果たすものとして登場することで、対極的かつ非対称的な立場に立たされることになる。

もちろん、ここでは両者は、一方の損が他方の得になるような、いわばゼロサムゲームを演じているわけではない。なぜなら、両者の立場は決して拮抗しないからである。「臣下」は、「王」との間の垂直的なヒエラルキーを設定することで、自己を社会・政治的身分を体現する反省的主体として規定することができる。それに対して、「王」は、「臣下」側の自己規定・自己根拠によってはじめて「王」としての権威・権能を付与されることになる。このように、両者は、自己規定・自己根拠をひとえに他者に依拠した形で、生身の人間同士の関係とは相容れない、いわば物象的依存関係を形づくることになる(54)。

こうした関係は、商品交換が、自然人同士の水平的な契約ではなく、垂直的なヒエラルキーに組み込まれる反省的主体同士の契約であることを示唆する。たとえば、「二〇ヤールのリンネル＝一着の上着」というような価値表現の形態は、まずリンネルの方から自発的に上着との対極的な価値関係に結びつけられることで、結果的に等価交換を可能にするものと考えられる。逆説的ではあるが、リンネルは、進んで上着との対極的かつ非対称的な価値関係を形づくることによってのみ等価交換を試みることができるのであって、その逆ではない。

この点は、商品経済にまつわる通念の無根拠さを如実に露呈する。すなわち、市場ではすべての個別主体が水平的関係の上で相互の私的欲望の対象を自由に引き換えるのだというのは、単なるイデオロギーにすぎないということである。その意味で、マルクスにおける「王」と「臣下」の比喩はまさに、商品経済が醸し出すイデオロギーを暴露し、そこに作動しているような、いわば身分的ヒエラルキーを浮き彫りにするものといってよいであろう。[55]

では「臣下」側の自発的隷属（価値表現）が実際に意味するのは何か。「王」と「臣下」の上下関係（価値関係）は、両者自身のアイデンティティが垂直的なヒエラルキーの所産であることを物語っている。そこで両者は、単なる自然人（ブラックボックス）としてではなく、反省的主体（私的所有者／私的所有権者）として相対することになる。[56]ということは、「王」の権威・権能が実体的根拠をもっているかどうかは事実上どうでもよいということを意味する。そこには、実体的根拠がはじめから在ったわけではなく、価値関係によって反省的に〝在る〟とみなされるだけのものを逆に、実体的根拠があたかも最初から在ったかのように認識しあう過程が在るだけである。

その限りにおいて、「商品の価値は〝社会的〟である。しかし、それは、価値なるものが社会的規範（コード）としてあることを意味するどころか、交換という盲目的な飛躍、その無根拠性を意味している」[57]と考えられる。したがって、「王」と「臣下」の社会・政治的身分の存立根拠が自然人としての個別性ないし特殊性からくるわけではないのと同様に、私的所有もまた、アプリオリに対象自体と一体化しているものではなく、価値関係によって反省的に規定されたものとみなければならない。

以上の考察から明らかなのは、私的所有という商品交換の一契機は、両極商品同士の物象的依存性によって形づくられた価値関係の所産であるということである。「王」と「臣下」はその地位上、対極的な立場に置かれているとはいえ、社会・政治的身分を体現する反省的主体（私的所有者／私的所有権者）という点では同次元の存在に他ならない。それゆえに、その社会・政治的身分（私的所有／

私的所有権）もまた、垂直的なヒエラルキー内でしか作動しないものということになる。

この点を踏まえて、われわれは次のような結論を導くことができる。すなわち、リンネル側は、たとえば「二〇ヤールのリンネル＝一着の上着」というような価値表現の形態を通して上着との物象的依存関係を形づくり、その垂直的なヒエラルキー（価値関係）の下においてそれ自身を所有主体として位置づけることで、自分の所持する「二〇ヤールのリンネル」を私的所有が可能な一つの交換／欲望対象として現出するということである。そして、この過程は必然的に、両極商品の所有主体（私的所有権）を変更（移転）することに帰着する。

第四節　商品交換における権利と義務

商品交換は、商品所持者同士の物象的依存関係の形成に基づいてはじめて展開される。またその過程は、両者が商品所有者＝私的所有者として承認しあうことを前提とする。ただし、すでに検討したように、そこには、垂直的なヒエラルキーからなる価値関係が介在することを見逃してはならない。すなわち、両者は、対極的かつ非対称的な価値関係の下において物象的依存関係を形成することで、商品所有者＝私的所有者としての自己規定・自己根拠を反省的に与えられることになる。

本節では、以上の考察を踏まえて、相対的価値形態側に現われる物化現象を吟味し、商品交換の成立の原理的根拠を究明しようとする。そのためにまず、商品物神性論の議論の検討から始めることとする。

マルクスは『資本論』第一巻第一篇第一章第四節「商品の呪物的性格とその秘密」で、次のように述べている。

「商品が使用価値であるかぎりでは、その諸属性によって人間の諸欲望を満足させるものだという観点から見ても、あるいはまた人間労働の生産物としてはじめてこれらの属性を得るものだという観点から見ても、商品には少しも神秘的なところはない。人間が自分の活動によって自然素材の形態を人間にとって有用な仕方で変化させるということは、わかりきったことである。たとえば、材木で机をつくれば、材木の形は変えられる。それにもかかわらず、机はやはり材木であり、ありふれた感覚的なものである。ところが、机が商品として現われるやいなや、それは一つの感覚的であると同時に超感覚的であるものになってしまうのである。机は、自分の足で床の上に立っているだけではなく、他のすべての商品にたいして頭で立っており、そしてその木頭からは、机が自分かってに踊りだすときよりもはるかに奇怪な妄想を繰り広げるのである。」

（Marx［1890］：S.85）

「机」は、「その諸属性によって人間の諸欲望を満足させるもの」であり、「また人間労働の生産物としてはじめてこれらの属性を得るもの」であるという「観点」からみれば、「少しも神秘的なところはない」。しかし、「机が商品として現われる」というのは、そうした「ありふれた感覚的なもの」としてではないとマルクスはいう。

マルクスはここで、「人間労働の生産物」または「欲望」の対象としての「机」と、「商品」としての「机」との間には、五感では捕捉しえない「超感覚的」な何かが介在することを示唆している。それゆえ、後者においては、前者のように「自分の足で床(ゆか)の上に立っている」という「感覚的」な現象を呈するだけにとどまらず、「神秘的」かつ「超感覚的」な姿を現わすことになる。

前節で検討した「直接的交換可能性というその属性」が等価形態側の商品に実装されるものであるのに対して、「幻影的な形態」は、相対的価値形態側の商品に取り憑くものであることがわかる。[58] マルクスは続く叙述で、この現象の源泉を「生産に費やされる労働時間」(同上)に求めながらも、次のような見解を示している。すなわち、

「商品形態やこの形態が現われるところの諸労働生産物の価値関係は、労働生産物の物理的な性質やそこから生ずる物的な関係とは絶対になんの関係もないのである。ここで人間にとって諸物の関係という幻影的な形態をとるものは、ただ人間自身の特定の社会的関係でしかないのである。それゆえ、この類例を見いだすためには、われわれは宗教的世界の夢幻境に逃げこまなければならない。」

(Marx [1890]: S.86)[59]

これによれば、「商品形態」に現われる「幻影的な形態」は、「人間自身の特定の社会的関係」—

「価値関係」―によって反射されたものに他ならない。ゆえに、「ここでの物神性は、純粋に交換による商品形態の一般化が人間関係に及ぼす物化現象と限定して理解すべきだと考えられる」[60]。ところで、そうだとすれば、相対的価値形態における「幻影的な形態」ないし「物化現象」＝「物神性」はいかに生じるのか。これに関して、『経済学批判』でのマルクスの叙述を見てみよう。

「ロンドンのもっとも繁華な街路には商店が軒をならべ、それらの飾り窓には、世界のあらゆる富が、インドのショール、アメリカの拳銃、中国の陶磁器、パリのコルセット、ロシアの毛皮製品、熱帯地方の香料が、きらびやかに輝いている。しかし、これらすべての現世の享楽品は、その額に宿命的な白い紙片をはりつけられ、それにはアラビア数字が、£〔ポンド〕、s.〔シリング〕、d.〔ペンス〕というラコニア風の文字とともに書きこまれている。これこそ、流通に現われている商品の姿である。」（Marx［1858-1861］: S.158）

「ロンドン」は、「すべての現世の享楽品」を擁している「世界のあらゆる富」の集結地である。市場は、各「享楽品」に貨幣額の「書きこまれている」ような「白い紙片」を一律に「はりつけ」、その時間的かつ空間的な特殊性を括弧に入れる形で、それらの生産過程や生産関係、労働時間などを一切無化する。いいかえれば、それらは、貨幣との関係のなかでそれ自身の質料にかかわるすべての「属性」を非可視化する。「世界のあらゆる富」は、その出所がどこであろうと市場にとどまる限り、いずれも「宿命的な白い紙片」の値札を付着しなければならないものになる。それゆえ、「生産物」の目には、「流

通に現われている商品」は、時空の相違を一切表出しない「神秘的」かつ「超感覚的」なもののように映るのである。(61)

このように、「机＝生産物」は、「その額に宿命的な白い紙片をはりつけられ」、「商店」の「飾り窓」に陳列される形で、「机＝商品」として登場する。このときの「机＝商品」は、自然状態の「机＝生産物」とは違って、貨幣との関係によって生じた「幻影的な形態」をまとって「流通に現われている」。その意味で、「机＝商品」は、「人間の諸欲望を満足させるもの」または「人間労働の生産物」といった自然的で個別的な「属性」を消去させる場所に置かれることによってはじめて「幻影的な形態」をとることになるのであって、その逆ではない。(62)

このことは、「机＝生産物」と「机＝商品」との間には埋めがたい溝があるということを示唆する。そこに介在するのが、両極商品同士の物象的依存性によって形づくられる価値関係に他ならない。「机＝商品」は、「机＝生産物」と異なり、貨幣との非対称的な価値関係の下において私的所有という商品交換の一契機を体現するものとして現われる。そこで、「幻影的な形態」はまさに、私的所有を体現する「机＝商品」と、そうでない「机＝生産物」との間の質的断絶を象徴するものといってよい。

もっとも、「机＝商品」に取り憑く「幻影的な形態」は、「机＝生産物」自身の宣言（モノローグ）によって生じるものと考えられる。「机＝生産物」は、先立って貨幣との非対称的な価値関係に組み込まれる。それなしには「机＝商品」になりえないし、貨幣と引き換えられる機会さえ与えられない。ゆえに、その過程は、いわば自発的隷属の表現の一環であり、いってみれば、それ自身の全面的自己支配権を放棄するというある種の私的社会性の宣言（モノローグ）である。自商品に対する全面的自己支配権の放棄は、私的所有の積極的表現であり、同時に新たな支配権の創出を可能にする契機でもある。[63]

そうだとすれば、商品交換におけるいわば私的所有の相互承認過程とは要するに、自商品に対する全面的自己支配権の放棄の過程のことだといわなければならない。両者は、それらを放棄することで、一方（相対的価値形態）では、自商品を処分・譲渡する義務を履行し、同時に他者の貨幣を処分・譲渡されうる権利を行使しうることになり、また他方（等価形態）では、他者の商品を処分・譲渡されうる権利を行使し、自分の貨幣を処分・譲渡する義務を履行することになる。ここでは、自商品に対する全面的自己支配権の放棄と、それに続く両極商品の処分・譲渡に対する権利の行使および義務の履行とを包括する関係として、私的所有権者同士の権利義務関係を想定することにしたい。

このようにして、「机＝生産物」側は、不特定多数（等価商品）に向けて「机＝生産物」に対する全面的自己支配権を放棄すると宣言する。ここではそうした行為を、相対的価値形態側の宣言（モノローグ）、つまり価値表現と呼んでいる。すなわち、価値表現は、一方の相対的価値形態を、先立って自分の所持する商品に対する全面的自己支配権を放棄するという宣言の形で、自商品に対する私的所有の承認を要請すると同時に、他者の商品（等価商品）に対する全面的自己支配権の獲得を可能にする立場に置き、他方の等価形態を、突然与えられる自商品に対する全面的自己支配権を基にして、相対的価値形態に置かれる商品の私的所有を承認し、これを通じてその商品に対する全面的自己支配権を獲得しうる立場に置くということである。[64]

このことから、相対的価値形態側の価値表現が、商品交換において私的所有権者同士の権利義務関係を形づくる機制として働くことがわかる。私的所有権者同士の権利義務関係の成立は、当該商品の処分・譲渡を行う両者間の「法的関係」＝「意志関係」を根拠づけるものとして、両極商品の占有状態の変更としての商品交換を可能にする(65)。商品交換を展開するさいに、ひとまず相対的価値形態側は、自分が処分・譲渡することになる商品（リンネル）およびその数量（二〇ヤール）を、全面的自己支配権を放棄する対象として設定する。先にそれらを設定せずには自商品に対する全面的自己支配権の存立根拠は得られないし、私的所有権者同士の権利義務関係の成立、ひいては両極商品の占有状態の変更も行われない。

ただし、相対的価値形態側のそうした行為は、前節で検討したように、「一着の上着」と対極的な位置にある「リンネル二〇ヤール」としての自己規定または自己根拠を与えるのであるが、これについて、宇野［1964］は次のように述べている。

「商品の価値形態としての交換価値は、屢々誤り解されるように、単なる二商品の交換比率を示すものではない。それは一方の商品の価値が、その所有者によって、他の商品の使用価値で表現されるという商品に特有なる価値表示の方式にほかならない。」（三一頁）

「商品の価値形態」にあたって「一方の商品の価値」が表現されうるのは、「他の商品の使用価値」以前にすでに「他の商品」が対他的に存在しているからである。だから、「商品の価値形態としての交換価値」は、「単なる二商品の交換比率を示すものではない」。というのは、「二商品の交換比率」においては、多かれ少なかれ公平な第三者＝観察者が所与とされているのであり、それゆえに結局「一方の商品」の自己規定・自己根拠はありえないからである。「一方の商品」が自分の「価値」を表現する際には、「他の商品」はさしあたり沈黙する他者として指名されるだけである。

したがって当然、「二〇ヤールのリンネル＝一着の上着」というような価値表現の形態は、一方の「二〇ヤールのリンネル」は他方の「一着の上着」と交換できるということを意味しない。というのは、この「価値表示の方式」自体は、「単なる二商品の交換比率を示すものではない」からである。逆に、リンネル側は、「一着の上着」ならば「二〇ヤールのリンネル」と交換できるといっている。

要するに、「一着の上着」を等価形態に置かない限り、「二〇ヤールのリンネル」そのものは、私的所有が可能な対象としての自己規定・自己根拠をもつことができないということである。このことが「単なる二商品の交換比率」でない以上、リンネル側は、沈黙する他者（上着）に向けてその全面的自己支配権の放棄を要請しなければならない。そこで、リンネル側は、自分の手元にある「二〇ヤールのリンネル」の額に「一着の上着」という値札を恣意的に貼り、「一着の上着」に対する全面的自己支配権を放棄する不特定の買い手を待ち構える。

他方、「一着の上着」に対する全面的自己支配権を放棄できる上着側は、リンネル側の価値表現によってさしあたり「二〇ヤールのリンネル」に対する全面的自己支配権を獲得しうる権利を与えられることになる。このように、商品交換は、相対的価値形態側（リンネル）の価値表現の展開によって形づくられた対極的で非対称的な価値関係を、等価形態側（上着）が承認することではじめて成立する。そして、この承認は、すでに述べたように、両極商品の所有主体（私的所有権）を変更（移転）することに帰着する。

マルクスは、価値の実体としていわば人間労働の抽象性を商品交換の所与の前提としながら、「この法的関係、または意志関係の内容は、経済的関係そのものによって与えられている」と述べるのであるが、われわれは以上の考察より、私的所有が、モノからでも人間からでもなく、両極商品同士の物象的依存性からなる価値関係、いいかえれば、垂直的なヒエラルキーからなる反省的主体同士の関係の所産であることを明らかにした。その意味で、個別主体の私的欲望を満たし合うために形成される「経済的関係そのもの」もまた、私的所有権者同士の権利義務関係として形づくられるといえよう(66)。

―小括―

最後に、以上の考察を踏まえて、前章で提起した問題―商品交換における現金売買と信用売買の位置づけ問題―について述べてみたい。

たとえば「二〇ヤールのリンネル＝一着の上着」というような価値表現の形態は、リンネル側が不特定な他の個別主体に向けて「二〇ヤールのリンネル」に対する全面的自己支配権を放棄する形での交換意思を明示するものに他ならない。これを通じて、リンネル側は、上着側との経済的関係、いいかえれば、私的所有権者同士の権利義務関係を形成しようとするのである。

ところが、注意すべきは、私的所有権者同士の権利義務関係の成立自体がリンネル所有者にとって必ずしも「一着の上着」そのものの獲得を意味するとは限らないということである。というのは、この種の関係の成立が意味するのは、商品体または貨幣体の獲得ではなく、その全面的自己支配権の獲得だからである。ゆえに、そこでは、「二〇ヤールのリンネル」または「一着の上着」に対する処分・譲渡が同時に行われるのだと論定できる理論的根拠は存在しない。

仮にリンネル側が商品交換の成立を通じて上着側から「一着の上着」に対する全面的自己支配権を獲得した場合、上着側は直ちに、「一着の上着」に対する全面的自己支配権を喪失し、「一着の上着」を、その権利を獲得したリンネル側に譲渡しなければならない。しかしそれができない場合においては、上着側はあたかも、自分のものでもない「一着の上着」をリンネル側の代わりに預かっているような状況が作り出される。リンネル側はすでに、「一着の上着」に対する全面的自己支配権を獲得したがゆえに、原則的には随時その処分・譲渡を要求することができるのであるが、もしそれに応じなければ、上着側は、権利の行使に伴う義務の履行を放棄することになり、結果的にリンネル側から獲得した「二〇ヤールのリンネル」に対する全面的自己支配権自体もその存立根拠を失うことになる。

このように、上着側は、「一着の上着」を直ちにリンネル側に処分・譲渡するか、もしくはリンネル側の承諾を得て、一定期間後に「一着の上着」を処分・譲渡するか、いずれかの方式を取らなければならない。前者の場合は、両極商品の処分・譲渡が時間的に一致しているのに対して、後者の場合は、時間的な不一致が生じていて、そこには、いわば信用の問題が介在することになる。すなわち、信用売買においては、リンネル側の権利―上着側から「一着の上着」を処分・譲渡されうる権利―の獲得が直ちに上着側の義務――「一着の上着」をリンネル側に処分・譲渡すべき義務――の履行に繋がらないということが前提となる。

一見すると、これは、両極商品の譲渡・処分にあたって時差のない交換方式と相容れないようにみえる。だが、それは、商品交換を商品体と貨幣体の引き換えとして捉える皮相的な見解にすぎない。商品交換は、両極商品の所有主体（私的所有権）の変更（移転）が確定された時点、つまり私的所有権者同士の権利義務関係の成立時点ですでに成り立つのであり、したがってまた、商品体と貨幣体の処分・譲渡時点の（不）一致現象は、商品交換の成立にあたって副次的かつ二義的なものといわなければならない。

このように捉えかえすと、商品体と貨幣体を共時的に処分・譲渡するような方式を商品交換の正則とみなし、そうでない方式を商品論の守備範囲を超えるものとして取り扱わなければならない原理的根拠など存在しないというべきである。というのは、いずれの方式をとるかは、価値表現の展開とそれに伴う価値形態の発展とにあたって直接的かつ決定的な契機とはいえないからである。

従来の原理論では、信用売買は、現金売買の補助的かつ変則的な展開としてしか取り扱われていなかったが、その理由は、いってみれば、私的所有権者同士の権利義務関係の成立が商品交換の成立のバロメーターとして捉えられていないからである。その結果、商品交換は、自己完結的な個別主体の主観性に依拠した功利的なアプローチだけによって片づけられてしまうことになる。

しかし、それでは、個別主体が他の個別主体との価値関係の下において所有主体としての自己規定・自己根拠を社会化し、それを基にして自商品に対する全面的自己支配権を放棄するとともに、私的所有権者同士の権利義務関係の成立に基づいて両極商品の処分・譲渡を展開するような一連の過程を捕捉し難い。結局それは、商品交換が市場で行われる空間限定的な営みであることを明確に示すものとはならないのではないだろうか。

【注】

（1）「商品交換は、人間社会に必然的・自然的なものではなく、それはむしろ『共同体の果てるところで、共同体が他の共同体またはその成員と接触する点で、始まる』。こうしたマルクスの認識は、例えば『ある物を他の物と取引し、交易し、交換するという性向』を『人間の本性のなかにある一定の性向』とみなすスミスとは好対照をなしている」（田中［2010］：一二三頁）。いってみれば、「スミスのような見方は、近代の市場経済を過去に投射する『遠近法的倒錯』にすぎない。たとえば、今日でも、共同体の内部では、あるいは、共同体が消えたところでも家族の内部では、商品交換（売買）はめったになされない。贈与や共同寄託というかたちをとるのがふつうである」（柄谷［2010］：一一八頁）。だが、「古典経済学は、そのような共同体、閉じられた単一均衡体系のモデルから出発するのだ。そのために、それは経済現象を、物理学的なモデルでみることになる。いいかえれば、単一均衡体系のモデルから出発する思考は、『共同体』から出発することであり、あの〝社会性〟を、したがって、盲目的な飛躍をみないことである」（柄谷［1986］：一一二頁）。

（2）「『共同体と共同体との間』（宇野［1964］五頁）に発生するという商品経済の外来性は、たんに個々の共同体に伝来する諸慣習を廃棄に付し、『基本的な社会関係を破壊』（宇野［1964］六頁）するだけではなく、『共同体と共同体との間』という一種の中性的な、あるいは抽象的な空間にこそ相応しい、新た

な社会性を紡ぎ出すものと考えるべきであろう。」（清水［2007a］：一一頁）

（3）「最も単純な価値関係は、明らかに、なんであろうとただ一つの異種の商品にたいするある一つの商品の価値関係である。それゆえ、二つの商品の価値関係は、一商品のための最も単純な価値表現を与えるのである」（Marx［1890］：S.62）。この「二つの商品の価値関係」を構成する「相対的価値形態と等価形態とは、互いに属しあい互いに制約しあっている不可分な契機であるが、同時にまた、同じ価値表現の、互いに排除しあう、または対立する両端、すなわち両極である」（Marx［1890］：S.63）。

（4）「例えば特定の商品リンネルは、その所有者がそのリンネルと交換して得ようとする、他の商品の使用価値の一定量をもって、その価値を表現せられる」（宇野［1964］：三〇頁）。この場合、一方で「他の商品」は「商品リンネル」側の私的欲望の対象を意味し、他方で「その価値」の「表現」は交換要請を意味する。

（5）本章では、所有および所有権に関する概念規定は次のような定義に基づいている。「すなわち商品経済が支配的となった社会においては、商品を相互に交換する者のあいだには、商品である財貨の上にその者だけの固有の支配が承認されなければならないという社会的要請が必要となる。この要請を実現すべく、人が物に対し排他的・包括的・直接的に支配権を行使している状態 energeia を所有といい、また、こうした支配の可能性の潜在状態 dynamis を所有権と呼ぶのである」（青木［1992］：二三六頁）。ここで「商品を相互に交換する」ということは、「商品」そのものを「相互に交換する」ということを意味しない。詳しくは本文に譲るが、「商品を相互に交換する者」は、「物」に対する「支配権」を放棄するという私的社会性の宣言によって他の「商品」に対する「支配権」を獲得することができるからである。その意味からいえば、「売買で問題となるのは所有権の移転であり、占有状態の変更ではない」（小幡［2013］：六七頁）ということになる。

（6）Deleuze and Guattari［1980］は、資本主義的私的所有について次のように述べている。「私的所有はもはや、人と人とのあいだの依存関係ではなく、唯一の絆を構成する一つの〈主体〉の独立を表現するものとなる。これは私的所有の進化における大変化である。私的所有は権利によって、土地、物、人を対象にする代わりに、権利そのものを対象とするようになるのだ」(MP, p.565-566／下二〇八頁)。彼らは、モノそのものを「所有」する「代わりに」、モノに対する「権利そのもの」を「所有」する方式への「大変化」から、資本主義における「私的所有の進化」を見抜いている。すなわち、「権利そのものを対象とする」ためには、「人と人とのあいだの依存関係」から解き放たれ、「唯一の絆を構成する一つの〈主体〉」が「私的所有」の担い手として自存しなければならないということである。とはいえ、「私的所有」は、資本主義に至って「土地、物、人を対象にする代わりに、権利そのものを対象とする」形で変貌したといえるだろうか。本章は、「私的所有」の歴史的変遷について考察するものではないが、「私的所有の進化」から資本主義の特殊歴史性を浮き彫りにする彼らのアプローチには、いささか論理の飛躍があるように思われる。

（7）宇野［1964］：二四～二五頁。
（8）宇野［1996］：三〇頁。
（9）青木［2016］：二六八頁。
（10）「宇野弘蔵は、たしかにリカードゥ的な絶対的価値論を商品所有者の主観的価値論によって批判したが、それは、せっかく商品価値から『労働主体』としての人間を削除しながら、代わりに『所有主体』としての人間なるものを超越論的に前提としてしまうことで、自らの方法の画期的意義を大きく損なってしまうものであった。」（青木［2002a］：二五九頁、同様の指摘は大黒［2016］：一一三～一一七頁にもみられる）
（11）宇野［1973］：一八〇頁。
（12）他方で、大黒［2015］は次のように述べている。「価値形態論の内生的解釈は、かけがえのない内的欲望としての必需が、無くもがなの外的欲望としての奢侈を派生し、その結果市場が発生するという解釈をとることで『内的なものが外化する』話形をやはり裏書きしている。しかし代替的解釈によれば次のようになる。あらかじめ浮動的で不定形な欲望は、価値形態の展開とともに欲望が複数化することでその無秩序をますます露呈することになる。しかし模倣によって、奢侈財たる金が一般的等価の座に外的に導入されることにより、その無秩序はとりあえず収まる。このとき『奢侈の外来性』の痕跡とともに原初の『欲望の可塑性』の痕跡をも隠滅するために、あらかじめ定形的で節度のある欲望なるものがさかのぼって捏造され、外的に導入されたはずの奢侈が必需の内的な派生物であるとの話形が偽装されることになる」（七九〜八〇頁、傍点は原著者）。こうした「価値形態論の常識的解釈」（七七頁）に対する異議申し立てては、貨幣生成論に限らず、「価値形態論」における商品所有者の自己規定または自己根拠問題にも一面相通ずるものがあると考えられる。詳しくは本文に譲るが、「あらかじめ定形的で節度のある」所有主体を想定するのは、価値関係によって反省的に与えられる私的所有の「痕跡」を「隠滅する」ことになり、所有主体の先在性を「やはり裏書き」することになるといわざるをえない。

(13) 宇野［1975］：一一二頁。

(14) 宇野［1975］：一一四〜一一七頁。

(15) 石井［1964］：六一頁、同趣旨の見解は大内秀明［1965］：二八〜四一頁及び大内秀明［1971］：二三四〜二五五頁にもみられる。

(16) その一方で柴垣［2016］は、「居住・移転・職業選択の自由」を土地所有の近代化と関連づけながら、「資本主義の成立・存立にとって不可欠の権利」として捉えている。すなわち、それによれば、「後者〔＝居住・移転・職業選択の自由：引用者〕は言うまでもなく、資本が生産過程を包摂するに当たって必要とする『労働力の商品化』の不可欠の前提であり、具体的には封建社会における領主の農民に対する身分的・人格的支配、その内容としての土地緊縛・作付け規制などからの解放をもたらす権利である。これなくして資本主義は成立・存立しえないが、それが法表象の表面に出てこないのは、資本の本源的蓄積過程が示すように、労働力の商品化が土地の私有化のコロラリーであることから、土地所有権の成立による私有財産権の普遍化の指摘で十分と言うことなのであろうか」（四頁）。

(17) 本章では、「富が商品形態をとるその瞬間において、商品の所有者は領有でもない保有でもない、その商品にたいする排他的・独占的な私的所有権者となる」というような柴垣の見解を批判的に受け継ぎながら、私的所有が価値関係の所与ではなく、その所産であることを解明しようとする。

(18) Marx［1890］: S.64。

(19) Marx［1890］: S.62。

(20) Marx［1890］: S.108。

(21) 清水正徳［1994］: 七九頁。

(22) 大黒［2015］: 九四〜九五頁。

(23) 他方で、小幡［2009］は次のように述べている。「意志と身体の関係は所有概念の原点をなす。このようなモノに対する主体の関わりが、不可避的に生みだす帰属関係を**個人的所有**ないし個体的所有という。〔……〕『私的個人』が先に存在し、その結果として『私的所有』が現れると考えるべきではない。逆に、『私的所有』というモノのあり方が、『私的個人』という主体の観念を生む面もある。両者ははじめからセットとして存在し、相補的な関係にあるというべきなのだ。／私的所有が成立するためには、その対象となるモノが、他のモノからはっきり区別されることが最低限必要である」（二四頁、太字は原著者）。「観念」が「主体」を決めるという小幡の論旨に異議を申立てるつもりはないが、「意志と身体の関係は所有概念の原点をなす」ということには疑問なしとしない。というのは、特に本章で扱う「私的所有」は、法律上の擬制概念としてというよりも、商品交換における再帰的かつ相互依存的概念として捉えているからである〔これに対して、小幡の議論ではモノと商品のいずれにおいても所有が介在するとされている〕。それゆえに、「私的所有」―および私的所有者―の「成立」もまた、価値関係の形成・展開過程に沿って理解されなければならないように思われる。

(24) こうした認識の背後には、おそらく西洋的法観念の原理が働いていると考えられる。「西洋近代型法システム」における「基本的な法観念」については、市原［2006］: 三二五〜三三二を参照されたい。

(25) 青木［1984］：四九頁。

(26) 青木［2002a］：一三三頁。

(27) 青木［1999］：九二〜九三頁は、引用中の「商品所持者 Warenbesitzer」と「私的所有者 Privateigentümer」とを各々「商品占有者」と「私的所有(権)者」とに直している。すなわち、前者の「Besitz」を性格概念として、後者の「Eigentum」を形態概念として厳密に峻別しなければならないと指摘しているのである〔青木［1984］：六三頁、廣西［2002］：七二〜八八頁〕。そこでは、「Warenbesitzer」は「『市場』という場を形成する前提」的概念であるのに対して、「Privateigentümer」は「共同主観的な妥当性すなわち法物神性を付与された観念であり、すでに通常の法学的な所有権の定義が転倒して当てはまるものになっている」といわれている。

(28)「商品所有者と商品との関係は、たんなる主体としての人間と、たんなる客体としての物との外面的な関係ではなく、すでに商品関係に規定され、商品の諸規定によって滲透された主体と客体の関係なのである。だからこそ、ここでマルクスが規定しているように、商品を関係せしめる商品所有者の意思行為は、自立的な自由な私的人格 Person 相互の意思行為としてあらわれ、その法律形式〔『資本論』における法と法律との概念的区別については本章注32を参照されたい：引用者〕は、私的所有者 Privateigentümer 相互の契約としてあらわれてくる。それはすでに特種社会的な商品経済に規定された人間と物、主体と客体との関係である」〔中野［1958］：二六八〜二六九頁、傍点は原著者〕。「だから、人間が想起されているといっても、ここで人間の学としての具象性をえたわけでもなく、反対に人間のことが書かれていないからといって、マルクスが人間を忘れてものの学に埋没したというわけではないのである。いわば、人間は、体系全体に対決すべき人間として、対決、克服のプラクシスの可能態として、この経済学批判としての『資本論』の底にかくれている」〔清水正徳［1994］：八〇頁、傍点は原著者〕。

(29)「『交換過程』とは、社会的に等質的価値対象性を獲得した商品＝価値の自立的運動性を意味し、ここでは、商品の使用価値による質的な人間が、完全に量的な人間関係に転化されている。換言すれば、この過程の人間は、商品を個々人の主体的意思によって持っているのではなく、持たされている。」（青木［1984］：四八頁、傍点は原著者）

（30）青木［2008］：一五六〜一六〇頁。

（31）古結［1979］の言葉を借りていえば、「他人に認められてこそ本当に自分の所有なのである」（三頁）。すなわち、売りに出される「商品」は、「他人」からの承認―価値関係下のものとしての承認―済みのものとして「本当に自分の所有なのである」。

（32）ただし、マルクスのいう「法的関係」＝「意志関係」は、法律的形式によるものではない。実際に「マルクスは、（『資本論』の：引用者）第一―第二篇においては『法 Recht』『法的 rechtlich』の語を用いている。が、第三篇以降においては、次節で確証するように、『法律 Gesetz』、『法律的 gesetzlich』の語を駆使するに至る。商品＝労働市場0における『法』と商品＝労働市場1以後における『法律』、この区別と関連において、マルクスは、ヘーゲル『法の哲学』における『法』の観念論的体系の唯物論的改作を試みているのである」（大藪［1978］：一〇二〜一〇三頁）。これによれば、「法」と「法律」との間には「国家」（一一一頁）が介在するようになる。

（33）Marx［1890］：S.100。

（34）清水正徳［1994］の言葉を借りていえば、この過程は、商品価値の「自己疎外」（一二五頁）に他ならない。

（35）新田［2010b］：三二頁。

（36）青木［1992］：二三六頁、大黒［2015］：九四頁。

（37）Marx［1890］：S.62。

（38）「マルクスは、商品交換という場面において、いかにしてこの『所有』という規範的イデオロギーが成立しうるのかという存立根拠そのものを解明していない。めいめいばらばらの商品の関係が、どうして『共通な一つの意思関係』を構成するのかという問いに答えていない」（青木［2002a］：二三六頁）。その根因は、マルクス自身が「商品形態は人間にたいして人間自身の労働の社会的性格を労働生産物そのものの対象的性格として反映させ、これらの物の社会的な自然属性として反映させ、したがってまた、総労働にたいする生産者たちの社会的関係をも諸対象の彼らの外に存在する社会的関係として反映させるということである」(Marx［1890］: S.86)と述べているように、「社会的関係」を「人間自身の労働」と結びつける捉え方に起因するといえる。その結果、「マルクスの『交換過程』における叙述は、冒頭の商品論において蒸留法によって直接に商品価値の実体なるものを抽象したこととあいまって、法的な私的所有権を『労働生産物の商品という形態そのものへの転化』からただちに導きだすことになってしまった。こうした商品交換による所有権の取得権原を人間の労働の結晶に求めるのは、まさに、初期・中期マルクスにみられる『労働』から『商品』への上向という唯物史観イデオロギーの残滓でしかないであろう。それは社会思想史の系譜として見るならば、ジョン・ロックの人間労働の混入によって自然を獲得する所有論から、アダム・スミスによる労働を本源的購買貨幣として人間が自然を所有する論理へと受け継がれたものであった。すなわちそれは、個々人の労働こそを私的所有権の最終的根拠とみなす自然状態の想定であり、しかるのちに、自由な私的所有権者が平等な契約によって社会をつくるという、自然法的小ブルジョア法イデオロギーにつらなるものであるといわねばならない」(青木［2019］: 五五〜五六頁)。

(39) 大塚［1966］は、『資本論』の方法論的展開について次のように述べている。「最初に出てくる『商品』は、さきも申しましたように、もともと自然ではなく、人と人との関係なのですが、それが『疎外』の結果、人間にとって自然と同じようにものとして現われている」(二二頁、傍点は原著者)。これに対して、交換過程論においては、「商品と商品とがでなく、人間と人間、つまり商品所持者と商品所持者とが相対峙するような現実の『交換過程』の理論的追求に入っていく」(二四頁)。確かに、労働主体としての「人間」と、交換主体としての「人間」とは、同じ「人間」ではあるし、すでに指摘したように、そこには、マルクスの小生産者的商品所有観が貫かれている。だが、「現実の『交換過程』」における「商品所持者」を、交換主体に転化した労働主体として捉えるわけにはいかない。そのように、冒頭商品論の「人間」を直ちに交換過程論の「人間」と等値させるだけでは、「交換過程」において「商品所持者」同士の間に形づくられる「経済的関係」の理論的意義までは読み取れないと思われる。

(40) Marx［1890］: S.50。

(41)「フェティシズムとはたんなるモノが神秘的な力をもつようになる現象をいう。それはまさに、フォイエルバッハの言い方では、人間の力能が天上の神の力能としてあらわれる自己疎外そのものの言い換えなのである。それに対して、人間、ないしは人間と人間の関係がたんなるモノ、ないしはモノとモノとの関係としてあらわれること、すなわち物象化はベクトルとしては正反対のことである。」（新田［2001］：八七頁）

(42) 大黒［2016］によれば,「物象化的倒錯視が倒錯視として生ずるのはそれが倒錯であることを気づかせない『合理化』のメカニズムが別途はたらいているからにほかならない」（一九頁）。この「メカニズム」については本文で詳しく述べる。

(43) 宇野［1969a］：一一三頁、宇野［1974］：一八六頁。

(44) 斎藤［1983］：四一～四三頁。

(45)「それだからこそ、等価形態の不可解さが感ぜられるのであるが、この不可解さは、この形態が完成されて貨幣となって経済学者の前に現われるとき、はじめて彼のブルジョア的に粗雑な目を驚かせるのである。そのとき、彼はなんとかして金銀の神秘的な性格を説明しようとして、金銀の代わりにもっとまぶしくないいろいろな商品を持ち出し、かつて商品等価物の役割を演じたことのあるいっさいの商品賤民の目録を繰り返しこみあげてくる満足をもって読みあげるのである。」（Marx［1890］: S.72）

(46)「この対立する双方の自立者はたがいに区別項をなし、Aの力は能動的に誘発するもの（作用）、Bの力は受動的に誘発されるもの（反作用）として規定されよう。けれども、このばあい両力は外的に分離したものとかんがえてはならない。双方は同一の力の存立をになっているのである。そしてこれらの能動性と受動性、誘発するものと誘発されるものとの対立は、双方の自立者がそれぞれになっている力の、活動性の内面における、相互媒介的な二契機をかたちづくっているのである。さきの例で、作用（誘発するもの）と反作用（誘発されるもの）との形式的区別が、AとBとの双方にとって同等の仕方で帰属してくるのはそれをものがたっている。じつは、他を誘発する一つの力それ自身が、受動的に誘発されたものという規定をもっているのである。」（中野［1958］：二九三頁、傍点は原著者）

(47) 新田［2010b］：四一頁。

(48) 清水正徳［1994］：一〇三頁。

(49) このような過程は、いってみれば、信仰告白と類似した側面を有している。すなわち、「教権とはまさしく彼らによって対象化されたものの現実的存在形態であり、神学とは神・教会を原因とし民衆をこれに従属するものとして首尾一貫して構成された観念体系である。民衆の共通した意識的対象化（要請）は、誰かを神父・大審問官ともするであろう。領主・国王ともするであろう」（清水正徳［1994］：一一〇頁、Marx［1890］：S.93）。

(50) 伊藤［1989］：三四頁。

(51) Hicks［1969］の言葉を借りていえば、この種の力は、「市場諸力の自然的作用」（一一一頁）に他ならない。

(52) 「冒頭の価値形態論で前提される交換関係に『上下』関係がまったく含まれていないかというと、そうでもない。『啓蒙化された経済学』の平板な市民社会観を批判し、生産関係が取り結ばれる以前に、ある種の支配・被支配関係がすでに働いているのを見出すことこそマルクスが目指したものにほかならないからである。相対的価値形態と等価形態の間に成立する『非対称性』の指摘はその端的な例である」（大黒［2015］：九四頁）。すなわち、そこにおいて「マルクスは、貨幣が価値尺度や流通手段ではなく、商品の等価形態なのだということ、それゆえに呪物崇拝が生じるのだということをいいたいのだ。いいかえれば、貨幣を尺度または手段とみなす、したがって売ること＝買うこととみなす古典経済学に対して、商品の価値形態のなかに、けっして拭いさることのできない対極性を、あるいは『売る』立場と『買う』立場の差異をみいだすのである」（柄谷［1986］：一一五頁）。

（53）岩田［1972］によれば、「商品と商品との交換関係は、それを全社会的に仲介する特殊な社会的産物として、必ず貨幣を生みだし、この貨幣を推進的担い手として拡大発展するのであるから、物と物との交換関係へのこの自由な私的個人の全面的隷属は、さらにすすんで、商品売買世界の専制君主である貨幣への自由な私的個人の奴隷的隷属となってあらわれざるをえないのである」（二四頁）。ただし、「奴隷的」という語は、第一に、「自由な私的個人」の「隷属」は「専制君主である貨幣」の暴圧や圧政などによるものでない点､第二に､「商品売買世界」は「自由な私的個人」の自発性によって支えられている点で、やはり過剰なものと思われる。

（54）「リンネルにたいして上着が価値を表わすということは、同時にリンネルにとって価値が上着という形態をとることなしには、できないことである。たとえば、個人Aが個人Bにたいして王位にたいする態度をとるということは、同時にAにとっては王位がBの姿をとり、したがって顔つきや髪の毛やその他なお多くのものを国王が替わるごとに取り替えることなしには、できないのである。」（Marx［1890］：S.66）

（55）「貨幣を介在させない商品どうしの交換関係という想定は、古典派経済学のみならず、われわれ商品所有者をも執拗に捉える強固な『イデオロギー』であり､その限りで現実の一部を構成する『現実的虚構』というべきである。しかもこのイデオロギーには市場における『万人の万人に対する闘争』を対称的で安定的な市民社会の空間として美化しようとする傾向が同時に潜んでいる」（大黒［2016］：一九～二〇頁、同様の指摘はWood［1999］：一四～一七頁にもみられる）。このことから「交換関係」は､「貨幣」と「商品」との関係の対極性・非対称性によって支えられていることがわかる。したがって、「市場」は、いかなる意味でも「商品どうし」の「交換」によって営まれる「安定的な市民社会の空間」ではなく、むしろ「諸個人が貨幣という権力にひたすらひれ伏す抑圧的関係でしかない」（青木［2019］：六一頁）というべきであろう。

（56）柄谷［2010］：一三八～一四三頁。

(57) 柄谷［1986］：一一九頁。

(58) 廣松［1969］：二六七～二八一頁。

(59) 沖［2019］：七九～八三頁。

(60) 清水正徳［1994］：六四頁、傍点は原著者。その限りにおいて、「価値の世界は人間社会のことでありながら、人間の意識によって支配されず、逆に必然的な法則性をもって人間を支配する。これが商品生産社会における物神性の秘密であり、人間の自己疎外の客観的構造なのであります」（清水正徳［2005］：七九頁、同様の指摘は新田［2004］：八三頁にもみられる）。

(61) 「それぞれの物品は時間の堆積を前提とし、その背景には空間の差異もひかえている。物品からは、それらがしかし市場にならぶかぎりでそのような差異が消去される。商品のうちには時間と空間との差異があらわれない。商品はすべて同時的に市場のうちに存在しているからである。商品はことごとく共時的なものとしてあらわれることでたがいに同一空間のうちで区別され、同等な空間のなかで差異を有することをつうじて単一の次元に参入している。つまり、いっさいの商品、インドのショールから熱帯地方の香料にいたるまでの物品は価格をもち、貨幣と直接に交換されるのである」（熊野［2013］：四〇頁、傍点は原著者）。したがって、その意味では「貨幣と契約・市場の本質は自然やものや人を取り替え可能と見ることにある」（竹田［2001］：七七頁）といえるし、またその結果として、「自然の唯一性、ものの質的相違やその背後にある歴史や伝統、人の個性には無差別・無関心（Indifferenz）になるのである」（同上）。

(62) 清水正徳［1994］：一九一～一九二頁。

(63) 「ヘーゲルは所有の契機として占有、使用および放棄（譲渡）を挙げている。占有し使用し放棄（譲渡）してこそ所有は完全になるとともに、このことは同時に所有の否定として、かれの体系では所有の領域から契約の領域への移行をなしている。このうち放棄（譲渡）については、われわれは、その意味内容から考えて、処分という言葉を使うことにする」（古結［1979］：二頁）。これによれば、「われわれがある物を本当に所有しているかどうかは、われわれがその物を占有し使用しているかどうかによるのではなく、われわれがその物を処分できるかどうかによる。すなわち、われわれが自由に処分できる物こそわれわれが本当に所有しているといえるのである」（同上）。このことから、「ある物」を「処分」し「譲渡」しようとする行為自体は、私的所有と深く結び付けられているだけでなく、むしろ表裏一体の関係にあるということがわかる。

（64）これは、次のような価値関係の形成機制としての価値表現を私的所有と関連づけて捉え直したものである。「リンネル商品所有者は、その価値表現によって、その商品と他の商品上衣との交換を要求しながら、自らはそれを表現しえないのに反して、上衣の所有者は、リンネルとの交換を要求してもいないのに、直ちに交換しうる地位におかれているのである」（宇野［1964］：三三頁）。

（65）西村［1977］は、マルクスのいう「法的関係」＝「意志関係」について次のように述べている。「ここでは、意思関係が商品生産の関係の媒介契機として重視されると同時に、この意思関係が法的関係とみなされていることは明らかであって、この法的関係が法規範それ自体をさすものでないことは何ら説明を要しない」（二六八頁）。確かに、「共通な一つの意志行為」によって形づくられる「法的関係」＝「意志関係」は、「法規範それ自体をさすものでない」。しかしだからといって、「法的関係」＝「意志関係」を「商品生産の関係の媒介契機」として捉えるだけであれば、商品交換を、いわば自己労働に基づく所有を展開する小生産者同士の関係に限定してしまうことになるのではないか。この点は、宇野［1975］が指摘しているように、「単なる交換関係の前提する私的所有をそのままに『自己の労働に基づく』ものとするのは、アダム・スミスとともに『労働は、最初の価格であった、あらゆる物に対して払われる本原的購買貨幣であった』（『国富論』邦訳岩波文庫版（1）六八頁）ということにもなりかねない。商品経済的私的所有は、労働＝生産過程そのものから必然的に設定されるものではないのである」（一一四頁）。他方で、藤田［1974］は、「諸階級の物質的生産における相互関係を、経済的諸関係の具体的現象形態としてとらえ」、「彼らの意思関係、いわば事実上の意思関係を、経済的関係の存立の媒介的モメント」として想定している（一八五頁、傍点は原著者)。しかしながら、商品交換において個別商品所持者は、「物質的生産における相互関係」がどうなっているかにかかわらず、他者との「法的関係」＝「意志関係」に基づく「経済的関係」を形づくることができるのであって、いってみれば、それはいわゆる三代階級の形成以前においても同様である。

(66) 経済的関係について、柄谷［2010］は次のように述べている。「ここで、マルクスは、法関係は経済的関係を反映しているだけだと強調しているようにみえる。が、これはむしろ、商品交換という経済的関係が法関係なしにありえないことを意味する」(一三一頁)。ただし、留意すべきは、「法的関係」＝「意志関係」は一般的な意味での「法関係」と相容れない側面をもっているということである。というのは、さしあたり自商品に対する全面的自己支配権を放棄する(相対的価値形態)側にはもとより、それを放棄しなければならない義務などどこにも存在しないからである。これに対して、一般的な「法関係」においては、一方の権利の獲得または侵害が具体的かつ明示的に確定されてもいない状態で、他方の義務の履行を想定することはまず考え難い。

第三章　貨幣生成の論理構造

前章では、商品交換を商品体と貨幣体の引き換えとして捉える見方を相対化し、それが私的所有権者同士の権利義務関係の成立を前提とする社会的営みであることを明らかにした。ただし、その過程は、貨幣の存在を所与とする。というのは、両極商品同士の経済的関係は、一般商品（相対的価値形態）と貨幣商品（等価形態）の対極的で非対称的な立場（価値関係）を反映しているからである。それゆえ当然ながら、貨幣の存立根拠についての考察は、現物貨幣だけでなく、信用貨幣の生成原理を解明するための端緒となるといえよう。

したがって本章では、価値形態論における価値形態の移行過程に沿って貨幣生成の論理構造を探求し、一般的価値形態の成立に関するこれまでの議論を再考することで、商品論の枠内において信用貨幣の生成可能性を模索しようとする。

マルクス経済学原理論では、『資本論』第一巻第一篇「商品と貨幣」における価値形態論（第一章第三節）と交換過程論（第二章）とについていくつかの理論的統合の試みがなされてきたが、宇野弘蔵の場合、それは、『資本論』の交換過程論における商品所有者の私的欲望を価値形態論の論理構造に鋳込むことであった[1]。それは要するに、個別商品所有者が交換意思の表現を展開する際に直面せざるを得ない困難を自らの行動で打開していくうちに価値形態が展開され、最後には貨幣が析出されてその必然性が立証されるということである。

こうした宇野の立論は、とくに山口重克らに批判的に受け継がれ、論理上のさらなる純化が試みられた[2]。それは、価値形態論のいわゆる行動論的アプローチを定式化するものであったといってよい。

だが、そうした価値形態論の再編・純化にもかかわらず、依然として不明瞭な点が残されているようにみえる。とくに価値形態の移行過程は、従来の回路から脱していないのではないか。端的にいえば、その根因は、交換の機制と移行の機制との混在にある。なぜなら、商品所有者の私的欲望は、交換の機制にはなりえても、移行の決定的な機制になるとは限らないからである。

移行の鍵は、後に検討するように、直接的消費対象への私的欲望に終始する理路からではなく、私的交換の行き詰まりに端を発し、私的欲望の無限肯定が尽きるところではじめて論証できる。こうした問題関心による移行過程の捉え直しは、流通形態論における従来の貨幣像および市場像を捉え直す端緒を開くものとなるであろう。

本章では、以上の問題関心に基づいて次のように考察を進める。まず第一節では、第Ⅰ形態から第Ⅱ形態への移行における従来の推論を比較検討し、その限界を見定めた上で、商品所有者の行為と意識とに即して価値形態の移行過程を捉え直すことにあてられている。

第二節と第三節では、第Ⅱ形態と第Ⅲ形態との間の断絶に焦点を当てて一般的等価物の生成原理を解明するが、まず第二節では、第Ⅱ形態から第Ⅲ形態への移行における従来の推論を比較検討し、個別商品所有者が逢着する困難の様相を見極める。

さらに進んで第三節では、第Ⅱ形態から第Ⅲ形態への移行における宇野理論の継承者たちの方法論的展開を批判的に検討し、価値形態論の難題とされてきた一般的価値形態の成立のモメントについて論ずる。

最後に小活では、以上の検討を踏まえ、価値形態論における信用貨幣の生成に関する論点を提示することとしたい。

第一節　第Ⅰ形態から第Ⅱ形態への移行の矛盾

第1項　移行の不在

ここではひとまず、価値形態論における第Ⅰ形態から第Ⅱ形態への移行について、マルクスの推論と宇野の推論とを比較検討することから考察をはじめる。

(A)「個別的な価値形態はおのずからもっと完全な形態に移行する。個別的な価値形態によっては、一商品Aの価値はただ一つの別種の商品で表現されるだけである。しかし、この第二の商品がどんな種類のものであるか、上着や鉄や小麦などのどれであるかは、まったくどうでもよいのである。つまり、商品Aが他のどんな商品種類にたいして価値関係にはいるかにしたがって、同じ一つの商品のいろいろな単純な価値表現が生ずるのである。商品Aの可能な価値表現の数は、ただ商品Aとは違った商品種類の数によって制限されているだけである。それゆえ、商品Aの個別的な価値表現は、商品Aのいろいろな単純な価値表現のいくらでも引き伸ばせる列に転化するのである。」

（Marx［1890］: S.76）

（B）「個々の商品所有者は、もちろん、その商品の価値を単に他の一商品の使用価値によって表現するというものではない。己の欲する他の商品の使用価値の種々なる量をもって表現する。商品所有者は、種々なる商品との自由なる交換を要求するものである。例えばリンネル商品の所有者は、リンネル二〇ヤールは一着の上衣に価するという表現のほかに、リンネル二ヤールは半ポンドの茶に値する、あるいはまたリンネル四〇ヤールは一クオターの小麦に値する等々の表現をもって、その価値を表現する。己の欲する種々なる商品の種々なる量によるリンネルの価値の表現は、いうまでもなくリンネル商品の所有者の主観的評価によるものとしてではあるが、先の上衣による価値表現の単一なる社会関係をさらに展開するものである。」（宇野［1964］: 三三～三四頁）

まず、マルクスの推論（A）によれば、「個別的な価値形態」の「もっと完全な形態」への「移行」

にあたって「商品Aの可能な価値表現の数」の「制限」がついているとはいえ、それ自体は、「他のどんな商品種類にたいして価値関係にはいるか」によって決まるとされている。但し、その場合、「同じ一つの商品のいろいろな単純な価値表現」の「商品種類」に対しては、「どんな種類のものであるか」を問わないということになっている。

それに続いて、マルクスは、「展開された相対的価値形態は、単純な相対的価値表現すなわち第一の形態の諸等式の総計から成っているにすぎない」[3]という叙述に示されているように、「第一の形態」の「総計」を直ちに「展開された相対的価値形態」とみなすような総計論的方式をもって、両方の「形態」を規定づけている。

このように、推論（A）ではマルクスは、「価値関係」内における「商品種類」の間の無差別性を、「個別的な価値表現」を「いくらでも引き伸ばせる」根拠としており、またそれを基にして「いろいろな単純な価値表現」を機械的に羅列する形で、「もっと完全な形態」への「移行」を論じていることがわかる。

とはいえ、「もっと完全な形態」への「移行」にあたって、「個別的な価値表現」を「いくらでも引き伸ばせる」際の動力はさほど明瞭でないように思われる。というのは、第一に、「個別的な価値形態」は、「価値関係にはいる」以前に、「可能な価値表現の数」が事実上決定づけられているからであり、第二に、「商品A」が至極限られている「価値表現」しか持たない「価値関係にはいる」ならば、なお一方的に「いくらでも引き伸ばせる」とは限らないからである。

したがって、推論（A）の論理展開は、「形態」と「形態」との間の「移行」を論証するものというより、両方の「形態」を論理的に関係づけるものとなっており、その際、前段の「形態」は、後段の「形態」の内部に配置される一つの構成要素として、また後段の「形態」は、相互間の境界が不分明な諸個体の「総計」として位置づけられているのである。

それに反して、推論（B）では「個々の商品所有者」は、「価値表現の単一なる社会関係」にとどまらず、「己の欲する他の商品の使用価値の種々なる量をもって」交換意思を表現するものとして描写されている。すなわち、そこでは、「社会関係」は「個々の商品所有者」の「価値表現」によって拡張されるものとなっており、「価値関係」を所与とする推論（A）とは異なる展開が提示されている。[4]それによれば、「リンネル商品の所有者」は、「上衣」だけでなく、「茶」や「小麦」等々の多種多様な使用価値を欲するような、いわば私的欲望の拡大を通じてその移行をみる。[5]

ところで、私的欲望の量的拡大を図る推論（B）の方法論的展開は、推論（A）の総計論的方式との類似性を帯びているようにみえる。もちろん、推論（A）における「いくらでも引き伸ばせる列」と、推論（B）における「さらに展開するもの」とは決して同じものではない。[6]後者の「価値表現」は、個別的な私的欲望の範囲内で「さらに展開する」だけだからである。

しかしながら同時に、移行の契機を、「一着の上衣」との価値関係に甘んずるわけには行かない「リンネル商品の所有者」に求める限り、そうした移行方式は展開上の矛盾を露呈せざるをえない。というのは、「社会関係をさらに展開する」際に、個別商品所有者は「種々なる商品」を暗黙のうちに所与としてそうするからである。そうでないと、「リンネル商品の所有者」は、「一着の上衣」との価値関係に甘んずること以上の展開を進められないであろう。[7]

詳しくは後述するが、その場合、「一着の上衣」は、さらなる展開を待ち構えている「単一なる社会関係」によるものではなく、「種々なる商品」を暗黙のうちに所与とする行為主体の私的欲望によってすくい上げられる最初のものとして位置づけられるということになる。

以上、ここでは第Ⅰ形態から第Ⅱ形態への移行の方式について、推論（A）と推論（B）を比較検討したが、そこから明らかなのは、推論（A）におけるように「単純な価値表現」を無差別的に拡大しても、なお推論（B）におけるように「個々の商品所有者」の私的欲望を量的に拡大しても、結局のところ価値表現の展開動力は不明瞭なままであるということである。

第2項　価値表現の見直し

ここでは、前項の考察を踏まえて、相対的価値形態側の価値表現によって行われる商品交換の展開様相を、商品所有者の行為と意識とに焦点を当てて考察しようとする。

リンネル所有者はまず、たとえば「二〇ヤールのリンネル＝一着の上衣」というような交換の意思表示が上衣所有者の承認を得れば、所持していたリンネルのうち二〇ヤールを譲渡し他者の商品上衣を所有物として獲得することになる。個別商品は、そうした交換要請を通じて自らの価値を表現する。ここでは、そのようにして成立する個別商品所有者同士の私的な交換契約を商品交換と呼び、その際に処分・譲渡の対象となるモノを商品と呼ぶことにする。(8)

今、リンネル所有者が上衣、茶、小麦、そして金……の順に交換を求めているとしてみよう。

これらの商品の序列は、今すぐ必要に迫られている上位品目からしばらくの間なくて済む下位品目へと順に並べた、ある種の交換品目リストということができる。このリストには、リンネル所有者の私的欲望の優先順位がそのまま反映されている。そこで、仮にリンネル所有者が最初に上衣との交換を実現するならば、優先順位の調整・変更のない限り、次は、残りのリンネルのいくばくかをもって第二順位の品目との交換を求めることになると考えられる。

ところで、リンネル所有者の最初の価値表現の展開が実りなく終わってしまうこともありうる。実際に、岡部［1996］は、価値表現の展開過程において生じうる価値実現の失敗という否定の契機を移行のモメントとして採用している。

「いま、ある商品所持者が財Aを所持しているとき、彼がまず最初にとらなければならない行為は、他の経済主体に向けて、『私は自分の所持するｒ量の財Aを提供するので、それと交換にｔ量の財Bを私に提供してもらいたい』という意思表示である。この意思表示が実現しないとき、彼は、まず提供する財Aの量を増大することで事態を打開しようとするであろうが、それでも実現できないときには、その他の欲望のいずれかを満たそうとする意思表示をすることになろう。すなわち、『私は自分の所持するｒ量の財Aを提供するので、それと交換にｔ量の財Bを提供されたい。そうでなければ、ｕ量の財Aと交換にｐ量の財Cか、あるいは、ｖ量の財Aと交換にｑ量の財Dか、ｗ量の財Aと交換にｓ量の財Eか……を提供されたい』と。」（二四〇頁）

ここでは、第一に、推論（B）におけるような私的欲望の量的拡大からではなく、「意思表示」に伴う価値実現の失敗を通じて新たな関係設定がなされており、第二に、推論（B）で宇野が「一着の上衣」、「半ポンドの茶」及び「二クオターの小麦」への私的欲望を量的に拡大しながら、等価形態に置かれる個別商品を and の関係で結びつけていたのに対して、岡部の推論では、必ず「t量の財B」でなければならないゆえんはどこにもなく、「意思表示が実現しないとき」を想定しながら、「p量の財C」、「q量の財D」または「s量の財E（……）」、「いずれか」で良いというような or の関係がはっきりしていることがわかる。

ところが他方で、この説は、等価形態に置かれる多種多様な「財」について、価値実現の失敗という否定の契機を生かしきれているかといえば、必ずしもそうとはいえない。というのは、「ある商品所持者」が「t量の財B」との交換に失敗した場合、次に「u量の財Aと交換にp量の財C」を「提供されたい」という「意思表示」を再開するような必然性は必ずしも明瞭ではなく、事実上「q量の財D」からでも、また「s量の財E」からでも差し支えないと説くことで、結果的に各々の「財」が同格のものとして羅列されるにとどまっているからである。

最初の「意思表示が実現しないとき」、次の交換対象として選定されるのは、最初の「財」に比べて欲望充足の指向性は弱いけれども、他の「財」に比べては強いものでなければならないが、ここでは、各々の「財」に対する私的欲望の質的な差が必ずしも浮き彫りにされているとは限らない。

先の例で言うと、リンネル所有者は、上衣との商品交換に失敗した場合、金でも小麦でもなく、茶との商品交換を展開するような、いわば最善の策（第一順位）から次善の策（第二順位）への旋回を敢行すると推察できる。すなわち、次善の策としての茶品目は、最初は観念上の潜在的選択肢にすぎなかったが、価値実現の失敗を切っ掛けに、鮮明な行為戦略として採択されることになる。

そこでとられる次善の策を講ずる戦略は、個別商品所有者がそれ自身の私的欲望を拡大していくことで、私的欲望の諸対象を右辺（等価形態）に並べるような移行方式とは相容れないものといえる。そこには、価値実現の失敗という否定の契機だけでなく、個別品目に対する私的欲望の質的な差が、私的欲望の量的拡大に埋もれているからである。

もちろん、リンネル所有者が上衣との交換にしがみつくこともありうる。これに関して小幡［1988］は、次のような見解を示している。

「リンネル所有者が一方的に交換を求めるこの直接的形態に固執する限り、上衣所有者の側が同時にリンネル所有者のリンネルをたまたま欲しいと望んでいたという場合を除けば、両者の間に交渉の始まる余地はない。こうしたなかで、上衣所有者との交渉の機会を摑もうとすれば、リンネル所有者にとっては相手がそのとき欲しいと思っている当の商品を、先回りして手に入れるほかないわけである。もし上衣所有者のうちのある者が、上衣一着＝一〇ポンドの茶という形態で交換を求めているとすれば、われわれのリンネル所有者にとっては一〇ポンドの茶もまた新たな交換の対象に繰り入れられることになろう。」（四九頁）

ここでは、「リンネル所有者」の行為戦略としていわば間接交換が採用されている。(9) 確かに、「リンネル所有者が一方的に交換を求める」ならば、「上衣一着」を獲得しうるチャンスは「たまたま」与えられるだけである。時にはこの種の戦略への旋回は「上衣一着」を獲得しうるような近道になると同時に、「新たな交換の対象に繰り入れられることになろう」。

ところでその場合、「リンネル所有者」の価値表現の形態の右辺には、直接的消費対象としての「上衣一着」の上に、「一〇ポンドの茶」と同様な交換媒体が多数布陣することになってしまう。こうした「上衣一着」以外の全商品の交換媒体化は、「上衣」以外の商品に対する私的欲望を、「上衣」に対する所有衝動のなかに埋没させてしまうものとみることができる。

もっとも、第Ⅰ形態から第Ⅱ形態への移行にあたって間接交換が採用されたのは、「単純な価値形態を支える直接的な欲求が単に弱められて相対的に拡大する」(同上)にとどまる、従来の移行方式を相対化するためであったが、その際に移行の欠陥と目されたのは、「上衣一着」に対する「欲求」の希釈化に他ならなかった(10)。

だが、間接交換における交換対象の「特定化」(四六頁)は、いってみれば、「上衣一着」の絶対化、つまり〝一着の上衣でなければならない〟という絶対性の価値表現と呼ぶにふさわしい。間接交換に終始する限りでは、「上衣一着」に対する「欲求」が満たされるまで、他品目に対する「欲求」を一旦無いものとして扱うほかないからである。他品目への「欲求」がはじめから捨象されてしまうのも、そうした絶対性に起因するものといえる。

しかし、「上衣一着」への「欲求」が、他品目への「欲求」を恒常的に制欲させうるとは必ずしも言い難い。なぜなら、「欲求」自体が相対性を本然の性とするものだからである。すなわち、「上衣一着」が欲しいというのは、「上衣一着」以外の他のものは（それよりは）欲しくないという意思表示の言い換えに他ならないということである。[11] したがって、それは、〝何よりもまず一着の上衣が欲しい〟という意味として受け取らなければならない。こうした相対性の価値表現は、「リンネル所有者」が「上衣一着」との交換に失敗した場合、その「欲求」を一旦留保させ、他品目へと旋回しうる潜在的可能性を与えるものとみることができる。

最後に、留意すべきなのは、間接交換自体は単に交換品目リストといった等級化された優先順位の枠組みのなかで取れる一つの行為戦略でしかないという点である。つまり、個別商品所有者は、交換品目リストの優先順位に沿って交換意思を表現するうちに困難に遭遇することで、次善の策をとるか、もしくは間接交換を行うかという選択の岐路に立たされ、いずれかの行為を適宜選択することになる。いずれを取るかは、やはり私的偶然性による他ない。

これらの戦略は、価値実現の不確定性に対処する一環としてとられるものであるが、価値実現の失敗という否定の契機は、個別商品所有者をして戦略上のさらなる多角化を追求させる。個別商品所有者は、そこから特定戦略の採用・旋回を繰り返して行ううちに、商品の内なる交換性質としての価値を多種多様な使用価値で表現するようになる。

以上の検討から、リンネル所有者は、商品世界における一人の行為主体として多種多様な商品を所与の前提とする恣意的な交換品目リストの優先順位のもとにおいて、現時点で必要に迫られている上位品目（上衣）との交換を行うために、手元にあるリンネルの譲渡可能な物的数量を勘案しながら、「二〇ヤールのリンネル＝一着の上衣」というような価値表現を展開すると同時に、自商品の価値実現を可能にする行為戦略をも多角的に追求していくということがわかった。

但し、価値表現そのものは個別商品所有者の恣意的判断によって行われる以上[12]、そこには、抽象的共通物による先験的等値あるいは完全情報下での相互交渉などの展開は入り込む余地がない[13]。さらに、等価物選定の恣意性および交換成立の不確定性からすれば、起点から終点まですべてが私的偶然の出来事である。ゆえに、各々の商品所有者としては、個別的で断片的な自分の経験に照らし合わせながら価値表現の展開を図る以外に道がない。

第二節　第Ⅱ形態から第Ⅲ形態への移行の難点

第1項　移行の限界

続いて、価値形態論における第Ⅱ形態から第Ⅲ形態への移行について、マルクスの推論と宇野の推論とを比較検討してみよう。

（C）「ある人が彼のリンネルを他の多くの商品と交換し、したがってまたリンネルの価値を一連の他の商品で表現するならば、必然的に他の多くの商品所持者もまた彼らの商品をリンネルと交換しなければならず、したがってまた彼らのいろいろな商品の価値を同じ第三の商品で、すなわちリンネルで表現しなければならない。―そこで、二〇エレのリンネル＝一着の上着　または＝一〇ポンドの茶　または＝etc. という列を逆にすれば、すなわち事実上すでにこの列に含まれている逆関係を言い表わしてみれば、次のような形態が与えられる。」（Marx［1890］：S.79）

（D）「商品の所有者は、元来、いずれも自己の商品の使用価値が、等価形態にある商品の所有者の欲するところであるか否かに関係なく、その商品の価値を相手の商品の使用価値として実現しようとするものである。しかも自らこれを実現し得るものではない。また相手の商品所有者も同様に自己の商品を自己の欲する使用価値に対してのみ譲渡せんとするものであって、商品の価値と使用価値との対立は、その商品範囲の拡大するにしたがってますます困難とならざるを得ない。しかしまたこのことは他面ではこの困難を解決する途をも開くものであった。すなわちあらゆる商品の拡大されたる価値形態においてつねにその等価形態におかれる商品の出現がそれである。」（宇野［1973］：三七頁）

まず推論（C）では、推論（A）における総計論的移行方式を通じて得た拡大された価値形態から「逆関係」を導出していることが見てとれる。すなわち、そこでマルクスは、「多くの商品所持者」が繰り返して行う「交換」を基にして「リンネル」を「第三の商品」とする「形態」を打ち出している。だが、そうした打ち出し方には、いささか論理的な飛躍があるようにみえる。(14) なぜなら、たとい「リンネルの価値を一連の他の商品で表現する」ことになったとしても、それが「必然的に他の多くの商品所持者もまた彼らの商品をリンネルと交換しなければ」ならない理由になるとは必ずしもいえないからである。

商品世界において相対的価値形態に置かれる「リンネル」がいくら頻出するようになったとしても、それ自体はあくまでも相対的価値形態としてであって、決して等価形態としてではない。したがってまた、「リンネル」の頻出現象は、供給サイドの異常シグナルとしてしか意味を持たず、特定商品を一般的等価物として生成させうることにはならない。

このように、推論（C）ではマルクスは、「リンネル」がいかなる事情によって「必然的に」等価形態になるかについて論じておらず、掌を裏返すだけの「逆関係」をもってするような顚倒論的方式に基づいて移行問題を片づけていることがわかる。結局、そこでは推論（A）と同様に、第Ⅱ形態の拡大ないし拡張から自ずと第Ⅲ形態への移行が行われるかのように述べられているだけで、両方の価値形態の質的断絶にまで考察が及んではいないといわざるをえない。

それに反して、推論（D）では宇野は、商品交換における「商品の所有者」の行為にスポットを当てているがゆえに、推論（C）におけるように機械的に「逆関係」を導き出してはいない[15]。ここでの移行方式は、「商品の価値と使用価値との対立」からくる「困難」に着目し、「あらゆる商品の拡大されたる価値形態においてつねにその等価形態におかれる商品の出現」をもってその「困難を解決する途をも開く」ということになっている。

ただし、その種の「困難」自体は、商品交換の私的偶然性から生じるものとして、ここでは、量的に拡大された形をとって現われている。それを一般的等価形態の成立以前における価値関係の所与の条件としたとき、問題は、そうした状況下で「困難を解決する」鍵としての「商品」がいかにして出現するのかということである。

この点について宇野［1964］：三五頁では、一層明瞭な移行方式を提示している。それによれば、「マルクスのいわゆる拡大されたる価値形態の、各商品における展開は、必ずいずれの商品の等価形態にも共通にあらわれる特定の商品をもたらすことになる」。すなわち、宇野は、「拡大されたる価値形態の、各商品における展開」を「特定の商品をもたらす」モメントとして捉えている。

しかし、「各商品における展開」は、事実上「拡大されたる価値形態」という全体の一部分（個）としての単純な価値形態を指しており、ゆえに諸個体の展開は、結果的に「拡大されたる価値形態」自身の展開に連動するような形になっている。いいかえれば、それは、諸個体の展開を行い続ける機械的反復運動を通じて「共通にあらわれる特定の商品」を産出するものといってよい。

そうだとすれば、この方式は、私的欲望の量的拡大から得た「拡大されたる価値形態」を再び拡張させるものにすぎず、それによって「共通にあらわれる特定の商品」をすくい上げているだけであるというべきである。その際に「特定の商品」は、アルゴリズムの無限な反復を通じて産出されるアウトプットとして想定されることになる。つまり、「拡大されたる価値形態の、各商品における展開」は必然的に「特定の商品」を産出する。なぜならば、それは、統計的に重出する値だからであるということである。しかし、それがなぜ統計的に重出するかを、「拡大されたる価値形態の、各商品における展開」をもって説明してしまえば、それは単なる循環論でしかないであろう。そこには、「特定の商品」がなぜ重出することになるのかというような商品経済の内的契機は、結局不問に付されてしまう。

以上の検討から、第Ⅱ形態から第Ⅲ形態への移行にあたって、推論（D）の移行方式は、特定商品の頻出現象をもって一般的等価物をすくい上げている推論（C）のフォーマットを超えるものとはなっておらず、説かれるべき移行の機制を循環論のなかに投げ込んでしまっていることがわかる。その結果、リンネルといった種々雑多な直接的消費対象にも一般的等価物への門戸を開き、その潜在的可能性を与えることになってしまったといえよう。

第2項　価値表現の行き詰まり

ここでは、前節でみたリンネル所有者の二つの行為戦略に焦点を当てて、各々の戦略が直面している困難の様相を見極めることにする。

第一戦略（次善の策への旋回）は単に、リンネル所有者が自らの交換品目リストの順に沿って最上位の品目から最下位の品目へと交換要請を順送りにするだけのようにみえる。しかし、リンネル所有者は最初上衣との交換に失敗し、茶→小麦→金……へと順送りに交換の意思表示を展開しても、価値実現に次々と失敗した場合、最下位の品目まで価値表現を行い続けるとは必ずしも限らない。というのは、現在必要に迫られている上位品目に比べ、個別下位品目はしばらくの間なくても済むものだからである。

交換品目リストの個別品目は、各々の商品所有者の需要度の高低によって格付けされてはいるが、比較的優先順位の劣る下位品目になるほど、価値表現の展開そのものを断念する蓋然性は上昇すると考えられる。いいかえれば、個別品目の需要度そのものは、交換を求めない可能性と表裏の関係にある。上位ランクの個別品目は、需要度が高く交換を求めない可能性が低い一方、下位ランクの個別品目は、需要度が低く交換を求めない可能性が高い。

このことは事実上、価値表現の展開においていわば臨界点に当たる特定品目が存在するということを暗示する。臨界点に達すれば、商品交換はそれ以上下位の品目へは進まず、そこから特定の上位品目に対する価値表現の再挑戦を敢行するか、もしくは価値表現の展開自体を中断してしばらくの間休止期に入るということになる。

ところで、リンネル所有者が価値表現の展開を一時的に断念したからといって、自分の所持している商品を廃棄したり処分したりするわけではない。いつかまた価値表現の展開を通じて自分の私的欲望を満たすためには、残余分を保管し管理し続けなければならないからである。

このように、価値表現の展開の一時的な休止に伴う自商品の保管・管理は、最上位の品目から最下位の品目へと交換要請を展開することから行き着く帰着点であることがわかる。そこで、臨界点は、特定品目に至って価値表現の展開に歯止めをかけるものとして、また個別主体の私的欲望に基づいた価値表現の展開の有限性を露呈するものとして作用する。

その一方、第二戦略（間接交換）の展開にあたって、たとえば、上衣所有者が小麦を求めており、小麦所有者が金を求めている場合、上衣との交換を求めているリンネル所有者としては、まず金を確保しなければならない。

しかし、リンネル所有者が金を獲得できたとしても、なお問題は残る。というのは、獲得した金量と小麦所有者が求めている金量とがズレる可能性があるからである。たとい小麦所有者が求めている金量をある程度察知しているとしても、それに見合う金量を確保できるかどうかは不確実である。

そうだとすれば、こうした過程では、等価商品数量の超過・不足事態が発生しかねない。リンネル所有者は、当初の予想に反して確保量の超過が発生した場合においては、いくら需要品を手にしたとしても、現時点では無用なものを増やしてしまうことになりうるし、不足が発生した場合においては、間接交換の展開が不能の危機に瀕することで、価値表現の展開自体を断念することになりかねない。

また、間接交換の展開中における状況の変化が発生するようなリスクも考えられる。すなわち、リンネル所有者が間接交換を展開するうちに、上衣所有者が小麦を自力で獲得したり、上衣所有者の優先順位が変更され、もはや小麦を必要とせず、他品目を求めるようになったりするようなことが起こりうる。さらに、上衣所有者が求めている小麦とリンネル所有者が確保した小麦との間にズレが生じてしまえば、リンネル所有者の労苦が実を結ぶとは必ずしもいえない。

このように、間接交換そのものは、特定品目の確保をめぐる商品所有者同士の委託契約でない以上、そこから当事者間の合意の内容及び履行において厳格な拘束力を求めることは決して容易ではない。

もっとも、この戦略における最大の問題は、金所有者がリンネル所有者の交換要請に応じない場合である。金所有者が他のものを求める場合、上衣を獲得するための間接交換ルートは一層長期化してしまう。間接交換の長期化は、価値表現の展開における量的なミスマッチからくるリスク（超過／不足の発生）と質的なミスマッチからくるリスク（状況の変化）との発生可能性を高めるだけであろう。結局リンネル所有者は、両方のリスクからはみ出る残余分の保管・管理を余儀なくされることになる。

第三節　第Ⅱ形態から第Ⅲ形態への移行の見直し

第1項　一般性の与えられ方

ここでは、第Ⅱ形態から第Ⅲ形態への移行にあたって、私的欲望の集団的なシンボルに一般性を付与する方法について立ち入って考察することにする。

すでに検討したように、推論（D）は、「つねにその等価形態におかれる商品」がいかにして出現するすることになるのかという商品経済の内的契機を不問に付している。そこでは宇野は、「商品範囲の拡大」によって「困難」と「困難を解決する途」とが同時に現われると言明するものの、そこから「つねにその等価形態におかれる商品の出現」をみることがいかにして可能なのかを論じているとは限らない。

ただし、この点は、単に宇野自身だけのことではなく、それを受け継ぎつつさらなる純化を試みてきた論者らも同様の問題を抱えているようにみえる。[16] たとえば、マルクス流の顚倒論について、日高

［1983］：二二三頁は、「そこでは顚倒されなくてはならない必然性など何一つ説明されてはいない」と批判し、「内部から生みだされる契機」を強調しているが、その「契機」にあたる「多くに共通に等価形態におかれている商品」そのものがいかにして一般的等価物になるのかについては定かにしていない。そこでは、個別商品所有者にとって「等価形態におかれている商品」の構成は分析者の恣意にまかされており、そこから産出される「多くに共通に等価形態におかれている商品」もまた恣意的な「契機」からくるものとされているにすぎない。

さらに、山口［1985］：二二一〜二二四頁は、商品所有者を「多数派」と「少数派」とに分け、「茶」商品が一般的等価物になりつつある過程をたどりながら「比較的多数の商品所有者から共通に等価形態におかれる商品は、あらゆる商品所有者から共通に等価形態におかれることになるのである」と結論づけている。要するにそこでは、幾つかの商品グループのなかで特定品目がいかにして一般的等価物に格上げされるかを辿るような方式が採用されている。

しかし、それは単に、「比較的多数の商品所有者から共通に等価形態におかれる商品」を一般的等価物として同定するものにすぎず、特定品目がいかにして「共通に等価形態におかれる」のかというような商品経済の内的契機は、推論（D）と同様に充分に論じられているとは必ずしも言い難い。たとい「共通に等価形態におかれる商品」の存在をそのまま受け入れるとしても、依然として問題は残る。それは、「共通に等価形態におかれる商品」を果たして一般的等価物として同定できるのだろうかという点である。

これに関して降旗［1997］は、次のような例をあげている。

「戦後、激しいインフレの進行で、紙幣の意味が薄れてきたときは、いわば物々交換にもどりました。そのさい、物品交換所となったデパートなどでは、自分の提供する商品─つまり相対的価値形態にたつ商品─を示して、同時にこれと交換してほしい商品─つまり等価物─を指示した書き付けを添えたものです。そして、こういうことが多くなり、また交換が重なると、かならず皆から共通に求められる商品が登場してきます。コメ、タバコ、砂糖などがそうだったと思います。そうなると、タバコならタバコが交換手段として求められるようになり、一挙に等価物のタバコへの収斂が始まります。」

（一四一頁）

ここで降旗は、「皆から共通に求められる」不足物資のなかで特定物資（タバコ）が、「交換手段として求められる」ような「収斂」現象を一般的等価物の生成の例として持ち出している。だが、これは果たして、一般的等価物の生成にあたって適切な事例といえるだろうか。

総じて「物品交換所」とは、需要品同士の相互マッチングの場にすぎず、それゆえ、そこには事実上相対的価値形態と等価形態とからなる価値形態の対極性さえ消えてしまっている。そうした中で「タバコ」が臨時的な「交換手段」として用いられたというだけのことである。だとすれば、これはまさに、「物々交換」の寓話にすぎず、貨幣形態の謎を解く価値形態論の方法論的展開とは相容れないものといわざるをえない。

もっとも、より根本的な欠陥は、「物々交換」かどうかにあるわけではない。というのは、そこでは「等価物のタバコ」の直接的消費対象性は、交換後も希釈されないまま依然として直接的交換可能性との共生関係を持続するものとなっているからである。この類の関係はむしろ、第Ⅰ形態に見られるものといえる。つまり、「等価物のタバコ」は、「皆」の需要品として直接的交換可能性を与えられているという点からすれば、事実上第Ⅰ形態の等価形態に置かれる商品とは量的相違しか持たず、ゆえに両者は同根のものということができる。

結局のところ、この事例は、「等価物のタバコ」の直接的交換可能性がその直接的消費対象性から自立したものになっておらず、それに従属されながら一時的に現出するものでしかないということを如実に物語っている。

確かに、私的欲望の集団的なシンボルを一般的等価物として同定する限りにおいては、「タバコ」のような直接的消費対象性の定在を排除しかねる。永谷［1997］は、この点に注意を促す。

「等価形態の商品群が拡大しゆくと、どの商品の拡大した等価形態にも、終りの方に奢侈的な商品が並ぶという現象が見られるようになる。そして奢侈品の等価商品の使用価値に対しては、単純な価値形態に見られた厳格な欲望対象としての使用価値という規定の弛緩が起ってくる。けっして欲望対象でなければ等価形態に立てないという規定が無くなるわけでないが、特定の使用価値、特定の量という厳格さが緩くなってくる。」

（九二頁、ほかに佐藤等編［1977］：一八一～一八三頁、永谷［2013］：七五～八一頁）

この主張からすれば、直接的消費対象の一般的等価物への格上げははじめから遮断されることになる。但し、ここには二つの問題がある。第一に、「奢侈的な商品が並ぶという現象」は、果たして「等価形態の商品群が拡大しゆく」ことによるものなのかということである。詳しくは後述するが、たとい「終りの方に奢侈的な商品が並ぶという現象が見られるようになる」としても、それは、商品所有者の私的欲望を極限まで推し進めることで得られるものではないからである。

第二に、「奢侈的な商品が並ぶという現象」を一般的等価物の生成と結びつけるのは、「奢侈品」の一種たる貴金属、とくに金銀を先取りしているのではないかということである。第Ⅱ形態から第Ⅲ形態への移行にあたって解明すべきは、「奢侈的な商品が並ぶという現象」そのものではなく、むしろ「厳格な欲望対象としての使用価値という規定の弛緩」をきたすような商品経済の内的契機ではなかろうか。

以上の論者たちの議論は、いずれも私的欲望の集団的なシンボルに一般性を付与するという共通の理解の上に立っているが、これでは一面的なものになりかねない。たとえば、特定商品が社会的に需要され不足状態に陥る場合、一方で不足物資が一時的に一般的等価物として機能するということが起こりうるが、他方では不足物資の購買力だけが上昇してしまうこともありうるからである。

前者の場合は、需要に対して不足している商品の供給が追いつかないといえども、その商品は、それ自身の直接的消費対象性を保持しつつ、直接的交換可能性といった追加的機能を一時的に実装することになるが、後者の場合においては、商品の数量がその需要に比べてあまりにも少なすぎるためにむしろ直接的消費対象として求められるだけにとどまってしまうということを排除できない。

要するに、特定商品が一般的等価物になるためには、極少量になってはならず、適正頻度の商品交換を可能ならしめる数量が存在していなければならない。単に多数から需要されたからといって、一般的等価物への格上げが直になされるわけではない。したがって、その意味では需要の多寡自体は、特定品目に一般性を与えるにあたって積極的な契機にはならないといわなければならない。

かくして、以上のような移行の方式（社会的需要→一般的等価物）は、第一に、特定商品がなぜ社会的に需要されるのかという商品経済的な内的契機の不在、第二に、多数から需要される特定商品の出現を一般的価値形態の成立と等値させようとする論理の飛躍、というような限界を有していることがわかる。こうした移行方式は、一般的価値形態の候補商品を、第Ⅱ形態の商品群（等価形態に置かれる諸商品）のなかに並置し、それがあたかも第Ⅱ形態のうちにアプリオリに実在していたもののように取り扱うことで、結果的に、第Ⅱ形態と第Ⅲ形態との間の質的断絶を不明確にしてしまったといわざるをえない。

第2項　移行の見直し

以上のような移行方式について、小幡［1988］：五一～五六頁は、「一般的等価形態がいかにして単一の共通な商品になるのかということの理論的意味は、ある商品種類がなにによってその地位を独占するのかということと切り離して純粋に形式的に論じうるものではない」と問題提起し、「『資本論』の場合、拡大された価値形態の領域の末尾で説かれたこの顚倒の論理は、しかし一般的価値形態の考察の内部でいわば排除 Ausschließung の論理とでもいうべきものによって補完されている」点を取り上げながら、「『交換過程』に委ねられた商品流通の歴史的発展の過程を『価値形態』の内部へ理論的に昇華させる」方式を打ち出している[17]。

そこでは、第一に、「直接的欲求が相対的に多く集中する商品種類に主要な等価形態が絞られてゆくもの」を「積極的」な「要因」としつつ、第二に、「商品体のもつ自然的属性」および「素材的な制約」を「共通な等価物の排除に関わる消極的な要因」とするような「二重の観点」が採用されている。小幡は、「そこから特定の商品が共通の等価物として排除される傾向」が「商品所有者の主体的な相互干渉を通じて」生じると結論づけている。

だが、すでに検討したように、特定商品が社会的に需要される商品経済の内的契機を解明しない限り、「直接的欲求が相対的に多く集中する」ような現象に即して特定の「商品種類」を「主要な等価形態」に格上げさせる方式が当を得ているかといえば、必ずしもそうではない。さらに、「共通な等価物の排除に関わる消極的な要因」として作用する「商品」の「属性」ないし「素材」は、「直接的欲求が相対的に多く集中する」商品群のなかで「主要な等価形態」を抜擢する根拠になりうるが、それ自体が第Ⅱ形態から第Ⅲ形態への移行における独自的な「要因」をなすとも限らない。

第Ⅱ形態から第Ⅲ形態への移行の「要因」を「商品」、つまりモノの側にアプリオリに存在する何かではなく、行為主体としての個別商品所有者に求める方式を採用する限り、「商品」の「属性」ないし「素材」は、後述するように、「直接的欲求が相対的に多く集中する」ような現象と同様に、第Ⅱ形態から第Ⅲ形態への移行における一つの独自的な「要因」ではなく、その結果とみなければならない。

したがって、移行の鍵は、特定の「等価形態」を求める現象がなぜ個々の「商品所有者」の間で生じ、特定の「商品」を「共通の等価物として排除」する「傾向」がいかなるメカニズムによって生じるかを究明することにあるといえる。この点は、とくに「商品流通の歴史的発展の過程」を「理論的に昇華させる」というような方式でもって説く必要はないように思われる。

それに反して、岡部［1996］：第一節は、個別商品所有者の私的欲望を移行の機制とする従来の移行方式の盲点に着目している。そこで、岡部は、「各商品所持者が自らの欲望の充足を目的に交換要求を行なうとき、そこに共通のものを措定することは、論理的に不可能であろう」とし、「誰もが受け取りを拒否しないモノ」から「誰もが欲するモノ」を導出することで、従来の移行方式を反転させている(18)。

本書でもやはり「誰もが欲するモノ」が一般的等価物の生成における積極的な契機をなしえないという見解に異存はない。だが、第Ⅱ形態から第Ⅲ形態の移行にあたって注目すべきは、「誰もが……」→「誰もが……」というような集団レベルの事象ではなく、むしろその基層レベルで起こる〈こと〉ではないだろうか。それは、「誰もが受け取りを拒否しないモノ」の存在そのものではなく、そのような集団レベルの行動様式にまで押し上げる基層レベルのモメントは何かということである。最後に、この点について立ち入って検討してみよう。

前節では、第Ⅱ形態におけるリンネル所有者の第一の戦略（次善の策への旋回）と第二の戦略（間接交換）とがいかなる困難に遭遇することになるのかについて検討したが、前者の場合には、商品所有者は、価値表現の展開の臨界点（特定品目）に達することで、価値表現の展開を一時的に休止させられ、自分の所持する商品の保管・管理を余儀なくされた。また後者の場合においても、商品所有者は、価値表現の展開における量的かつ質的なミスマッチ—超過・不足の発生または状況の変化—からはみ出る残余分の保管・管理を余儀なくされることになる。

いずれの場合においても、個別商品所有者としては、自分の所持する商品を当分の間保管・管理せざるをえない。そのため、その商品の直接的消費対象性をいかに維持・保存すればよいのかということが懸案となるが、だからといって、その状態を保ち続けたり、必要に応じて交換したり消費したりすればよいということにはならない。そこには、当然手間がかかるからである。各商品ごとにかかる手間は異なるとはいえ、他人のための使用価値としての商品を保管・管理し続けることは、個別商品所有者にとっては相当な負担となる。

さらには、自分の所持する商品の保管・管理にあたっては、使用価値の劣化現象が起こりうる。第Ⅱ形態から第Ⅲ形態への移行以前の価値関係は、直接的消費対象性だけを有する商品同士から成り立っているため、そこで行われる個別的で恣意的な価値表現は、とくに需要低下といった私的欲望の変化による社会的劣化に対しては無防備になり、たとい「二〇ヤールのリンネル＝一着の上衣」というような価値表現が現時点において価値実現をみたとしても、それ自体が将来の価値表現の展開にあたっての判断基準になるとは限らない。

それだけでなく、商品体の自然的属性の損傷や毀損というような自然的劣化が生じた場合、「二〇ヤールのリンネル」をもってしたリンネル所有者の価値表現は、時間を経れば全く意味をなさなくなり、次に交換の意思表示にあたって提供しなければならないリンネルの量は、二五ヤールまたは三〇ヤール……になってしまうことで、結局最後には価値表現の展開自体を不可能にしかねない。

このような商品の社会的劣化および自然的劣化は、商品を商品たらしめる直接的消費対象性の全方位的な喪失過程に他ならず、商品が商品としてあり続けることを妨げる。いってみれば、商品の自己否定である。

個別商品所有者の手元にとどまっている商品の保管・管理は、他の直接的消費対象と引き換えるためのものであって、その逆ではないが、それ自体に付きまとう不都合(手間/劣化)から自由になれない以上、個別商品所有者としては、自分の所持する商品の処分に腐心せざるをえない。それは、自分の商品をもって他の直接的消費対象を求めたり、単に自分のための使用価値として用いたりするような消費衝動と無関係に、とりあえず他の商品と取り替えさえできれば良いというものである。

具体的な対象を特定するつもりはないが、あえてたとえるなら、魚所有者が一応商品体の腐敗―自然的劣化―に対処する一環として、毛皮や貝殻などとの引き換えに乗り出すというような状況をイメージすればよいかもしれない。そうした行為には、個別主体の消費衝動とは相容れない価値表現の展開のもう一つの機制が働いていると考えられる。この類の防御的な取り替えをここでは純粋保有と呼ぶことにする。

純粋保有は、個別商品所有者にとっての積極的な消費衝動というよりも、消極的な防御機制に近い。自分の所持する商品の処分に迫られている個別商品所有者が、それらを一旦、それ自身の消費衝動と無縁な他の商品に取り替えることができれば、そこから二つの効果が期待されうる。第一に、商品価値の持続的な保蔵であり、第二に、商品交換（交換要請）の再開である[19]。

ただし、両方の効果は、決して別個のものではない。なぜなら、さしあたり他の商品への取り替えが、商品の内なる交換性質としての価値を、比較的長期間にわたる保蔵を可能ならしめれば、それは結果的に、価値表現の展開における個別商品所有者の一定の交換力を維持・保存し続けることになるからである。そうすることによって、将来の商品交換（交換要請）を再開しうる可能性も得られるようになるだろう。

こうした商品所有者の行為は、自分の所持する商品の保管・管理上の負担を相対的に減らそうとする回避動機からなる消極的な防御機制として現われながら、同時にその商品の価値の大きさを比較的長期間にわたって一定の水準に保たせることで、将来の商品交換（交換要請）に備えようとする手段動機をも満たせるものに他ならない。自分の消費衝動と無縁な商品または商品群への取り替えを通じた商品価値の保蔵が商品交換の持続可能性を高めるのである[20]。

そうした中で、個別商品の持続的な保管・管理の困難からの逃げ場かつ一時凌ぎとして幅広く採択・採用されれば、消極的な防御機制としての純粋保有は、積極的な所有衝動として昇華されることになろう。すなわち、商品保管・管理上の不都合を即時に回避させられるものへの需要は、商品社会の集団的傾向性を通じて一般性を獲得し、それらのものへの需要に転換されることになる。

この過程を通じて徐々に輪郭を現す、一般的等価物の候補または候補群は、私的欲望の集団的なシンボルと相容れないものというべきである。なぜなら、そこでは、特定品目に対する消費衝動が一旦揚棄され、商品価値の持続的な保蔵が図られることで、結果的に、直接的交換可能性の直接的消費対象性からの自立が可能になるからである。かくして、第Ⅱ形態から第Ⅲ形態への移行以前の等価形態にみられるような両規定の一時的な共生関係は形骸化され、その直接的消費対象性もまた漸進的な希釈過程に入ることになる。(21)

――小括――

最後に、以上の考察をふまえて、貨幣生成の論理構造における信用貨幣の生成可能性について述べてみたい。

一般に価値形態論では、相対的価値形態に立つ商品の価値表現とその価値実現とを可能ならしめる等価商品は、貨幣商品（現物貨幣）の萌芽形態として捉えられてきた。だが、たとえば「p量の商品X＝q量の商品Y」というような価値表現の形態はもとより、商品X所有者が手元にある「p量の商品X」をもって商品Y所有者と商談を進めている場面を投影しているものではない。「q量の商品Y」への価値表現は、第一節で論じたように、商品X所有者の交換品目リストの優先順位に沿って展開される、恣意的な交換要請でしかないからである。

それゆえそこには、当然のことながら、等価形態に置かれる商品の現物形態そのものに対する厳格な規定力をもっておらず、ひいては交換方式を原理的に特定することなどできない。とすれば、価値形態論の枠内においても、いわゆる信用貨幣の萌芽形態が想定できるようになると考えられる。

今、商品Y所有者は、「q／2量の商品Y」しか持っていないため、残りの「q／2量の商品Y」は一定期間後に引き渡すという支払約束を締結し、商品X所有者から「p量の商品X」を譲り渡されたとしてみよう。ここでは、交換時点で引き渡された「q／2量の商品Y」も、また一定期間後に引き渡される予定の「q／2量の商品Y」も、等価商品の授受時点の相違（即時か将来か）はあるが、いずれも等しく商品Xの価値表現を可能にし、また実現させうるものに他ならない。いいかえれば、商品Yの価値を、その現物形態と結びつけるか、もしくは債務の形で外化させるかを問わず、商品Xの価値は表現され実現されるということである。

ただし、「q／2量の商品Y」の価値を体現する支払約束を直ちに信用貨幣の萌芽形態として捉えるわけにはいかない。というのは、第二節で論じたように、第Ⅱ形態と第Ⅲ形態との間には、質的断絶が存在するからである。すなわち、第Ⅱ形態から第Ⅲ形態への移行以前の段階において、その表舞台に登場する相対的価値形態側の諸商品には、他人のための使用価値としての直接的消費対象性以外の規定はもとより付与されていない。

他方、第Ⅱ形態から第Ⅲ形態への移行の段階では商品所有者は、第三節で論じたように、自商品の価値を他の商品体に移転する方式で、それ自身の交換性質の持続的な保蔵を図りうることになり、そこから特定品目が直接的消費対象性の希釈とともに登場する。そうして、そこでは、直接的消費対象性だけを保持し続ける商品群と、直接的消費対象性が極力希釈されつつある商品群とへの両極分化が生じるということになる。

このように、商品Y所有者の支払約束は、「p量の商品X」の価値実現時点で譲渡された「q/2量の商品Y」と同様に、「p量の商品X」の占有状態の変更を可能にする商品交換の媒体として機能するものではあるが、それ自体が直接的消費対象性の定在と結びついた債務であるならば、そこには、直接的交換可能性の自立はもとより封鎖されるようになる。

それに反して、商品X所有者が「q量の商品Y」を「p量の商品X」の価値の移転・保蔵の対象として求める場合には、その債務(q/2量の商品Y)は、潜在的ではあるが、直接的交換可能性の定在としての自立が可能になると考えられる。したがって、信用貨幣の生成可能性は、信用売買そのものの成立いかんによるというよりも、直接的消費対象性の希釈を伴う直接的交換可能性の自立いかんによっているということがわかる。このことは、信用貨幣が貨幣生成の論理構造から抽象可能な形態であることを示唆するものに他ならない。

ただし本章では、信用貨幣の生成について十分な検討がなされていないがゆえに、一般的等価物を交換性の定在として捉えてきた従来の貨幣観の再考と共に解明すべき課題として第四章と第五章で詳しく見ていきたい。

【注】

（1）向坂・宇野編［1958］：第二回・第三回、宇野［1969a］：一〇二～一一五頁、川合［1977］：五～七頁、佐藤編［1977］：一五一～一五四頁。

（2）山口［1987］：三～一五頁、植村［1992］：一一三～一一六頁。

（3）Marx［1890］: S.79。

（4）山口系一［1999］：二五～四一頁、岡部［2006］：一七～二八頁。

（5）宇野［1996］：一三七頁、宇野［1973］：三五頁。

（6）宇野［1996］：一三八～一四一頁、宇野［1974］：一八九～一九三頁。

（7）そうだとすれば、価値形態論における最初の移行は、実は移行と呼ぶことのできないものとなる。これについて、奥山［1990］は、「簡単な価値形態は、拡大された価値形態の一つの構成要素に過ぎない」（二七五頁）と繰り返して強調し、「形態Ⅰから形態Ⅱへの移行問題は、存在しないことになる」（二八八頁）と結論づけている。確かに、「形態Ⅰ」が「形態Ⅱ」の「一つの構成要素」である限りでは「移行」は行われないといわねばならない。但し、ここで留意すべきなのは、前者が後者の単なる「一つの構成要素」と簡単にいえないということである。本文で述べているように、「形態Ⅰ」は、相互区別がつかない「構成要素」として「形態Ⅱ」のなかに組み込まれているわけではないのであって、各々の「構成要素」の関係を相等性の原理に基づき捉えることはできない。したがって、「比喩的にいえば、この移行は全体の暗い舞台の上で、ある商品所有者の一部の行為にだけスポット・ライトが照射されていたもの（第Ⅰ形態）から、そのライトがこの商品所有者の行為全体にまで及び、それらが明るみに出された状態（第Ⅱ形態）ということになる」（田中史郎［1991］：一三九頁）。

（8）交換過程論ではマルクスは、「x量の使用対象A＝y量の使用対象B」にあたって「AとBという物はこの場合には交換以前には商品ではなく、交換によってはじめて商品になる」と述べているが、それはあくまでも、「物」を「直接的生産物」とする措定においてであった（Marx［1890］: S.102）。この点について、永谷［2010］は、商品交換のような商品所有者間の「特殊関係の中に入れられれば、たとえ生産物でなくとも、どんな使用価値でも商品となる。水、土地のような非生産物、骨董品、人間、サービスのようなものも、使用価値としてこの関係の中に放り込まれれば、商品化し、市場の一画をなすことになる。このことは、商品論の商品は生産物ではない、ということを主張しているわけではない。その使用価値が何であるかを問わないという点にこそ、商品形態の特質がある、と主張しているのである」（三二頁）と言明している。要するに、「商品」は、「特殊関係」下におけるモノの特殊形態に他ならないということである〔田中［2017］：八八～八九頁〕。本章でも、モノは、有・無形の財や資源、権利などのようなものをも含めて、必ずしも貨幣を前提としているわけではないとするが、それを富や資産のような潜在的な商品として捉えうるのは、貨幣形態の成立以降、つまり換金概念（貨幣商品との交換）が成り立ってはじめて立証できるものとみている。

（9）小幡［2009］：三八～三九頁。
（10）江原［2018］：五七～五九頁。
（11）いうまでもないが、すべての形容詞は、相対性を本然の性としている。たとえば、〝（X）が欲しい／早い／高い……〟というのは、（X）以外の他のものよりも〝（X）が欲しい／早い／高い……〟ということを意味する。ここで発信者が（X）以外の他のものを明示しているかどうかは全く無関係である。
（12）佐藤編［1977］：一七八頁、永谷［2013］：六四～六六頁。
（13）宇野［1974］：二八八～二九二頁、菅原［2012］：二〇～二三頁、小幡［2016］の第二節。
（14）山口［1987］：八三～一〇一頁。
（15）佐藤編［1977］：一八二頁。
（16）伊藤［1989］：三〇～三二頁。
（17）江原［2018］：六一～六二頁。
（18）岡部［1996］：第二節・第三節、岡部［1995］：七五～八一頁。

(19) 他方で、奥山［1990］は次のような見解を示している。「山口『原論』の場合には、拡大された価値形態の等価形態に立つ商品は、すべて直接の消費の対象のみ想定されていた。保蔵のための需要や媒介性は、交換の動機に含まれていない。しかし、保蔵のための交換、という動機が、経済人にそぐわないとして想定から排除される必要はない」（三四四頁）。本章もまた「保蔵のための交換、という動機」が「経済人にそぐわない」とは限らない、ということに異存はない。だが、そこでいう「拡大された価値形態の等価形態」に置かれる「保蔵」の「対象」そのものは、「直接の消費」の言い換えとみるべきではなかろうか。仮にある「経済人」が「保蔵」の「対象」を第一順位に、「直接の消費の対象」を第二順位としている場合、第一順位の「対象」との「交換」に失敗したならば、そうした「需要」はしばらくの間留保されうるし、そこから第二順位の「対象」への旋回が行われることもありうる。これが可能なのは、それらが基本的に積極的な所有衝動をベースにしているものだからである。そこには、徐々にか一気にかなどといった消費行為の終結時点の相違はあるにせよ、いずれも私的欲望の優先順位によって格付けされているものといわなければならない。結局そこから行き着く帰着点は、私的欲望の集団的なシンボル——いわば人気商品——を高次化したものとしての一般的等価物に他ならない。

(20) 菅原［2012］によれば、「彼の茶に対する欲望は茶を消費しようという自然的・本来的な欲望ではなく、市場で商品を交換しようとする行動の中であらたに生じたものである。これは、社会化された欲望、厳密にいえば市場という関係の中での社会化された欲望であるということができる」（二五頁）。確かに、「社会化された欲望」は、「自然的・本来的な欲望」から屈折したものではあるが、商品経済の他者迂回性からみれば、「茶」自体は、間接交換に用いられる媒介商品と同類のものといわなければならない。つまり、多数の商品所有者から需要されるものだけでなく、間接交換に用いられるものも「社会化された欲望」の対象として捉えることができる。そうだとすれば、「社会化された欲望」は、必ずしもはじめから「社会化」されている必要はなく、個別商品所有者レベルにおいても、無数の多種多様な「社会化された欲望」がありうる。そこから一般的等価物を導き出すのは、事実上不可能に近い。このように、一般的等価物自体が、商品交換の媒介手段として用いようとする商品所有者の手段動機—「社会化された欲望」—を満たせるものだからといって、多数の商品所有者から需要されるものが、そうした機能を直ちに実装することになるとは思われない。

(21) 他方で、吉沢英成［1981］は次のように述べている。「われわれが理解に苦しむ理由は、第Ⅱ形態から第Ⅲ形態への転化には論理的展開の契機そのものの転化が含まれているからである。前者では相互関係の全面的展開が、後者には統一性の展開がそれぞれ含まれている。つまり貨幣形態への価値形態の展開は、相互関係の契機が統一性の契機へと転化するかどうかにかかっている。だが、前者はいわば横の関係であり、後者は縦の関係である。この二つのあいだでの移行・転化は成立しにくい」（一四〇頁、傍点は原著者）。要するに、価値形態論における「横の関係」と「縦の関係」とは相互異質的な世界に根を下ろしており、ゆえに「前者」から「後者」への「移行・転化は成立しにくい」ということである。とすれば、吉沢の批判は当を得ているといってよい。なぜなら、従来の価値形態論では、商品交換・交換関係の単一相をもって「横の関係」と「縦の関係」との質的断絶の穴埋めが試みられてきたからである。しかし他方で、そこには、「相互関係の全面的展開」の否定を移行の機制とする「統一性の契機」がひそんでいるということを、本章の考察を通じて確かめた。その意味で、価値形態論内部における「二つ」の世界は、「横の関係」から「縦の関係」への「移行・転化」によってはじめて、それぞれの存立根拠を有することになるといえよう。

第四章　貨幣の内なる二面

本章は、商品論の貨幣像についてのこれまでの認識を再考する一環として貨幣の内なる二面を原理的に抽象しようとするものである。

前章で考察したように、貨幣生成の論理構造は、一般的等価物が交換性の定在として現われるとは必ずしも限らないということを示唆する。ここでは、前章での議論を踏まえ、貨幣商品に内在する交換性と保蔵性との回路を抽象し、従来の商品論・貨幣論が採用してきた貨幣像および市場像を捉え直すことで、信用貨幣の理論的な土台を構築しようとする。

宇野学派の原理論研究では一般に、貨幣蓄蔵は、『資本論』の貨幣論と同様に流通手段の機能展開を通じてその契機を与えられるものと想定される。[1] ところが、こうした想定は、価値の保蔵を自己目的化する蓄蔵本然の意義を覆い隠しているようにみえる。実際に、『資本論』の蓄蔵貨幣論に示されている貨幣蓄蔵の契機は、必ずしも流通手段論の延長線上で一律に記述されているとは限らない。[2]

そこには、流通手段論とは直ちにリンクしない契機が散見されており、貨幣蓄蔵は何によって行われるのかについては、検討の余地があるように思われる。したがって、そのためには貨幣蓄蔵の機制を原理的に吟味し、商品としての貨幣とは相容れない富としての貨幣の原型を抽象することが求められる。

本章の構成は、以下のとおりである。まず第一節は、蓄蔵貨幣論における貨幣蓄蔵の契機とその本意を問い直すものであるが、その前半ではマルクス蓄蔵貨幣論を検討の対象とし、貨幣蓄蔵の二つの契機を峻別する。それに続いて、後半では貨幣蓄蔵についての宇野弘蔵の方法論的展開を考察し、問題の所在を把握する。

第二節では、従来の富概念の理論的不備に着目し、商品論・貨幣論の再構築を試みた立論を考察の対象とするが、その前半では、貨幣固有の資産性概念に立脚して従来の貨幣像／市場像を捉え直した沖公祐の立論を検討し、後半では、それとは異なる見地―富の世界と商品世界との間のダイナミズム―から従来の貨幣像／市場像を捉え直した小幡道昭の立論を検討する。

第三節では、両者の立論によって打ち出された富概念の盲点を指摘し、価値形態論の枠内において貨幣の内なる二面を抽象する。

最後に小活では、以上を踏まえ、原理論的見地から富概念を再規定し、富と貨幣の関係について述べることとする。

第一節　貨幣蓄蔵の二つの契機

マルクスは『資本論』第一巻第一篇第三章第三節「貨幣」の「a 貨幣蓄蔵」の冒頭で、次のように述べている。

「商品流通そのものの最初の発展とともに、第一の変態の産物、商品の転化した姿態または商品の金蛹（さなぎ）を固持する必要と熱情とが発展する。商品は、商品を買うためにではなく、商品形態を貨幣形態と取り替えるために、売られるようになる。この形態変換は、物質代謝の単なる媒介から自己目的になる。商品の離脱した姿は、商品の絶対的に譲渡可能な姿またはただ瞬間的な貨幣形態として機能することを妨げられる。こうして、貨幣は蓄蔵貨幣に化石し、商品の売り手は貨幣蓄蔵者になるのである。／商品流通が始まったばかりのときには、ただ使用価値の余剰分だけが貨幣に転化する。こうして、金銀は、おのずから、有り余るものまたは富の社会的な表現になる。このような貨幣蓄蔵の素朴な形態が永久化されるのは、かたく閉ざされた欲望範囲が伝統的な自給自足的な生産様式に対応している諸民族の場合である。たとえば、アジア人、ことにインド人の場合がそうである。」

（Marx［1890］：S.144）

マルクスのいう「商品流通そのものの最初の発展」が具体的にどの時点を指しているかについてはさほど定かではないが、その前節「流通手段」の内容を勘案すれば、最初の段落では「物質代謝の単なる媒介」次元の「商品流通」から一層進んだ段階で議論が展開されていると解される。そこでは、これまで可視化されていなかった「貨幣蓄蔵」への「必要と熱情」が徐々に頭をもたげるにつれて、「貨幣は蓄蔵貨幣に化石し、商品の売り手は貨幣蓄蔵者になる」とされている。

これに対して、続く段落では、「商品流通が始まったばかりのとき」から「使用価値の余剰分」を「貨幣に転化」する「貨幣蓄蔵の素朴な形態」が「有り余るものまたは富の社会的な表現」として現われるとされ、「物質代謝」の「媒介」を中断することで堆積される前段の「蓄蔵貨幣」とは層位を異にする「貨幣蓄蔵」の契機が提示されている。そして、最後のところでは、この「形態」と関連して「伝統的な自給自足的な生産様式に対応している諸民族」の例が、「商品流通」の「発展」の停滞性を示す歴史的事例として取り上げられている。

みられるように、「貨幣蓄蔵」の叙述において前段と後段との意味内容は、必ずしも一致しているわけではないことがわかる。前段ではマルクスは、「物質代謝」の媒介項としての「貨幣」と「蓄蔵貨幣」を、「商品流通そのものの最初の発展とともに」並行する先後関係の概念として想定しながら、後者への傾向が徐々に可視領域へと入ると論じている。要するに、流通手段論の議論とのつながりを保ちながらも、同時にそこから「貨幣蓄蔵」という新しい契機を引き出しているのである。

それに反して、後段の内容は、流通手段論の議論から事実上断絶されており、「貨幣蓄蔵」の内部論理そのものからなる議論としての性格が色濃い。というのは、後段においては「貨幣蓄蔵の素朴な形態」以外の、つまり前段で述べている「物質代謝」を「媒介」するなどの「貨幣形態」はもとより想定されていないからである。そこでは、「使用価値の余剰分だけが貨幣に転化する」方式としての「有り余るものまたは富の社会的な表現」が「貨幣蓄蔵」の契機として措定されているだけである。それによって得られる「貨幣」は原理的には、前段のそれとは似て非なるもののように思われる。

もっとも、「商品は、商品を買うためにではなく、商品形態を貨幣形態と取り替えるために、売られるようになる」というような前段の展開は、ある種の守銭奴的な「貨幣蓄蔵」を連想させる。[3]これについて、マルクスは、「黄金呪物のために自分の肉体の欲望を犠牲にする」もの、「禁欲の福音を真剣に考える」もの、または「勤勉と節約と貪欲と」を自身の「主徳」とするものとして描写している。[4]

確かに守銭奴は、「たくさん売って少なく買う」[5]ことで「貨幣」をストイック的に貯め込むだけである。「貨幣」は、守銭奴にとってもはや「購買手段として享楽手段」[6]ではなくなるということになるから、守銭奴こそ真の「貨幣蓄蔵者」とみなしてよさそうである。

しかし、守銭奴にとっての「貨幣蓄蔵」はあくまでも、アプリオリに存在する「享楽」を否定する形で行われる。すなわち、守銭奴の貯め込み方は、「享楽」に対する自己制御をベースにしている。その代わりに、守銭奴は、新しい「享楽」に耽溺する。それは、必要な時はいつでも「商品」を手に入れることのできる状態(可能性)に他ならない。そのような状態への渇望は、「購買手段」に対する強い拘泥として表出されることになる。[7]

その一方、後段の場合においては「貨幣蓄蔵者」は、守銭奴のように「購買手段」としての「貨幣」

をかき集めているわけではない。守銭奴の「貨幣蓄蔵」が〝買わない〟という無言の宣言から触発されたものであるのに対して、後段の「貨幣蓄蔵」は、「余剰」を「貨幣」に「取り替え」ようとする「目的」から触発されたものといえる。すなわち、そこでは、「貨幣」を「有り余るものまたは富の社会的な表現」の対象として扱っているという点で、「蓄蔵」本然の「目的」を追求していると考えられる。

ところが、後段の「貨幣蓄蔵」についてマルクスは、引用中の最後の例のように前資本主義的なものとみなし、原理的にはそれ以上の考察を進めないまま、事実上貨幣蓄蔵の基本規定から排除してしまう。その結果、「蓄蔵貨幣」は、周知のように、前段の議論に即して購買を中断し留保するもの、また購買を準備し対応するためのものとして措定され、直前の流通手段論と直後の支払手段論を架橋するものとして位置づけられることになる[8]。

このように、蓄蔵貨幣論冒頭で示される「貨幣蓄蔵」の相異なる二つの契機は単に、商品経済の発展史的立場で峻別されているだけであるが、その限りでは、貨幣における商品としての貨幣――「購買手段」――とは相容れない富としての貨幣――「蓄蔵貨幣」――の側面を浮き彫りにすることはできないといわざるをえない。

そこで次に、貨幣蓄蔵機能に関する宇野弘蔵の所説を検討してみよう。宇野［1973］は『経済原論』第一篇第二章第三節「貨幣」の「A 蓄蔵貨幣」の冒頭で、次のように述べている。

「商品流通過程における個々の商品の形態転換W－G－W'は、前にも述べたようにW－GとG－W'とに分離し得る。しかもG－W'は、W－Gが他の商品のG－WとしてのGの能動的なる購買手段としての機能によるのと同様に、いつでも能動的に購買手段として発動し得る貨幣の機能である。このことから商品流通のある程度の発達と共に必然的に貨幣は、それ自身富として商品に独立した地位を占めることになる。Ｗ－Ｇ－Ｗ'の過程の中から貨幣はいつでも他の商品を買い得る富として、その獲得自身を目的とするものになってくる。」（六四頁）

宇野はここで、「商品流通のある程度の発達」を前提にして「個々の商品の形態転換Ｗ－Ｇ－Ｗ'」が「Ｗ－ＧとＧ－Ｗ'とに分離し得る」と説いている。そこからはみ出る「貨幣」は、「いつでも能動的に購買手段として発動し得る貨幣の機能」を備える「富」として蓄蔵される。その過程において、「富」としての「貨幣」は、「商品に独立した地位を占める」ものとして位置づけられる。

このように、「蓄蔵貨幣は、少くともその本来の形をとるものとしては、再び流通過程に帰ることを目的とするものとはいえないが、しかしそれでさえ結局はなんらかの理由によって流通過程に入り、貨幣量調節の機能をなすものといってよい」[9]。しかしまた同時に、宇野は、そこでは「貨幣としての貨幣がかくの如き流通過程への復帰の方向をとっている場合、貨幣は資金となる」[10]と述べている。すなわち、「資金」は、「流通過程への復帰」に方向づけられた「貨幣」として、「蓄蔵」そのものを「目的とするもの」ではないということである[11]。実際に、「資金」は、宇野［1973］自身が同章第二節「流通手段としての貨幣」の末尾で「流通手段として過剰となった貨幣は、もはや単なる商品となるわけではない。依然として商品自身に対立した地位にあり、いつでも商品を購入し得る資金としての機能を展開する。貨幣はいわば個々の特殊の商品の流通に対して一般的商品として『貨幣』となるのである」（六三〜六四頁）と述べているように、「商品」の「購入」に充てられる「貨幣」の姿で現われることになる。

この点からすれば、「資金」は、ひとまず「蓄蔵貨幣」の外観をとってはいるが、「商品」の「購入」という「目的」によって貯め込まれている以上、「蓄蔵貨幣」―「富」としての「貨幣」―とは似て非なるものといわなければならない。

それに反して、「富」としての「貨幣」自体は、「蓄蔵」を「目的とするもの」としてさしあたり「流通」と無関係に実在する。確かに、「富」としての「貨幣」は、「いつでも他の商品を買い得る」ものではあるが、だからといって、その「形態」が「資金」のように「商品」の「購入」にコミットしているとは限らない。そこには、「貨幣」を「富」として「蓄蔵」しようとする「目的」以外の「目的」はないからである。ゆえに、「貨幣」がはじめから「商品＝W'」を「購入」するために蓄えるのであれば、それは「富」というより、「資金」として捉えたほうが適切であろう。[12]

そうだとすれば、「富」の概念規定は、「商品」の「購入」に充てようとする目的が至極消極化され、かつ形骸化されているからこそ、他の貨幣機能とは両立しえない独自の領域―蓄蔵という単一の目的の領域―を構築することになるのではないか。宇野［1973］はこれに関して、次のように述べている。

「いつでも商品を買い得る富というのは、もはや単なる使用価値としての富ではない。商品経済的富である。いい換えれば特定の内容を持たない一般的富である。一般に本来的なる富としての使用価値の剰余は、商品経済の発生の根拠をなすものといえるであろうが、ここでは反対に商品経済を基礎にして、その使用価値を目的としない貨幣としての金、銀が富となる。使用価値としての富は消費せられざるを得ないので、その蓄積には自ら限度があるが、貨幣としての富はそのままでは消費せられないで無限に蓄積せられ、増加せられる形態を与えられている。」

（六四〜六五頁）

宇野によれば、「商品経済的富」ないし「一般的富」は、「その使用価値を目的としない」ものとして「蓄積」される。これは、「使用価値としての富」が「消費せられざるを得ないので、その蓄積には自ら限度がある」のに対して、「特定の内容を持たない」がゆえに、「無限に蓄積せられ、増加せられる形態を与えられている」といわれる。[13]「貨幣としての富」は今や、「いつでも商品を買い得る」という形式だけを体現しているのであり、その限りで「資金」とは相容れない独自の領域を形づくるということになる。

さらにまた、そこでは、「貨幣」自体に「蓄積」以外の「特定の内容」の制限が課されていないからこそ、新たな展開を生み出すことも可能になると考えられる。すなわち、「商品経済的富として貯蓄される貨幣は、必ずまた商品を売って利益をうるために、商品を買うということに、いいかえれば富の増殖のために使用されることになる。W－G－W'に対し、G－W－G'の新たなる流通形式が展開される。貨幣はかくして資本となるのである」[14]。

これによれば、「G－W－G'の新たなる流通形式」は、「特定の内容を持たない一般的富」が「富の増殖のために使用される」ことではじめて展開される。[15]そこで、「商品経済的富」＝「一般的富」は、常に「資本」への転化可能性を孕んでいるものとして措定される。しかしながら同時に、宇野［1974a］：三一八頁は、そのような「流通形式」が「資金としての貨幣の特殊の使用方法」として現われる、「世界貨幣」と結びついていることを述べている。

ところが、われわれはこの種の「流通形式」が「資金としての貨幣」それ自身の機能に由来するものではないことに留意する必要があろう。というのは、それは、いつか「購買」のために使用されるという「特定の内容」を持っているのであり、したがってまた、そこでは、「商品を売って利益をうるために、商品を買う」という「新たなる流通形式」への展開は期待し難いからである。

このように、宇野の蓄蔵貨幣論は、「特定の内容」に縛られる「資金としての貨幣」と「特定の内容を持たない一般的富」という異質的な二つの理路をもっているのであるが、前者の「貨幣」は、「購買」（G－W'）でその展開が終結するのに対して、後者の「貨幣」は理論上、「無限」な展開をみることができる[16]。もちろん、後者の理路が必ずしも「G－W－G'の新たなる流通形式」に帰着するとは限らない。それはあくまでも一つの可能性に他ならず、場合によっては突然「商品」の「購買」のために充てられることもありうるであろう。

しかしたとえそうであっても、「特定の内容を持たない一般的富」は、「その獲得自身を目的とする」のであって、将来の「購買手段」―信用売買の場合には支払手段―として獲得される「貨幣」とは相容れないといわざるをえない。商品W所有者は随時、将来の購買（G－W'）とは無関係に「内容」なき「貨幣」を蓄蔵するために獲得しようとする展開を企てることができるし、またそこでは、「特定の内容を持たない一般的富」が「資金としての貨幣」に先行することもありうる。

すなわち、両方の議論は、互いに独立的なかつ独自的な領域にあるのだが、宇野の場合、それらを同一線上にあるものとして捉えることで、「商品経済的富」＝「一般的富」それ自身の存立根拠を不明確にするだけでなく、「新たなる流通形式」の成立における首尾一貫性を欠くこととなったといわざるをえない。

以上の考察より、宇野の蓄蔵貨幣論は、「いわば流通に対立した『貨幣』」[17]を蓄蔵貨幣の基本モデルとしながらも、それ自身の目的を異にする二種類の「貨幣」、つまり「資金」と「富」を同一カテゴリーのなかに組み込んでいることがわかる。[18]結局、「資金」と「富」との間の不明確な境界線は、蓄蔵を自己目的化する「商品経済的富」＝「一般的富」―富としての貨幣―を、「資金としての貨幣」―商品としての貨幣―と関連づけて理解させることで、その独自性を大いに損なうことになる。

だが、これまでの考察から明らかなように、富としての貨幣は、商品としての貨幣の側面を剥ぎ取ることのできない資金とは相容れない、蓄蔵貨幣本然の姿を宿している。[19]換言すれば、貨幣蓄蔵の原初的契機は、貨幣そのものが本来富と深く結びついているということを示唆する。[20]したがって、われわれはその契機を商品論次元から考察し、富の原型を抽象することで、単純な商品流通に通底する貨幣像／市場像を捉え直す必要があると思われる。

第二節　富の外来性と富の過剰性

宇野学派の原理論研究は、蓄蔵貨幣論における宇野の方法論的展開の不明確さを払拭し、さらなる刷新をはかってきたが[21]、とりわけ近年においては、富と貨幣との関係を捉え直すことで、従来の商品論・貨幣論の論理構成およびその展開を相対化しようとするアプローチが試みられている。それらの立論は、原理論における富概念の理論的不備に着目し、新たな貨幣像／市場像を打ち出そうとする点で、いずれも同様の視座を共有しているといってよい[22]。

本節では、そうした理論的潮流を背景にしながら、沖公祐と小幡道昭との立論に焦点を絞って貨幣の内なる二面について考察する。ここではまず、富と貨幣の結びつきについての沖公祐の所説を検討してみよう。

沖［2012］は、「貨幣の資産性を把握するためには、マルクスの蓄蔵貨幣概念の定義に訴えるだけでは決して十分とは言えない」（一二一頁）とし、その後段部分を引用して次のように述べている。

「（i）（＝「商品流通が始まったばかりのときには、ただ使用価値の余剰分 Überschus だけが貨幣に転化する。こうして、金銀は、おのずから、有り余るものまたは富の社会的な表現になる。」（一二一頁）：引用者）から引き出すことができるのは、『資本論』においては、『余剰』のある社会が想定されているということである。『資本論』冒頭で述べられる、資本主義社会の富としての『巨大な商品集合』(KI:49)には、こうした余剰が本来的に含まれている。ここで言う余剰とは、自分の必要を上回る余剰を別の必要と交換するという意味での相対的な余剰ではなく、必要に対する欲求に対応していないような絶対的な余剰を指す。市場には、必要物を入手するためだけでなく、必要を超える余剰を得るためにも商品が投じられるのである。」(一一二頁)

沖によれば、「蓄蔵貨幣概念」は、「『資本論』冒頭」の商品概念に即して捉えなければならない。すなわち、ここで沖は、マルクスが取り上げた「貨幣蓄蔵の素朴な形態」を積極的に評価しながら、単に「必要物を入手するため」の経路とは相容れない、「必要を超える余剰を得るため」の経路を抽象し、そのことから「資産としての貨幣」(一一五頁)概念を引き出している。この「貨幣」は、「資産が商品としてではなく、貨幣として保有される」(一一二頁)さいの「形態」、つまり「余剰の保蔵形態」(一一八頁)として位置づけられる。

したがって、「絶対的な余剰」において「余剰」は、「相対的な余剰」においてそれが「自分の必要」と対応する「必要物」に入れ替えられるのに対して、直ちに「欲求に対応していない」ものと交換され、「必要を超える余剰」として所有者の手元に「保蔵」される。[23] 沖はこの「形態」を根拠として、従来の貨幣論の論理構成に異議を申し立てる。

「このような貨幣固有の資産性を視軸にして市場を眺めるならば、必要と余剰の捉え方が、通常の推論と逆になってくる。すなわち、予め必要に対する欲求が確定したうえで販売がなされ、続く購買に伴って偶然的に生じた残余が受動的に蓄蔵貨幣になるというのではない。貨幣の資産性に牽引されるかたちで、手持ちの全商品を貨幣に換えるという欲動がまず惹起され、そのうちの必要に対応する部分が止むに止まれず購買に出動することになるのである。」（一二六頁）

これによれば、「予め必要に対する欲求（＝W'：引用者）が確定したうえで販売がなされ、続く購買」の果てにはみ出た「残余（＝貨幣：引用者）」からは「蓄蔵貨幣」の形態的根拠を求めることができない。これに対して、「手持ちの全商品を貨幣に換えるという欲動」に駆られた商品交換（W－G）こそ「蓄蔵貨幣」を形態的に根拠づける契機になると沖はいう。

このように、「蓄蔵貨幣」の契機が「流通手段」の展開によって「受動的」に与えられるものではないのであれば、両者の関係は見直される必要が生じてくるだろう。すなわち、「貨幣特有の資産性が、交換性そのものであることに由来するとすれば、マルクスの蓄蔵貨幣概念のように、それを流通手段から単純に切り離すことはできなくなる。流通手段としての貨幣と資産としての貨幣とは対立するものではなく、むしろ相補的なものである。右で見たように、貨幣が交換性でなければ、その固有の資産性もありえないが、逆に、資産性をもたない貨幣は、流通手段としても機能しえない」（同上）ということである。

「流通手段」と「蓄蔵貨幣」は、「対立するものではなく、むしろ相補的なものである」がゆえに、後者を前者から「単純に切り離すことはできなくなる」。ということは、「貨幣」は、「交換性」と「資産性」を実装することではじめてそれ自身の存立根拠を確立するということを示唆する。いいかえれば、「貨幣」は、「交換性」の定在であると同時に「資産性」の定在であるからこそ、「流通手段」なり「蓄蔵貨幣」なりの機能を果たすことができるということである。

両機能の不可分性を打ち出している沖の方法論的展開にみられるように、「蓄蔵貨幣概念」の捉え直しは、「蓄蔵」の「形態」に至る経路を遡及してそこから「蓄蔵」の受動性と能動性を峻別し、「資産」および「資産性」概念を後者と結びつける形で「余剰の保蔵形態」としての「貨幣」を抽象するものといってよい。

このように捉えかえすと、「購買（G－W'）」より「蓄蔵（W－G…）」が先に行われるといえなくもない。というのは、沖の議論において「購買」は、「絶対的な余剰」の過程を経て遊休していた、「貨幣」のやむをえない「出動」を意味するからである。このような展開は、「貨幣」が資本に先行するという「通常の推論」をひっくり返す。

貨幣生成の論理構造における「通常の推論」は一般に、「必要に対する欲求という前提から出発」（六三頁）するような「余剰と必要の交換」（六〇頁）をベースにして、その過程を媒介する〝商品〟を析出する。それゆえ当然、「流通手段」としての「貨幣」の機能が先になり、W－G－W'が単純な商品流通の初発形態として措定されることになる。

それに対して、沖説では、一方の「余剰」と他方の「余剰」との「交換」を仲介する担い手として「商人」（六二頁）の存在が想定され、その過程においては「統一された流通手段としての貨幣を必ずしも必要としない」（同上）とされる。というのも、「〈間〉という外部を遍歴する商人は、交換によって在庫品目を変化させながら、ゲマインヴェーゼンの余剰と余剰の直接交換を媒介する」（同上、傍点は原著者）からである。沖はこのような方式を「余剰と余剰の交換」（六〇頁）と呼んでいる。

このように、「貨幣」の出番が「通常の推論と逆になってくる」のは、「余剰と余剰」が「商人（＝資本：引用者）」を媒介に「貨幣」なき「交換」を展開しているからであるが、それは究極的に、「富」を「ゲマインヴェーゼン」の外部、つまり「商人＝資本」が抱え込んでいる「在庫」として措定することにつながる。

それによれば、「貨幣」は、「余剰と余剰の交換」を買って出る「商人＝資本」が「資産性」を備えた「余剰」として「保蔵」している一つの「富」に他ならない。したがって、それは、「余剰と必要の交換」から析出される「流通手段としての貨幣」とは両立しえないということである。

さらにこの点について沖は、「余剰と必要の交換」では「富」や「商人＝資本」といった外的因子を全く検討していないがゆえに、「貨幣の生成を説くことはできないのである」（六二頁）と指摘する。そこでは、「個人的欲求が単純な価値形態から貨幣形態へと至るなかで変容していくことを解明する欲求の変容論としての性格を強く帯びる」（五九頁）のであって、こういった議論から導き出されるのは所詮、「貨幣を直接的欲求の対象を得るための媒介的手段と見なす貨幣観」（同上）または「単純流通W－G－Wという表象と結びついた市場像」（同上）にすぎないというのである。

以上の考察から明らかなように、沖の議論では、商品交換が「必要を超える余剰を得るためにも」行われる点に着目することで、「余剰と余剰の交換」が理論化されると同時に、「余剰と必要の交換」によって形づくられた従来の貨幣像／市場像が相対化されている。そこで沖は、マルクスのいう「貨幣蓄蔵の素朴な形態」の解明が貨幣論次元では説明しきれないということ、また商品論次元にまで視野を広げるアプローチが求められるということを強調している。さらに、「貨幣」に対する富・資産および商人・資本の先在性に着目する沖のアプローチは、従来の価値形態論――いわば欲求の変容論――の限界を露呈させるものといってよい。

しかし他方で、「資産性」の高い「外来品」（六〇頁）として「ゲマインヴェーゼン」に到来する「貨幣」の概念規定は、「富」概念を「商人＝資本」が抱え込んでいる「在庫」に限定すると思われる。その結果、仮に「伝統的な自給自足的な生産様式」の「諸民族」の例に示される「有り余るものまたは富の社会的な表現」、つまり蓄蔵の対象として「ゲマインヴェーゼン」その内部に滞留する「富」を概念的に受け止めているとは必ずしもいえない[24]。「余剰の保蔵形態」が究極的に「資産としての貨幣」に帰着するとはいえ、その「貨幣」は、「富の外来性」（同上）を体現するものとしてのみ実在しうることになる。それゆえにやはり「富の外来性」が「貨幣蓄蔵の素朴な形態」を根拠づけることができるかどうかについては再考の余地があるといわざるをえない[25]。

そこで次に、富の世界と商品世界のダイナミズムについての小幡道昭の所説を検討してみよう。

小幡［1988］は、貨幣生成にあたって「外来性のほうはあくまで『共同体そのものの内部における最初の貨幣』に関係するものに止まるとすれば、もう一方の財産性のほうこそ、本来の商品流通の場で貨幣形態の定着を促す固有の契機となろう」（六一頁）と述べているが、これによれば、「財産性」は、「端緒の商品がもつ交換性」（同上）と対比された「予備的性格」（同上）をもって現われる[26]。すなわち、「交換の世界の背後には備蓄性を帯びた富の世界が控えている」（六二頁）のであり、そこで「貨幣」の「財産性」は、「交換性」と表裏の関係をなすということである。

「商品世界のなかから貨幣が自立する際の直接的な起動力は、その使用価値が商品所有者の直接的欲求を満たし得ないがために、他の商品との交換を求めることになるという性質にあるといってよい。しかしこのような交換性は、商品がそもそも素材的な富であるとされたことに示される、本源的な過剰性を全面的に体現するものではない。その結果、交換性に領導されて、特定の一商品が貨幣の地位を占め、貨幣価格によって一律にその交換性を表現するようになる。しかし、そのもとで、即時的な交換性の外部に広がる過剰性に独自の分岐が生じる。貨幣蓄蔵の諸契機は、過剰性一般の地平上に交換性が屹立する過程で独自の分化を遂げる。すなわち、交換性に引き寄せられるかたちで、過剰性のうちから、予備としての側面が鋳貨準備金として分離する。」（小幡［2013］：一八九頁）

これによれば、「商品世界のなかから貨幣」は、ひとまず「即時的な交換性」の定在として生まれる。それに対して、「本源的な過剰性」は、「貨幣が自立する」にあたって「直接的な起動力」として働かないが、「即時的な交換性の外部」で分岐し、やがて「鋳貨準備金」なるものが「貨幣蓄蔵の諸契機」を体現するものとして「独自の分化を遂げる」ということになる。

「貨幣」は、はじめから「即時的な交換性」を「全面的に体現するもの」として現われるが、だからといって、その「交換性」自体が「商品世界」から由来するものとは必ずしも限らない。というのは、そこで小幡は、「商品」＝「素材的な富」といった等式に示されるように、「本源的な過剰性」をそれ自身の源流として捉えているからである。

ここでいう「本源的な過剰性」とは、「商品」が「交換性」を体現するかどうか、また、「貨幣」が「即時的な交換性」を「全面的に体現する」かどうかにかかわらず、「商品世界」との関係で対他的なものとして実在する。「本源的な過剰性」と「即時的な交換性」との間の関係からすれば、「貨幣蓄蔵の諸契機」は単に、流通手段としての貨幣の機能によって一方的に与えられるわけではないことがわかる。

みられるように、小幡の議論では「本源的な過剰性」は、「交換性」が顕現する「商品世界」の「外部」に実在し、「富」もまた、「本源的な過剰性」を「体現」するものとしてその「外部」に置かれている。ただし、ここでいう「富」とは、沖のいう「富」＝「外来品」とは似て非なるものである。これについて、小幡［2013］は次のように述べている。

「商品世界のなかから貨幣が生成する過程においては、たしかに交換性に基づく価値尺度ならびに流通手段としての機能を体現する単一の貨幣への集中が鋭く進む。しかしそれは同時にまた、商品世界に内包されていた富の領域が、諸貨幣のうちに分化し再結合される過程でもある。そしてこのような富の領域の流動を理論の正面に据えるには、出発点における商品の範疇の外部に富の領域をただ設定するだけでは明らかに不充分なのである。」（一八三頁）

要するに、小幡のいう「富」は、「商品」以前の「商品」、いいかえれば「商品」の原型であり、「富の領域」は、「商品世界」の土台をなすものとして実在する。その意味で「富」は、「商品の範疇」と結びついているのであり、その「領域」もまた単純に、「商品世界」から隔離された外界を意味するわけではない。そのために「富の領域」を「商品の範疇の外部」に「設定するだけでは」、「商品がもつ交換性」および「財産性」＝「備蓄性」を明確に示すことができなくなると小幡はいう。

「富の領域」は、「不可視の領域」（一九一頁）に実在しながら、「即時的な交換性」の定在として「貨幣が生成する」につれて、「諸貨幣のうちに分化し再結合される」。その過程において、「商品世界」という「可視の領域」（同上）から生成された「単一の貨幣」＝「即時的な交換性」の定在は、「富の領域」の「本源的な過剰性」を「体現」することで「複合貨幣」（一九〇頁）に変貌することになる。

小幡による「貨幣蓄蔵の諸契機」は、「商品」に内在する「二つの側面」（一八九頁）、つまり「即時的な交換性」と「本源的な過剰性」が時系列的な形で、前者の「自立」、後者の「分化」、そして両者の「再結合」のプロセスを踏むことで「複合貨幣」として出来上がる。したがって、「『商品の貨幣性質』が貨幣に結実してゆく過程は、同時にまた貨幣そのものの諸貨幣への分裂の契機を含んでおり、さらに資本への発展の動力をすでに内包している」（一九〇頁）ということになる。

だが、留意すべきは、「富の領域」は、最初から「商品世界に内包されていた」という点、そして、「交換性」の「屹立」によってその「外部」に残されてしまったという点である。ゆえに、「商品」はもとより、「本源的な過剰性を全面的に体現するものではない」にしても、「商品所有者」が「他の商品との交換を求める」ことで、「素材的な富」として現われることができる。(27)

この場合において、「手持ちの商品は相対的価値形態に置かれた部分とそれ以外の部分とに区画され、とりあえず交換性と予備としての性格とは、この両者のうちに別々に投影されることになる」（小幡［1988］：四七頁）。このようにして、「交換性」は、「富の平面上に商品を最初に屹立させる」（同上）機制として働くことになる。

以上の考察から明らかなように、小幡のいう「富の領域」は、「商品世界」に対して先験的に実在しながら、「富」の「商品」への「屹立」を可能にする物的土台として機能することで、「商品世界」とともに存立しうる根拠を獲得する。そこでの「富」は、それが「可視」であれ「不可視」であれ、商品形態の所与の前提をなす、いわば原商品として措定される。こうした想定は、「経済的細胞形態」(28)ないし「富の基本形態」(29)として現われる「商品」の様態を立体的に表すものといってよい(30)。

しかしその反面において、それは、貨幣蓄蔵の契機を不明確にしている根因とも考えられる。なぜなら、「富の領域」が「商品世界」に先行してアプリオリに実在していると想定すれば、そこに内在する蓄蔵の契機もまた、「商品世界」に先在することになるからである。これでは、手元で余っているモノを、「富」に取り替える形でその獲得を自己目的化する蓄蔵の積極的な契機を明確に把握できないだけでなく、結果的には「富の領域」の存立根拠を明らかにすることができないと思われる。

第三節　富としての貨幣と商品としての貨幣

本節では、両説（沖／小幡）によって打ち出された富概念を再考し、商品論・価値形態論の方法論的展開から貨幣の内なる二面を抽象しようとする。

沖によれば、「必要に対する欲求という前提から出発」するような「余剰と必要の交換」は、「個人的欲求が単純な価値形態から貨幣形態へと至るなかで変容していくことを解明する欲求の変容論としての性格を強く帯びる」。結局そこから導き出される商品交換の媒介手段としての貨幣――いわば商品としての貨幣――は、そもそも「貨幣特有の資産性」を体現するものとは言い難い。「余剰と必要の交換」にあたって「余剰の保蔵」が行われないとされるのは、「価値形態」において「欲求の変容」が生じてくるためである。すなわち、直接的消費対象を手にするためにはひとまず、商品交換の媒介手段を獲得しなければならないため、後者への拘泥――いわばフェティシズム――が生じるということである[31]。

「間接化の論理の前提は、『欲求の二重の一致』の困難である。商品Aの所持者の欲求の対象である商品Bの所持者が、商品Aを欲求の対象としない場合、すなわち、商品Aと商品Bの直接交換が不可能である場合、商品Aの所持者は、商品Bの所持者の欲求の対象である商品Cを所持し、かつ、商品Aを欲求の対象とする者を探索することになる。条件に合致する者が運良く見つかれば、商品Aの所持者は、商品Cを媒介とする間接交換を行う。このとき、商品Cは、欲求の対象である商品Bを入手するための手段として機能することになる。商品Cが商品Bの所持者にとどまらず、広く欲求の対象とされるならば、商品Cは貨幣と呼ばれる。これが間接化の論理による貨幣生成の説明である。」（沖［2012］：六一～六二頁）

「商品Aの所持者」は、「商品B」を「欲求の対象」として、また「商品C」を「商品Bを入手するための手段」としてそれ自身の「個人的欲求」を投影している。ところで、ここにおいて「商品Aの所持者」の明瞭な目的性が投影されているといえるのは、前者ではなく後者である。というのは、後者は、前者を「入手するための手段」に他ならないからである。

それに対して、前者は、いかなる目的性によって「欲求の対象」になったかについてはさほど明瞭ではない。なぜなら、沖自身も述べているように、「市場には、必要物を入手するためだけでなく、必要を超える余剰を得るためにも商品が投じられる」からである。

しかし、それは問題にならない。「商品B」自体が「必要物」であろうと「必要を超える余剰」であろうと、「商品Aの所持者」にとっては、広い意味で「欲求の対象」であることには変わりないからである。

むしろ、問題は、「商品Aの所持者」が最初から「商品Bの所持者」の意向を察知し「商品C」を求める場合である。すなわち、「商品Aの所持者」は、〈商品A＝商品B〉ではなく、〈商品A＝商品C〉というような価値表現を展開するということである。この場合において、後者が「価値形態」の初発形態として現われることになる。そこでは、「欲求の変容論」とは相容れない理路が浮かび上がってくる。したがって、「余剰と必要の交換」においては、「個人的欲求が単純な価値形態から貨幣形態へと至るなかで変容〔＝直接➡間接：引用者〕していく」のだと断定することはできない。

詳しくは後述するが、こうなると、「単純な価値形態」のうちにはすでに「直接交換」と「間接交換」が混在しているといえなくもない。[32] さらに、「直接交換」―たとえば〈商品Ａ＝商品Ｂ〉というような価値表現の形態―のうちに「必要を超える余剰を得るためにも商品が投じられる」場合には、原初的ではあるが、「余剰の保蔵形態」が成り立つとも考えられる。

これによって得られる「余剰の保蔵形態」としての「商品Ｂ」を「富」と呼ぶならば、これは原理的には、「商人＝資本」の「富＝在庫」とは似て非なるものといわなければならない。両方の根本的な相違は、「富＝在庫」は「商品世界」に属するものであるのに対して、「富＝商品Ｂ」は「富の領域」に属するものであるということにある。

さらにまた、「富＝商品Ｂ」は、小幡のいう「富＝原商品」と概念的に一致するともいえない。小幡によれば、「商品」は、「富の領域」によって根拠づけられるのであり、その「交換性」は、「富の領域」に内在する「本源的な過剰性」を土台にして屹立する。すなわち、そこでの「富＝原商品」は、商品形態にあたって存立根拠を与えるものとして、「商品世界」と無関係に先在しているのである。

それに対して、「富＝商品Ｂ」の存立根拠は、「必要を超える余剰」を「保蔵」するための「交換」そのものにあるのであり、したがって当然、商品の原型としての「富＝原商品」のそれとは相容れないといわざるをえない。

たとい小幡のいうような先験性な「富の領域」の実在を認めるにしても、商品所持者が「他の商品との交換を求める」ことで、「富の領域」に組み込まれる新入の「富」は、既存の「富」と等しいものとは言い難い。というのも、既存の「富」は、「交換性」の「屹立」によって残されたもの、そして商品形態を根拠づけるものとして先在するだけで、明瞭な目的性の発現によって反省的に措定される新入の「富」とは似て非なるものだからである。

すなわち、新入の「富」は、単なる「余剰」ではなく、商品形態とは異なる目的―価値保蔵―を実現する〈余剰〉である。これに対して、既存の「富」は、なぜか「商品世界」の彼方に「蓄蔵」されていたのであり、その「契機」もまた、萌芽的状態の「交換性」と共に「本源的な過剰性」の下に埋没されているため、その本意を看取し難い。「富の領域」が不透明な世界のようにみえるのは、そのためであろう。

このように捉えると、「交換性」は、「富の領域」の「本源的な過剰性」に由来するものとしてではなく、「p量の商品X＝q量の商品Y」というような価値表現の形態それ自体によってはじめて認知可能な「性質」として捉えるべきではないか。すなわち、「q量の商品Y」に対する商品X側の価値表現からわれわれが明瞭に看取できるのは、その現物形態のどこかに刻まれている「富の領域」の痕跡ではなく、「商品世界」に参入する際の「性質」、つまり「交換性」だけである[33]。

商品X側は、商品Y側との対極的な価値関係の下において商品形態をとるのであり、その際に商品Xの出自はさしあたり問題にならない[34]。この場合、「p量の商品X」自身が「富の領域」から来るのではなく、逆に「q量の商品Y」が「p量の商品X」の価値実現によって「富の領域」に組み込まれることになる。もちろん、「q量の商品Y」に対する商品X側の価値表現自体は、単一目的をもって行われるものではない。というのも、「商品世界」において商品形態は、無差別に「交換性」を実装するとはいえ、それが斉一的な目的性を含意しているとは必ずしもいえないからである。

「たとえば、リンネル所有者が茶を欲しているとき、当の茶所有者はリンネルを欲しいとは思っておらず小麦を欲しているかもしれない。このとき、茶に対する自身の欲求を実現させようとするならば、好むと好まざるとにかかわらず、リンネル所有者は茶所有者の欲求の向かう先（小麦）を参照し、それを擬態し、さらにはそれを先取りすることにさえなる。このプロセスは、さらに小麦所有者の欲求の向かう先（上着）の探索へと繋がることで、数珠つなぎに等価形態の商品の数を増やしていく。こうした他者の欲求の度重なる模倣を通じてさらに明らかになるのは、リンネル所有者に固有であるはずの、茶に対する初発の欲求もまた、他者からの暗示によるものであった可能性が高いということである。」

（大黒［2015］：七一頁、傍点は原著者）

これによれば、「リンネル所有者」の「初発の欲求」がそれ自身の「固有」のものなのか、それとも「他者からの暗示によるもの」なのかを判別することは事実上できない。このような形で、個別主体の「欲求」自体を相対化し続ければ、何が「自身の欲求」で何が「他者の欲求」なのかを見分ける術はないであろう[35]。そのため、「リンネル所有者」のように「茶を欲している」が、さしあたり「小麦」を先取りしようとする場合もあるし、「茶所有者」のように「小麦」を純粋に欲している場合もありうる。

もちろん、「小麦」に対する「茶所有者」の「欲求」自体も、「他者からの暗示によるもの」かもしれないし、またそうみなして差し支えあるまい。それは、「小麦」に対する「リンネル所有者」の「欲求」と比べてさほど明瞭ではないが、一つ確かなのは、「リンネル所有者」と「茶所有者」のいずれも「小麦」を欲しているということである。

要するに、問題は、われわれが「リンネル二〇ヤール＝茶一〇ポンド」というような価値表現の形態から「茶」に対する「リンネル所有者」の「欲求」は何によって発せられたものなのかを察知できるだろうかということである。実際に、「リンネル所有者」は、他の商品を欲するが、その「所有者」が「茶を欲している」ため、「茶」を先取りしようとしているかもしれない。しかしたとえそうであっても、「リンネル所有者」の価値表現の形態から読み取れるのは、「リンネル所有者」が「リンネル二〇ヤール」でもって「茶一〇ポンド」を求めているという可視的な事象だけであって、それ以上は観察者の思い込みにすぎない。

すでに前章でも触れたように、価値表現の形態自体が意味するのは、「リンネル所有者」の交換意思およびその内容であって、交換方式ではない(36)。したがって、この場合においては、「リンネル所有者」は「茶」を純粋に求めているのだとも、また単なる商品交換の媒介手段として求めているのだともみることができる。

そうであるならば、「単純な価値形態」自体は、次のような三つの目的を包括していると考えられるのではないか。すなわち、第一は、「必要物」の獲得を追求することであり、第二は、単なる商品交換の媒介手段の獲得を追求することである。これらの展開は、いずれも「必要」かどうかという次元の「欲求」を反映している。最後に、第三は、「必要を超える」対象の獲得を追求することである。

従来の価値形態論において「必要を超える」展開にさほど光が当てられてこなかったのは、個別主体の価値表現を、「必要」次元の「欲求」に基づく交換意思とみなしてきたからである。これは、貨幣商品を交換性の定在として措定する商品論の結論にもつながるが、それはともかく、ここでは、今すぐ「必要」なわけでもないのに、自分のものを他のものに取り替えようとする所以について考えてみたい。

先ず第三の展開では、第一／第二の展開とはそもそも相容れない対象の獲得が希求されるということに注目する必要がある。すなわち、第一／第二の展開では、欲しいかどうか、また欲しければどの程度欲しいかといった合理的選択の論理が通用する。そのため、代替可能な物財が比較的多数存在していると推察することができる。これに反して、第三の展開では、「必要を超える」ために合理的選択の論理は適用されず、したがって、他の競争対象がいないか、あるいは極めて少数の物財のみがその対象になる。

もっとも、第三の展開の特徴は、その対象を、使うためにではなく、使わないために獲得しようとするところにこそあるといえる。一見すると、これは極めて非合理的な行為のようにしか見えない。しかし、「欲求」の対象の獲得が使用につながるためには、第一／第二の展開がそうであるように、そこから得られるはずの充足の程度が多かれ少なかれ数値的に換算できなければならない。そのため、個別主体は、必然的に「欲求」の対象を過不足なく獲得することを迫られることになる。

だが、第三の展開におけるようにその充足の程度自体を計りえない場合、その対象は、「欲求」を的確に満たしてくれる合理的かつ客観的なものにはなりえず、最初から具体的な使用対象群から排除されるがゆえに、その獲得が直ちに単純消費につながるとは限らない。

だからこそ、その対象への「欲求」を、さしあたり回避したり捨象したりすることができるし、ひいては、無限に希求することもできる。このような盲目性は、非合理性と表裏一体のものに他ならない。こうしてわれわれは、「必要」の次元を超えるや否や、計算合理性が適用されない世界と遭遇するようになる。その意味で、第三の展開の原動力はまさに、「欲求」＝「必要」の彼岸からくるものといってよい。

このような展開から読み取れるのは、「必要を超える」欠如と象徴的に対応する対象が実在しており、それを獲得しようと希求する主体が存在するということである。とはいえ、それにしても、「必要物」または商品交換の媒介手段を獲得しようとする個別主体にとっては、そうしたものはさしあたり無縁なものでしかない。第三の展開は、それなりの当為を確保しているといえども、まだ一般性を獲得しているとは必ずしも限らない。しかしだからこそ、そうした象徴的対象物さえ持てば少なくともその獲得を希求する主体のものだけは確実に入手できるようになる。

そこで、「必要物」または商品交換の媒介手段を求める第一／第二の展開の個別主体は、それを一種の交換手段として発見する。そして、この発見は、いわば転倒と呼ぶべき事態をもたらす。すなわち、第三の展開における象徴的対象物を一般的媒介項として据えることで、そこから無秩序な商品社会にあたって一つの価値体系＝観念体系を編成してもらう。全商品は今や、交換性を体現していることの対象との関係のなかでのみ真の存在意義、つまり価値を持つ。それにより、商品世界においてその対象物は、生まれながらにして交換力を孕んでいたかのように観念されることで、商品としての貨幣の面貌を呈するようになる。

しかしながら同時に、そうした事態は逆に、第三の展開に通底している盲目性＝非合理性の回路を隠滅する。われわれが性急に貨幣の原型を交換性の定在として措定してしまうのは、そのためである。だが、第三の展開は、ある対象が交換力をもっているかどうかに関わらず、その獲得を希求する主体にとっては絶対的な帰結であり、そのため交換の連鎖はまず考えにくい。

このように、その対象物は、獲得後にも流通領域に現出されることは滅多にないがゆえに、相対的価値形態に立つ商品の価値を比較的長期間にわたって安定的に保蔵できるものとして捉えることができる。これは結果的に、その対象物のなかにははじめから商品の価値を保蔵する営力を孕んでいたかのように観念させると同時に、価値保蔵のための商品交換を一般化することで、商品としての貨幣とは相容れない富としての貨幣の側面を極大化することになる[37]。

こうして、富の側面と商品の側面を同時に備えた形態概念としての貨幣は、商品世界において商品の価値を保蔵できる商品交換の一般的媒介項として働くのであり、その生成は、効率性＝計算合理性の回路だけでも盲目性＝非合理性の回路だけでもなく、両方の回路を融合させる観念上の転倒によってなされるということ、それが本章の結論である。

―小括―

最後に、本章の結論を踏まえて、原理論的見地から富概念を再規定し、富と貨幣の関係について述べてみたい。

マルクスは『資本論』の冒頭で、「資本主義的生産様式が支配的に行なわれている社会の富は、一つの『巨大な商品の集まり』として現われ、一つ一つの商品は、その富の基本形態として現われる」[38]と述べている。ここでマルクスは、「富」が「巨大な商品の集まり」として現われることから、「資本主義的生産様式が支配的に行なわれている社会」―以下、資本主義社会と略記―の特殊性を見抜いている。要するに、資本主義社会の特殊性は、資本／賃労働関係の下において「商品」が量産されることにあるということである[39]。

しかしながら同時に、それは、「巨大な商品の集まり」を吸収できる規模の社会的集団―営利労働の担い手としての労働者階級―の存在を示唆する。「商品（＝労働力：引用者）」による「商品（＝生産／生活手段：引用者）」の「生産」というメカニズムが確立されなければ、「巨大な商品の集まり」はそもそもありえないからである。「巨大な商品＝生産／生活手段」の量産は、「巨大な商品＝労働力」の存在と表裏の関係をなすのである。

このようにみると、資本主義社会の特殊性は、「富」が「巨大な商品の集まり」として現われること自体にあるというより、市場以外にはどこにでも「富」を獲得することができないという事態にこそあると考えられる。[40] Polanyi［1957b］は、「共同体の保管のもとに安全に貯えられているもの、そして共同体の生存を象徴するものが富なのである」（二〇九頁）と述べているが、[41] 資本主義社会においては「富」はもはや、市場での購買過程なしには「貯え」にも「象徴」にもならない。

「富」は、個別者のもとにおいて「富」として「貯えられている」以前に、ひとまず「商品」として現われるのであり、その意味で、「商品」であったもの、つまり元商品といえる。「富」が「商品」の原型であるわけではなく、「商品」こそが「富」の原型なのである。「富」を獲得しようとする個別者が市場への参入を余儀なくされるのは、そのためである。

Wood［1999］は、それを「市場依存（market dependence）」（一〇一頁）と呼んでいる。これは、単なる欲求の充足を越えて、個別者の生そのものがひとえに「市場」を通じて営まれるということを示唆する。[42] 資本主義社会における「市場依存」は、個別者をして貨幣依存を極大化させることで、流通領域（市場）と富の領域（非市場）との量的・質的高度化を促す。その過程において、貨幣は、これまで疎遠だった両方の領域を緊密に結びつける。

貨幣は、富の領域では商品の価値を保蔵する〝富G〟として、また流通領域では他の商品と直接交換されうる〝商品G〟として現われる。前者を一般に蓄蔵貨幣と呼び、後者を交換手段と呼ぶが、貨幣ははじめから保蔵性と交換性との回路を同時に内蔵している自己完結的形式として捉えたほうが適切ではないかと思われる。

従来の原理論研究において貨幣の一面だけがその原型として捉えられてきたのは、価値形態論における一元化された初期条件と決して無関係ではない。しかし、以上の考察からも明らかなように、「有り余るものまたは富の社会的な表現」は、商品交換の媒介手段、つまり商品としての貨幣をその対象としているわけではない。そこには、ある象徴的対象物の獲得・蓄蔵を自己目的化する個別主体の希求が反映されているからである。富の領域それ自身が流通領域とは相容れない存在根拠を持つのは、そのためである。

【注】

（1）「貨幣物神」については、宇野［1969a］：一一四～一一五頁を参照されたい。なお、「貨幣としての貨幣」の諸問題については、山口［1983a］：一三一～一三六頁を参照されたい。

（2）小幡［2013］：一七七～一七八頁。

（3）田中［2017］：九八頁。

（4）Marx［1890］：S.147。

（5）同上。

（6）同上。

（7）柄谷［1986］によれば、「守銭奴の貨幣フェティシズムは、黄金というもの（使用価値）に向けられた欲望から生じるのではなく、それが等価形態にあり、したがって『直接的交換可能性』（交換価値）をもつがゆえに、その『可能性』のみを蓄積しようとするところから生じている」（一三六頁、傍点は原著者）。すなわち、「守銭奴」が「物質的に無欲な」（一三五頁）もののようにみえるのは、それ自身がもとより「物質的に無欲な」ものだからではなく、「直接的交換可能性」の「蓄積」から得られる享楽自体が他の「欲望」を圧倒するからに他ならない。それについて、Dodd［1994］：二三八頁は、「吝嗇と浪費は、貨幣との関係ではまったく同一のものとして扱うことができる」という。「なぜなら、この二つの経済行動の形式ではともに、透明で目的へ向けて操作しうる手段としての貨幣の観念が目的そのものに、すなわち欲求の対象に転化しているからである」。その意味からいえば、「吝嗇と浪費」のいずれも「手段としての貨幣」―本章ではこれを商品としての貨幣と呼んでいる―をそれ自身の対象としているにすぎない。

（8）この点については、宇野［1964］：四四～四五頁を参照されたい。なお、「蓄蔵貨幣」と「掛け売買」との関係については、中村［2009］：七五頁及び泉・結城［2016］：五一頁を参照されたい。

（9）宇野［1974a］：一八七頁。

（10）同上。

（11）「蓄蔵貨幣」と「資金」については、宇野編［1959］：六六頁及び中村［1987］：二一～二九頁を参照されたい。

（12）「購買手段としての貨幣」については、宇野［1974a］：五一～五二頁・五九～六〇頁及び安田［1984］を参照されたい。

（13）小島［1998］：一七〇～一七一頁。

（14）宇野［1964］：四六頁。

（15）降旗［1997］：二五四頁、石橋［2016］：三四頁。

（16）宇野［1964］：四四頁。

（17）宇野編［1959］：六二頁。

（18）日高［1983］：四一～四二頁。

（19）他方で栗本［1973］：第五節は、この種の蓄蔵貨幣を「富の一般的代表物」と呼んでいる。それによれば、「『富』とは、wealth ではなく treasure であり、所謂（いわゆる）威信財に近似したものである」（栗本［1979］：七一頁、栗本［1980］：四九〜五三頁）。
（20）清水［2007a］：注42-三三頁。
（21）「蓄えることを自己目的とする蓄蔵貨幣」と「『買うために』蓄えられる蓄蔵貨幣」とについては、小島［1984a］：一八〜二二頁、小島［1984b］：一〇五〜一一一頁及び小島［2015］：一〇二〜一〇三頁・一一一〜一一二頁を参照されたい。なお、「準備手段としての貨幣」については、山口［1976］：七六頁、山口［1985］：四一〜四二頁、伊藤［1989］：四一頁及び菅原［2012］：四九〜五〇頁を参照されたい。
（22）この点については、小幡［1988］：五六〜五七頁、沖［2012］：一九〜二七頁及び小幡［2013］：一八二頁を参照されたい。
（23）「マルクスは、『資本論』でも、わざわざ独立の項目を立て、財宝について詳しく論じている。財宝（treasure）に相当するドイツ語はSchatzであるが、この語が『資本論』の翻訳では『蓄蔵貨幣』と訳されてきたためにその重商主義的な含意が見えにくくなっている。このため、マルクスの蓄蔵貨幣は、往々にして、将来の購買ための一時的な準備、貯蓄として片づけられてきた。だが、マルクスがわざわざ『財宝（Schatz）』という重商主義の用語を援用したのは、貨幣が商品を購買する手段であるばかりでなく、それ自体として求められる富でもあることを改めて強調するためであった。」（沖［2019］：三八頁）
（24）他方、松尾［1996］：第五節・松尾［2009］：二五〜二八頁では、「マルクスによる商品経済発生論」を相対化し、「交換」を「共同体の内部」で行われる「贈与」の「発展」型として捉え直している。なお、「土地」と「共同体」とについては、大塚［2000］：第二章を参照されたい。
（25）田中［2017］：一〇七〜一〇八頁。
（26）「交換を求める形態」については、小幡［2009］：三五〜四二頁を参照されたい。なお、「評価を求める形態」については、江原［2017］：五二〜五八頁を参照されたい。
（27）「使用価値は、ただ使用または消費によってのみ実現される。使用価値は、富の社会的形態がどんなものであるかにかかわりなく、富の素材的な内容をなしている。」（Marx［1890］：S.50）

(28) Marx [1890]: S.12。

(29) Marx [1890]: S.49。

(30)「商品所有者は、自分のもっている商品をすべて、『いま』『すぐ』交換しようとしているわけではない。さまざまな用途のために蓄えられた財産を富といい、このうちとくに市場の存在を前提に保有される富を、**商品経済的富**あるいは簡単に**資産**とよぶ。商品は『交換の手段』であると同時に『資産』でもある。」(小幡 [2009]: 三五頁・六四~六五頁、太字は原著者)

(31) 江原 [2018]: 五七~六〇頁。

(32) 清水 [2007a]: 一八~二一頁。

(33) 一方で、マルクスは、「彼の商品は、彼にとっては直接的使用価値をもっていない。もしそれをもっているなら、彼はその商品を市場にもってゆかないであろう」(Marx [1890]: S.100) と述べており、他方で、清水 [2007b] は、「最初の商品の二要因論において、商品がもっぱら所有者自身にとっての無用物として措定されたことは、商品形態での『剰余』の有用性を、むしろ原理論体系の全般にわたって大幅に後退させる傾向を決定づけたとも考えられるのである」(五頁) と述べている。ここでは、両者の見解に対して次のような疑問を提起してみたい。すなわち、たとい自分の「商品」が「所有者自身にとって」の「有用」であっても、他者の「商品」を獲得するためには、止むを得ず自分の「商品」を譲渡せざるをえないと考えれば〔これについて詳しくは本書の第二章第二節を参照されたい〕、「商品がもっぱら所有者自身にとって」「無用」なのか「有用」なのかは断定できないのではないかということである。その意味からいえば、「商品形態」において自商品の「使用価値」の有無は、さしあたり括弧に入れられるのであり、また入れなければならない。なお、財の手段としての有用性については、岡部 [2000]: 一一~一二頁を参照されたい。

(34) 価値関係と商品形態については、宇野 [1996]: 三〇頁、永谷 [1997]: 八二~八八頁及び永谷 [2010]: 三一~三三頁を参照されたい。また、商品における形態と実体の結びつきについては、宇野 [1963]:

五三〜五五頁、宇野［1964］：一四〜一五頁、侘美［1976］：三六頁及び大黒［2006］：五七頁を参照されたい。なお、商品の出自問題については、本書の第二章第四節を参照されたい。

(35) 今村［1985］：二二二〜二二九頁。

(36) この点については、永谷［1975］：六九〜七五頁、梅沢［1998］：一一一〜一一三頁及び岡部［2006］：一八〜二八頁を参照されたい。

(37) 一方で、Locke［1690］：三四八頁は、自分のものを、「小石やダイヤモンド」、「金属」、「貝殻」のようなある種の「耐久性」の定在と交換し、「それらを自分の手許で一生保存」する人の例を取り上げているが、貨幣をそれ自身の「耐久性」と関連づけて理解してよいかについては疑問なしとしない。また他方で、Hicks［1969］：一一一頁は、『価値保蔵』機能」を果たすに足りる「財貨」を、「一般性をもつもの」としているが、こうした議論は、いってみれば、即物的貨幣観によるものにすぎない。「『価値保蔵』機能」を果たすに足りる「財貨」が「一般性をもつもの」になるわけではなく、「一般性をもつもの」が逆にそうした「機能」をもとよりもっているかのように観念されることになるのである。ゆえに、この種の即物的貨幣観は、結果を原因とすり替えているといわざるをえない。さらにいえば、たとえば交換過程論においてマルクスは、「家畜」（Marx［1890］：S.103）を取り上げているが、それは、遊牧民がその生活を営むにあたって必要不可欠な共通の富であり、その固有の貨幣性は、遊牧民固有の生活様式と深く結びついているのであって、客観的かつ普遍的な第三の基準によって根拠づけられるわけではない。「貨幣はこうした意味で社会の価値規範の集約であり、その意味でまさにシンボルというわけである」（梅沢［1998］：一一八頁）。

(38) Marx［1890］：S.49。

(39) 「この著作で私が研究しなければならないのは、資本主義的生産様式であり、これに対応する生産関係と交易関係である」（Marx［1890］：S.12）。「経済学の最も基本的なる概念は、生産でも、生産物でもなくて、その商品形態ということになるのであって、マルクスの『資本論』は、その理論的展開を初めて明確に商品を以て始めたのである」（宇野［1964］：二八頁、同様の見解は宇野編［1959］：一九〜二一頁、柴垣［1968］：三二三頁、熊野［2013］：三七〜四〇頁及び伊藤［2016］：四〇〜四八頁にもみられる）。

（40）他方においてマルクスのいう「富」は、売り手の許にあるストックを指すといわれる（これについては、沖［2012］：四三〜四七頁及び小幡［2013］：四八〜五四頁を参照されたい）。なお、「富」の現われ方については、沖［2019］：四四〜四五頁を参照されたい。

（41）Polanyi の言葉を借りていえば、この種の富は、「社会的なカテゴリー」（Polanyi［1957a］：六九頁）に属するものであり、またその「カテゴリー」には、「ただ所有しているだけで所有者に社会的重み、権力、影響力を与えるような『価値物（ヴァリアブルズ）』や儀礼的物品を含んでいる」（Polanyi［1977］：二〇七頁）とされている。

（42）さらにいえば、Wood［1999］：一六頁は、「競争、蓄積、利潤の最大化、労働生産性の増大という命法」によって営まれる「資本主義市場」の様態から「資本主義の特殊性」を見抜いている。

第五章　信用貨幣の生成原理

貨幣は、富の領域では商品の価値を保蔵する〝富G〟として、また流通領域では他の商品と直接交換されうる〝商品G〟として出現する。これは、貨幣の原型をひとまず交換性の定在として措定するマルクス経済学の伝統的貨幣像を相対化しようとする試みであったといえる。

一般に、マルクス経済学原理論においては、貨幣商品を現物貨幣として同定する貨幣観が採用されている。貨幣商品は、交換性の定在であろうと保蔵性の定在であろうと、いずれもさしあたりは現物貨幣の個別的様態として扱われる。それゆえ、貨幣の貨幣性ないし一般的受領性は、貨幣体または貨幣体に貫かれているはずの本質的な何かと深く結び付けられて理解される傾向がある。これはいってみれば、即物的な貨幣選定論に他ならない。

ところが、貨幣の貨幣性・一般的受領性を、貨幣体から抽象する方法には疑問なしとしない。そこで前章では、貨幣の原型を交換性の定在とみなす従来の貨幣観を相対化したのであるが、本章では、さらに進んで貨幣を現物貨幣と同一視する即物的な貨幣観を相対化しようと試みる。そうすることで、貨幣が現物貨幣そのものではなく、それらを包括する上位の擬制概念であることを明確にし、信用貨幣が現物貨幣とともに貨幣商品の下位範疇として位置づけられることを、商品論の枠内において論じてみたい。

マルクス経済学原理論における価値形態論は、一般商品（相対的価値形態）と貨幣商品（等価形態）との間の対極的な関係を、単純な価値形態に投射し、そこから抽象度を高めることで、再び原点に遡るというような再帰的な論理構造を持っている。そこにおいて商品所有者は、貨幣所有者との対極的な価値関係の下において「すべて一様に金何円という価格」[1]をつけることで、自商品の価値を客観化し、一般化する。これを価値表現とよぶ。

たとえば「p量の商品X＝q量の商品Y」というような価値表現の形態は、自商品の価値を他商品の使用価値に反照させる商品X側と、それにより、「p量の商品X」に対する直接的交換可能性―商品交換のイニシアチブ―を握る匿名の商品Y側との間の対極的な関係を表象する。このように、価値表現は、一方の立場を相対的価値形態として、また他方の立場を等価形態として措定し、これらの関係を量的かつ質的に高度化させることで、貨幣形態への道筋を切り開く。

ところで、従来の価値形態論では、第三章で検討したように、多数の商品によって等価形態に置かれる特定商品はいかなる特質をもっているかといった、いわば即物的な貨幣選定論に重きが置かれる傾向がある。それゆえに、そこでは、多数の商品所有者から需要されるものの中で、素材的に優れている特定商品を抜擢していくような展開が見られる。

だが、第四章で論じたように、価値形態論が問うのは、相対的価値形態と等価形態の対極的な関係がいかにして客観化され一般化されるのかについての解明であって、貨幣的地位に就く特定商品またはその自然的属性はいかなるものなのかということではない。

要するに、価値形態論は、主観的で個別的な価値関係—単純な価値形態／拡大された価値形態—がいかにして客観的で一般的な価値関係—一般的価値形態／貨幣形態—として高度化されていくのかについての思考実験なのであって、そこで貨幣商品の素材や質料そのものは、さしあたり二義的なものにならざるをえない。価値形態論が解明すべきなのは、いってみれば、貨幣商品の出現ではなく、貨幣生成の形式に基づく貨幣概念の成立である。(2) 価値関係が表象するのはまさに、モノとしての貨幣ではなく、概念としての貨幣である。

そうであれば、貨幣概念の成立過程を解明することの意義はどこにあるのだろうか。それは、現物貨幣と信用貨幣の関係におけるこれまでの議論を再考することにある。ゆえに、本書の第一章と第二章では、信用売買は原理的に、商品の仕入れと貨幣の支払いが共時的に行われる商品交換（現金売買）と同根の交換形式ということを論じたが、本章では、商品論の枠内において信用貨幣をいかに位置づければよいのかを論じる。

オーソドックスな観点からすれば、信用貨幣は、信用売買において現出する買い手（借り手）の支払約束として、貨幣形態の成立によってはじめて生成されるものであり、現物貨幣の出現を遅延させる債務証書ないし貨幣請求権ではあっても、貨幣商品ではない。それゆえに、その生成原理は、商品論の理論的課題にはなりえない。

ところが、現物貨幣を本物の貨幣とし、信用貨幣をその代理物とみなす貨幣規定は、価値形態論を、即物的な貨幣選定論として捉えるときには当てはまるかもしれないが、貨幣生成の形式を通じて貨幣概念の成立を解明するメタ理論として捉える場合には、それなりの整合性を保つことが難しい。

もちろん、そうだからといって、信用貨幣を、債務履行請求権として想定する原理論の概念規定自体を否定するつもりはない。だが、信用貨幣が債務履行請求権であるということと、だから信用貨幣は貨幣商品ではないということとが、果たして同次元の議論といえるだろうか。

貨幣商品を、貨幣的地位に就く特定商品として措定するならば、信用貨幣は、債務履行請求権にすぎないため貨幣商品にはならない。しかし他方で、貨幣商品を、すべての商品を相対的価値形態に立たせる一つの形式―詳しくは後述するが、本章ではこれを貨幣形式と呼んでいる―として捉え直す場合、信用貨幣だけでなく、現物貨幣さえも貨幣商品の下位範疇になる。この場合、現物貨幣と信用貨幣を包括できる原理論的根拠はどこにあるのかということが課題となる。

近年、原理論研究では、従来の原理論体系における現物貨幣と信用貨幣の関係を相対化する試みがなされている。なかんずく、両者の生成原理に関する小幡道昭の立論は、商品価値の表現方式に基づいて価値形態論を捉え返し、原理論体系における金属貨幣―本書ではこれを現物貨幣と呼んでいるが、厳密にいえば、金属貨幣は現物貨幣の一つの個別態と思うが、小幡の議論を取り上げる際には金属貨幣という語を使う―と信用貨幣の位置づけそのものを再規定したものと評価されている。

そこでは、第一に、信用貨幣の生成原理は、金属貨幣のそれと同様に価値形態論の内部論理で解けるものとし、第二に、不換銀行券は、兌換銀行券とともに信用貨幣の個別態として位置づけられるとされている。その意味で、小幡の立論は、従来の価値形態論にまつわる即物的貨幣観を相対化しつつ、現代資本主義の貨幣現象についての原理論的な手がかりを与えるものといえよう。

しかしながら同時に、そこで提示されている信用貨幣の生成原理とその概念規定については疑問なしとしない。詳しくは本文に譲るが、そこでは不換銀行券の概念規定が、信用貨幣の生成原理と齟齬をきたしているようにみえる。その根因は、端的にいえば、価値形態論における貨幣商品―現物貨幣または信用貨幣―の分岐構造をいかに基礎づけるかという問題に深く関わっていると思われる。

以上の問題関心に基づき、本章では、価値形態論を貨幣商品のメタ構造として捉え直し、貨幣商品の分岐構造に基づいて信用貨幣の生成原理を解明するとともに、現代資本主義の貨幣現象における原理論的観点を提示しようとする。

第一節では、小幡道昭の論稿『価値論批判』第二章「貨幣の多態性」(2013)の内容を概括し、そこから検討すべき論点を取り上げる。

第二節では、金属貨幣と信用貨幣との萌芽形態の抽象に関する「貨幣の多態性」の方法論的根拠およびその限界を分析する。

これを踏まえて、第三節と第四節では、マルクス価値形態論の論理展開に沿って貨幣商品の分岐構造とその成立メカニズムを明らかにするが、まず第三節では、商品世界の社会的慣習と一般的価値形態との関係に焦点を当てて考察する。

また第四節では、一般的価値形態から貨幣形態への移行における貨幣商品と貨幣概念の合生過程に立ち入って論じることで、現物貨幣と信用貨幣が先後関係ではなく、並列関係にあることを解明する。

第五節では、第一・二節と第三・四節の議論をまとめながら、原理論的見地に立って兌換銀行券と不換銀行券の貨幣性について論じる。

　最後に小括では、以上の検討を踏まえ、商品流通（市場）からみた信用売買（信用価格）の存立根拠について述べることにする。

第一節　金属貨幣と信用貨幣

　信用貨幣の生成にあたって、宇野学派の原理論研究は概ね、「本来の紙幣が流通手段としての貨幣の機能から生ずるように、信用貨幣は、支払手段としての貨幣の機能にその自然発生的な根源をもっているのである」[3]というマルクスの方法論的展開を受け継いできたといえる。

　それによれば、「支払手段としての貨幣の機能」は、「信用貨幣」の「自然発生的な根源」をなす。それゆえ、信用貨幣の出現は原理的に、貨幣形態の成立を所与の前提としており、またそれによってはじめて売り手と買い手との間の信用関係（債権債務関係）が形づくられることになる。信用貨幣の生成原理に関する議論が商品論の守備範囲を超えるものとされてきたのは、そのためである。

　しかし他方で、近年の原理論研究においては、信用貨幣の生成原理を根拠づける従来の理論体系を相対化しようとする試みがなされている。特にここで注目したいのは、小幡道昭の論稿『価値論批判』第二章「貨幣の多態性」［2013］の議論である。まずその内容を概略的に検討してみよう。

「貨幣の多態性」の「はじめに」（五五〜五九頁、以下省略）では、小幡は「金属貨幣は信用貨幣に先行する」とする従来の議論を「二段階説」として規定し、それに対して「変容論的なアプローチ」に基づいた「並列説」を打ち出そうとしている。

それによれば、「信用貨幣」は、「金属貨幣→信用貨幣という二段階」からではなく、「商品価値という幹から」、「金属貨幣」とともに「直接分枝する」ものに他ならない。すなわち、そこでは、「信用貨幣」と「金属貨幣」のいずれもが「価値形態」の展開から生み出される「貨幣商品」の個別的様態として措定されている。

そこで小幡はこの自説を論証するために、第一節から第三節冒頭にかけて『資本論』の貨幣論（流通手段論→支払手段論→価値尺度論）を批判的に吟味し、そこから「さらに遡って、価値形態論の次元で商品と貨幣の関係をもう一度捉え返し、商品の価値が貨幣商品で表示されるという事態のうちに、いわば値札の裏に、信用貨幣の萌芽が印されていることを明らかにする」形で議論を進めるという。

まず、第一節「流通手段と信用貨幣」（六〇〜七五頁、以下省略）では、小幡は『資本論』の「流通手段論」を検討の対象とし、「信用貨幣」の「本質」が「実現問題」ではなく「代理問題」とされてきた根因を分析する。そこで小幡は、マルクスの「流通手段論」では「国家紙幣と信用貨幣の分離論」が試みられつつも、「買うために売る」という「媒介説的な観点」に基づいた「市場観」に偏ってしまっているということを指摘する。その結果、「実現論的視点の焦点の浮遊」が生じてしまい、「信用貨幣の考察」が「流通手段論」から切り離され、「支払手段論」の課題となってしまったと論じる。

要するに小幡によれば、マルクスの「流通手段論」では、「媒介説的な観点」と対比される「売れなければ買えない場と捉える実現説的な観点」が浮き彫りされておらず、結局のところ「金貨幣と商品との授受が同時に履行される現金取引だけを唯一の方式とする」にとどまっているという。

これに対して小幡は、「生産の無政府性に還元できない、市場に固有の無規律性」に着目し、「価値実現」には「不確定な期間がかかる」ということを踏まえて、「一般には特定の商品を買うという目的がなくても、商品は売られる」がゆえに、「買うために売るという連鎖が一義的に市場を支配しているわけではない」という結論を導き出している。

続く第二節「支払手段と信用貨幣」（七五〜八四頁、以下省略）では、「支払手段論」に先送りされた「信用貨幣の考察」の内容に対する検討が行われている。そこで小幡は、「信用で商品が買われている」ということを取り上げながら、「信用貨幣の核心は、紙製の『債務証書』があたかも貨幣のように流通するということころにあるわけではない」ことを強調する。すなわち、「信用貨幣」の存立根拠は、「貨幣」の代理機能からではなく、「商品流通」そのものに起因するという。

だがそれに反して、マルクスの「支払手段論」では「信用貨幣」は、単に「債権・債務関係一般」を「〈清算〉する手段」としての貨幣機能と結びつけて理解されるにとどまっており、「信用売買」もやはり「商品流通の内部から発生する関係」にはなっていない。マルクスにおいては、「商品流通の根底をなす価値の実現問題が信用関係から切り離される結果」、「支払手段の前提となる債権・債務関係の発生は、商品売買に密着した信用関係として市場の構造が自ら生みだす面をもつこと」が明らかになっておらず、機能論的な説明にとどまってしまったと小幡はいう。

小幡によれば、「実現問題を内包する市場そのものの構造は、現金売買だけではなく、信用売買を生みだす契機を内包している」のであり、その「契機」を析出するためには「価値実現と価値尺度」、さらには「商品の価値形態と〈貨幣なるもの〉との関係」についての考察が必要であるという。

最後の第三節「商品価値と信用貨幣」（八四〜一〇二頁、以下省略）では、小幡は第一節・第二節の考察を踏まえて、「価値尺度論」と「価値形態論」を批判的に検討し、「貨幣現象の歴史的多様性」について論じている。

それによれば、「商品価値の大きさを〈はかる〉という行為自体は、一方的な価値表現だけですむわけではなく、価値実現という契機が加わってはじめて完了する」。その意味からいえば、「信用売買は、買うために売るという過程の変形として、流通手段論の次元ではじめて問題になるだけではない」。というのは、「買うために売るという制約関係が避けられない市場構造のもとでは、信用売買は価値尺度機能にとって、外面的で余計な要素を付け加えるものではなく、むしろ不可欠な条件となる」からである。

さらに進んで、小幡は、「価値尺度論」領域における「価値実現」の議論にとどまらず、より根本的な「価値形態論」領域における「価値表現」の議論にまで遡って「信用貨幣」の生成原理を究明しようと試みる。そこでは、三人の商品所有者の間の「三角取引」に対する「解説」を通じて、「金属貨幣と信用貨幣の分岐」の「抽象的なかたち」を引き出すことで、「価値形態の展開はまた、信用貨幣の生成と表裏の関係をなすことになる」と論じられる。

最後に、以上の原理論的考察から、小幡は「銀行資産に占める国債」は「国家に対する債権を基礎にしている」という点、また「その基礎が揺らげば」、それ自身の「価値もまた危うくなる」という点に基づいて、「不換銀行券」を「信用貨幣」の一種として位置づけることができると結論づけている。

以上は、「貨幣の多態性」の内容を概括したものであるが、(4)そこでは、概ね次のような三つの課題に対する解明が試みられているように思われる。まず、第一の課題は、「実現問題を内包する市場そのものの構造」の解明であり、第二の課題は、「信用貨幣の本源」の解明である。そして最後に、第三の課題は、「現代の不換銀行券」の存立根拠に対する原理論的解明（論証）である。小幡は、これらの課題を明らかにするため、従来の「二段階説」を退けながら、「金属貨幣」と「信用貨幣」を各々「貨幣商品」の個別態として措定する「並列説」を打ち出したのである。

ところで、小幡の立論においては、次のような問題を抱えているように思われる。すなわち、価値実現の担い手としての「信用貨幣」は、一方では「実現問題を内包する市場そのものの構造」と結びついており、他方では「価値形態論」次元で抽象され根拠づけられている。しかしながら同時に、そこから引き出される「不換銀行券」を「信用貨幣」の個別態として位置づける方式は、「現実の不換銀行券」の概念規定と齟齬するのではないかということである。というのは、「信用貨幣」は、「商品売買に密着した信用関係」＝「債権・債務関係」を形成する価値実現の担い手として措定されるのに対して、「現実の不換銀行券」の概念規定にあたっては、事実上そのような「信用関係」が見当たらないからである。

こうした食い違いはなぜ発生するのだろうか。その根因は、端的にいえば、「商品売買に密着した信用関係」における信用概念と、通貨制度下の発行メカニズムにおける信用概念とが、一つの概念規定のなかに混在していることにある。すなわち、前者の意味では、信用貨幣は債務額の形で貨幣の価値を体現するものとして形づくられるのに対して、後者では主に、発行主体や方式、制度などのテクニカルな問題が扱われるのであって、それが「商品売買に密着した信用関係」を表象しているかどうかはさしあたり問題ではない。

にもかかわらず、「並列説」における「信用貨幣」は、両方の意味をすべて包括するものとされている。それゆえに、一方では「兌換銀行券」が「債権・債務関係」を形成する因子として、他方では「不換銀行券」が国家信用および通貨制度をバックにして発行されるものとして位置づけられながらも、後者は、前者と同格の「信用貨幣」として措定されることになる。

だが、相異なる二種類の「銀行券」を「信用貨幣」という一つのカテゴリーに組み込んでよいのかどうかについては疑問なしとしない。次節では、本節の問題提起を踏まえて、「貨幣の多態性」における「信用貨幣」の概念規定と「不換銀行券」の概念規定との間の整合性問題について立ち入って検討することにする。

第二節　信用貨幣の萌芽形態

本節では、価値形態論の論理構造から信用貨幣の生成原理を引き出している「貨幣の多態性」の方法論的展開に焦点を当てながら、不換銀行券を兌換銀行券と同格の信用貨幣として分類する「貨幣の多態性」の論拠とその限界について考えてみたい。

まず、信用の概念規定に関する小幡［2013］の議論から検討してみよう。

「金属貨幣と信用貨幣とが、同じ商品価値の概念から並列に分岐する関係にあるとすれば、不換・兌換の区別は信用貨幣としての銀行券に亀裂をもたらすような決定的な契機ではないことになる。兌換・不換は信用貨幣としての銀行券を特徴づける下位の区分として、機能的な相違を明確にすればよいことになる。」（九九頁）

これによれば、発行メカニズムとしての「信用」こそが「信用貨幣としての銀行券」を規定する「決定的な契機」であって、「銀行券」自体が直ちに貨幣の価値と結びついているかどうかは「下位の区分」にすぎない。それゆえ当然、「不換・兌換の区別」は、「信用貨幣」の概念規定にあたって二義的な問題になるということである。

とはいえ、こうした想定に即して、「兌換・不換」の「銀行券」を「信用貨幣」として位置づけるのであれば、「貨幣の多態性」の第一の課題（市場の構造の解明）にあたって、少なくとも買い手（借り手）側の債務履行がなされない方式（不換券方式）を論証する必要があるはずであるが、そこでは「信用貨幣」は、「商品売買に密着した信用関係」＝「債権・債務関係」を形づくる因子、いってみれば、兌換券として機能しているだけである。

さらにいえば、第二の課題（信用貨幣の本源の解明）においても、「兌換・不換」を「信用貨幣」の「下位の区分」としているかどうかは必ずしも明瞭ではない。たとえば、小幡は、三人の商品所有者の間の「三角取引」の例から次のような結論を導き出している。

「(1) 茶一〇ポンドという商品体の授受を通じてリンネル所有者が上着を手に入れる交換は金属貨幣に繋がってゆくのに対して、(2) 茶一〇ポンドを引き渡すという『債務証書』を媒介に上着を手に入れる取引は信用貨幣へ通じてゆく。同じ一つの『リンネル二〇エレ＝茶一〇ポンド』という価値表現は、これら二つの萌芽を抽象的なかたちで宿している。」(九三頁)

ここでは、「茶」が「金属貨幣」の「萌芽」として、また「茶一〇ポンドを引き渡すという『債務証書』」が「信用貨幣」の「萌芽」として捉えられていることがわかる。とはいえ、後者が三人の商品所有者の商品価値を実現させるものとして機能できるのは、「茶一〇ポンド」への「兌換」を前提としてそうなるのであって、そこからは「不換」を示唆する「方式」は見当たらない。

もちろん、「不換・兌換の区別は信用貨幣としての銀行券に亀裂をもたらすような決定的な契機ではない」とする限りにおいて、「リンネル所有者」が茶所有者をして「茶一〇ポンドを引き渡すという『債務証書』」を発行させることから「信用貨幣の萌芽が顔を覗かせる」(九二頁)といえなくもない。というのも、「兌換・不換」は、「銀行券」における「下位の区分」に関わる問題であって、「金属貨幣」か「信用貨幣」かといった「貨幣商品」自体の下位範疇に関わる問題ではないからである。したがって結局は、商品論・価値形態論の枠内において「不換・兌換の区別」は、さしあたり問われていないということになる。

これについて、泉［2012］：三九～四〇頁は、「ここでは明示的に、『信用貨幣』という用語が、〈兌換券方式〉と〈不換券方式〉との両方式を含む概念として用いられている」が、「そこから導き出せるのは、あくまでも〈兌換券方式〉のみであろう」と指摘している。すなわち、「小幡が指摘されるように、マルクスの価値形態論の枠組みからは、等価形態におかれる商品体そのものが商品流通を媒介する〈現物方式〉の筋が一つ。そして、等価形態におかれる商品体の給付を約束する債務証書によって商品流通が媒介される、〈兌換券方式〉の筋を等位に導くことができる」。しかしながら、「少なくとも説明されている限りでの双対性命題には、不換銀行券を、信用貨幣として規定しなければならない積極的な論理が示されているとは思われない」ということである。

ここで、泉が取り上げている「現物方式」と「兌換券方式」とは各々、小幡のいう「現金売買」と「信用売買」とに当てはまる。とはいえ、小幡の議論では、「不換銀行券」が「信用貨幣」の下位概念として位置づけられるのに対して、泉の議論では、「不換銀行券」がどの「方式」にも当てはまらないもの、つまり「不換券方式」自体が「信用貨幣」の「論理」の枠組みからはみ出るものとされる。結果的に「貨幣の多態性」では、「不換券方式」に当てはまる交換媒体は見当たらないということになる。

そうだとすれば、ここでは「三角取引」の「茶・債務」を、さしあたりは「兌換券方式」の交換媒体として捉えることができる。もちろん、「茶・債務」が「不換券方式」の交換媒体でないからといって、それが「信用貨幣」の「萌芽」として捉えられない理由にはならない。それゆえここでは、もう一歩踏み込んで次のような疑問を提起してみたい。それは、「茶・債務」は何を根拠として「信用貨幣」

の「萌芽」として位置づけられるのかということである。

確かに、「茶・債務」は、「茶一〇ポンドを引き渡すという『債務証書』」であり、「茶一〇ポンド」を求める「上着」側との交換にあたって純粋な商品交換の媒介手段として働いている。ゆえにこの過程において、「茶」商品自体の直接的消費対象性は、「リンネル所有者」にとっては意味をなさない。

小幡は、「上着一着」を直ちに獲得できる、「茶一〇ポンドを引き渡すという『債務証書』」の直接的交換可能性から「信用貨幣」の「顔」を発見する。要するに、「茶・債務」が「信用貨幣」の「萌芽」とされるのは、「兌換」か「不換」かといった「証書」自体の仕組みではなく、それが「商品売買」において「価値実現」を可能にする因子として働いているかどうかによるのである。その意味からいえば、「茶・債務」は、留保的であるが、「信用貨幣」の「萌芽」といってよいであろう。

ところで、「リンネル二〇エレ」に対する直接的交換可能性を体現している「茶・債務」から貨幣性を引き出すことができるとすれば、たとえば、「リンネル二〇エレ＝上着一着」（小幡［2013］：九三頁）というような「価値表現」の形態においても、「貨幣商品」の「萌芽」を読み取ることができるのではないか。というのは、上着所有者にとって「上着一着」は、いわば交換媒体になりきったものにすぎず、その直接的消費対象性もまた意味をなさないからである。「上着一着」であろうと、「上着一着」を一定期間後に「引き渡すという『債務証書』」であろうと、いずれも「リンネル二〇エレ」に対する直接的交換可能性を有しており、その限りで「上着一着」は「貨幣商品」の「萌芽」といえなくもない。(5)

だが、「三角取引」の展開――いわば間接交換――では、「リンネル二〇エレ＝上着一着」から迂回し、「リンネル二〇エレ＝茶一〇ポンド」への展開が行われる段階に至ってはじめて「金属貨幣」と「信用貨幣」の「萌芽」が、「茶」と「茶・債務」の「かたちで」現出することになる。それゆえ小幡においては、前者の等価形態に置かれる「上着一着」の貨幣性は、依然として未分化のままであると解かれる。

では「上着一着」の貨幣性が未分化の状態にあるとみなされるのは何故か。そこでは、上着所有者は、「リンネル所有者」の「価値表現」によってすでに「リンネル二〇エレ」に対する直接的交換可能性を付与されている。また、実際に上着所有者がそれを行使するかどうかは別問題である。

これについて、小幡は、「リンネル二〇エレ＝茶一〇ポンド」は「リンネル所有者が上衣所有者の価値表現に倣って、直接的な欲求から切り離された商品を等価物として表現される段階」（九三頁）においてであり、またそれゆえにこそ、「この発展のうちには、金属貨幣と信用貨幣の分岐も、抽象的なかたちではあるが見てとれる」（同上）と説いている。

要するに、「金属貨幣と信用貨幣」の「分岐」は、「直接的な欲求から切り離された商品を等価物として表現される段階」において行われるのであって、「リンネル所有者」の「直接的な欲求」の対象とされる「上着一着」の直接的交換可能性は「茶一〇ポンド」のそれとは相容れないということである。したがって、単純な価値形態「リンネル二〇エレ＝上着一着」ではなく、拡大された価値形態「リンネル二〇エレ＝茶一〇ポンド」においてはじめて、「茶一〇ポンド」をもってする「現金売買」とともに、「茶一〇ポンドを引き渡すという『債務証書』」をもってする「信用売買」が可能態として含まれることになる。

もちろん、「現金売買」の形式をとるか、または「信用売買」の形式をとるかは、両方の商品所有者間の交渉と合意によって決まる。そこで、「リンネル所有者」が「茶一〇ポンド」を要請した場合、茶所有者の立場において現物の「茶一〇ポンド」を譲渡した方がよいか、「茶一〇ポンドを引き渡すという『債務証書』」を譲渡した方がよいか、あるいは一部を現物の「茶何ポンド」とし、残りをその「債務証書」とするか、その応じ方は様々である。このように、両者は、各自の事情を鑑みながら、商品の譲渡方式を適宜決めるのであって、それらの契機を表象しているだけの「価値表現」の形態からいずれかの交換方式を特定することはできない。

その限りで、簡単な価値形態「リンネル二〇エレ＝上着一着」においては、「これら二つの萌芽を抽象的なかたちで宿している」と捉えることはできない。「並列説」において「金属貨幣と信用貨幣の分岐」が拡大された価値形態の成立に至ってはじめて生ずる現象とされるのは、そのためである。

ここまでの議論を踏まえると、暫定的であるが、次のような命題が得られる。すなわち、「リンネル所有者」の「価値表現」の形態――「リンネル二〇エレ＝茶一〇ポンド」――は、「金属貨幣と信用貨幣」、「これら二つの萌芽を抽象的なかたちで宿している」ということである。そこで、「茶・債務」は「茶一〇ポンド」の価値を体現するものとして、現物の「茶一〇ポンド」とともに「貨幣商品」の「萌芽」として位置づけられることになる。

ところが、真の問題はむしろ次の点にある。それは、「茶一〇ポンド」の価値を体現している「茶・債務」を直ちに「信用貨幣」の「萌芽」として捉えてよいのか、もしそうであれば、その論拠は何かということである。

江原［2018］は、「三角取引」の「茶・債務」＝「信用貨幣」の「萌芽」として捉える小幡の議論に対して、次のような異論を述べている。

「このような単一種の商品に裏づけられた債務が信用貨幣の萌芽だとは考えない。信用貨幣は、その発行主体の保有資産価値全体をバックに流通するのであり、その中の特定の資産に紐づけられていないことを特徴としている。それに対してこの〝茶債務〟は、信用関係を通じて価値を取り出した証券であるのは確かだが、この信用貨幣の特徴を抽象的にも体現しているとは言えず、あくまでその価値は茶という特定物品に根ざしている。」／「この段階では〝茶債務〟『でも』構わないということにしかならず、現物の茶を直接取引する場合に対するメリットやデメリットが理論的に検討できない。そのため『金属貨幣と信用貨幣の分岐』の契機も、明らかにされているとは言えない。」（注11－六五～六六頁）

江原はここで、「茶債務」自体は「茶」という「単一種の商品（＝特定の資産：引用者）に裏づけられた」ものという点に注目している。小幡は「商品売買」において「価値実現」を可能にするものとして機能できるかどうかを「信用貨幣」の存立根拠として捉えているのに対して、江原はそれが何によって「発行」されるか、つまり「売買」以前の発行メカニズムを問題にしている。

すなわち、前者が「債務証書」の直接的交換可能性から「信用貨幣」の「萌芽」を発見するのであれば、後者は「信用貨幣」の「発行」の根拠および条件を問うているのであり、それを踏まえて「発行主体の保有資産価値全体をバックに」していない「茶債務」などといったものは、「信用貨幣」にはならないということである。

このように、両者は、「債務証書」を「信用貨幣」として規定する際の論拠を異にしていることが見てとれる。確かに「信用貨幣」は、「発行主体の保有資産価値全体」を踏まえてこそ、その「価値」の安定性を保つことができるし、またそこから「流通」の根拠を獲得しうることになる。というのも、「保有資産価値」は、「発行」された「債務証書」に対する「信用」と直ちに連動しているからである。

それに対して、「茶債務」は、「現物の茶」の処分・譲渡を指示すること以外の機能を果たさない。それゆえ、その「価値」は単に、「現物」の「茶一〇ポンド」と結びついているだけでそれ以外の部分—たとえば、茶所有者が一〇〇ポンドの「茶」を保有する場合、残りの九〇ポンドの「茶」—はそれに関与しない。この場合、価値表現の形態「リンネル二〇エレ＝茶一〇ポンド」にあたって、茶所有者は「現物の茶」を引き渡すとしても、また「茶債務」を発行するとしても、それら自体の質的相違はないがゆえに、結局のところ「『金属貨幣と信用貨幣の分岐』の契機も、明らかにされているとは言えない」。

ところが、「『リンネル二〇エレ＝茶一〇ポンド』という価値表現」の形態から「信用売買」を抽象する際に、「茶一〇ポンド」は原理的に、現在保有しているものではなく、将来に引き渡すべきもの、つまり債務額を意味すると考えなければならない。というのは、それ自体が信用（債務）で商品を買う方式だからである。極端にいえば、買い手は現時点で、茶一ポンドさえも保有していなくとも差し支えない。もちろん、その場合「発行主体の保有資産価値」はゼロとなるであろう。

しかしだからといって、両者の間に信用関係（債権債務関係）が成立できないのかといえば、必ずしもそうではない。買い手は、何を発行根拠とするのかを決めた上で、あるいは発行条件を満たした上で「債務証書」を発行するのではなく、将来に「茶一〇ポンド」をリンネル所有者に返済できる／できないというような自分の支払能力を考慮に入れてからそれを行う。したがって、買い手が現時点で「特定の資産」をいくら保有しているのかは、「信用売買」の成立においても、また「債務証書」の発行においても問題にならないといわなければならない。

そうだとすれば、「茶債務」が「信用貨幣」の「萌芽」ではないとする際の根拠は、「茶債務」と「信用貨幣」が各々それ自身の根底を異にしているということしかないといわざるをえない。いいかえれば、「茶債務」は、信用関係を成り立たせるという点で「債務証書」といえるが、「信用貨幣」の「萌芽」として捉えることはできないということである。なぜなら、それは、茶所有者をして「茶一〇ポンド」を処分・譲渡させること以外にはいかなる機能も果たさないからである。このことは、茶商品が多数の商品所有者から需要されるものになった場合においても事情は変わらない。

簡単な例をあげてみよう。たとえば、特定の飲み物の所有者がいて、多数の商品所有者は、その飲み物を欲しがっているとしてみよう。そこで、飲み物の所有者は、販売過程の便宜のために自動販売機を設置し、その機械でしか使えないコイン―飲み物の所有者の債務の現物形態―を発券したとする。この場合、飲み物の所有者は、発券した多量のコインを、随時自分の需要品を獲得するための流通手段として用いることができる。もちろん、そのコインは、飲み物の流通に限る交換媒体であり、それ以外の機能はない。

他方において、多数の商品所有者は最初は、飲み物を手にするために自分の商品を譲り渡すことで、コインの獲得を求めていたが、今度は他の需要品を手にするためにもそのコインを用いることができるようになる。それにとどまらず、ひいては、将来の交換のために自分の商品をコインに取り替え、手元に貯め込もうとするかもしれない。とすれば、コインは、徐々にではあるが、飲み物の所有者に飲み物を処分・譲渡させる一種の商品引換券にとどまらず、それ以外の商品の所有主体（私的所有権）の変更（移転）をも可能にする一般的な流通手段としての地位に就くことになろう。

ところで、何らかの理由によって、私的欲望の集団的なシンボルとしての飲み物の地位を他の商品に譲らざるをえないことになると、自分の商品を積極的にコインと取り替えておいた商品所有者から順に損失を被ることになると推察できる。なぜなら、コイン自体のもつ購買力は、飲み物に対する社会的需要と連動しているからである。個別商品所有者としては、自身の商品の価値を比較的長期間にわたって保蔵しようとする目論見は立てられなくなり、自身の商品の価値を予めコイン体に移転しておいた行為は徒労に終わる。したがって、この種のコインは、いわば投資や投機の対象にはなりえても、一般的等価物になるとは必ずしも限らない。

このように、商品世界においてコインが飲み物の所有者の債務の現物形態それ以上の意味を承認され難いのは、表面的には、それ自体が直接的消費対象としての特定商品を譲渡してもらうための商品引換券にすぎないという事実に起因するといえる。確かにコインは、信用関係の形成因子として働く債権の形をとっている。しかし、だからといって、それ自体を直ちに信用貨幣の萌芽形態として位置づけるわけにはいかない。ということは、信用関係の形成に関与するすべての支払約束が必ずしも信用貨幣の萌芽形態として捉えられるわけではないことを示唆する。(6)

したがって、信用貨幣の生成原理を理論的に解明するにあたって、信用関係の形成因子を直ちに信用貨幣の萌芽形態として捉える方法は再考される必要がある。信用関係の形成因子のうちには、商品引換券それ以上の展開を期待し難いものも混ざっているからである。より根本的には、茶債務（またはコイン）の直接的交換可能性自体が茶（または飲み物）の直接的消費対象性によって裏付けられているという点を看過してはならない。

以上の考察から、われわれは次のような結論を導き出すことができる。すなわち、特定商品の直接的消費対象性を基にして発行された債務証書は、商品引換券以上の機能を果たせない。上例の茶債務（またはコイン）に与えられた直接的交換可能性はひとえに、茶（または飲み物）の固有の直接的消費対象性に依拠したものであって、このことからは、他の商品はそのようなものにはならないというような社会的規定力を原理的に引き出すことはできない。特定商品の固有の直接的消費対象性に基づいてその商品の直接的交換可能性を一般化するだけでは、現物貨幣と信用貨幣の分岐構造を理論的に基礎づけることができず、ひいては信用貨幣の生成原理をも解明することができなくなるように思われる[7]。

第三節　貨幣商品の分岐構造

「貨幣の多態性」では、兌換銀行券と不換銀行券が信用貨幣の個別態として位置づけられているが、不換券方式の存立根拠は見当たらない。さらに、兌換券方式を体現する茶債務もまた、茶商品、つまり直接的消費対象性の定在と結びついたものである以上、信用貨幣としての発展は期待し難い。

このように、三角取引の茶債務を直ちに信用貨幣の萌芽形態として位置づけるわけにはいかないとすれば、信用貨幣の生成原理は、二段階説がそうであるように、商品論の守備範囲を超えてしまうかもしれない。しかしそうはいっても、これまでの考察からして、直ちに二段階説に立ち戻るわけにはいかない。

われわれはここで、信用貨幣の生成に関する小幡の論旨をもう一度想起する必要がある。それは要するに、信用関係（債権債務関係）が貨幣形態の成立以前における両極商品同士の価値関係のうちに潜在的可能態として抽象できるということである。そこでの信用貨幣は、金属貨幣の機能を単に代理するものとしてではなく、価値形態における両極商品の間の信用関係を結びつけるものとして捉え返される。これは、信用貨幣を、価値関係の形成因子として捉える方法に他ならない。もちろんそこでは、こうした概念規定が茶債務のような、いわゆる商品引換券にも等しく適用されるということが問題となったのであるが、それにしても、そこから信用貨幣を、金属貨幣の単なる代理物としてではなく、価値関係の形成因子として捉える、よりラディカルな貨幣規定を獲得したことは決して徒労ではあるまい。

いずれにせよ、信用貨幣が現物貨幣と同格の貨幣商品の下位範疇概念であることを基礎づけるためには、価値関係の対極性が固定された商品世界、つまり一方は直接的消費対象性だけを体現し、他方は直接的交換可能性だけを体現する一般的価値形態以降の商品世界を想定する必要があろう。というのは、そこでは、後に検討するように、両極商品同士の価値関係を固定させる社会的規定力が働いているからである。

とりわけ一般的価値形態は、貨幣商品の貨幣性ないし一般的受領性が基礎づけられるところであると同時に、貨幣商品が潜在的な形で分岐するところでもある。したがって、ここでは、価値関係の対極性を客観化し一般化する商品世界の社会的規定力の中身を明らかにする必要がある。

これまでわれわれは、貨幣商品の出現に焦点を合わせて考察してきたが、厳密にいえば、そこでの貨幣は、概念としての貨幣というより、実体としての貨幣、つまりモノとしての特定商品に他ならない。特定商品の貨幣化過程は、貨幣商品が商品の一種であることを説明できるとしても、貨幣が貨幣商品―金貨・銀貨や銀行券、電子マネーなど―を包括する上位の擬制概念であることを説明することはできない。両者の議論はベクトルを異にするからである。

貨幣が貨幣商品の上位の擬制概念であることが論証されなければ、現物貨幣と信用貨幣、つまり貨幣商品の分岐構造を理論化することはできなくなる。それゆえに、貨幣商品のメタ構造を抽象する作業を進めなくてはならないが、その前に第一・二節の議論の延長線上で、貨幣商品の分岐を可能にする商品世界の社会的規定力について論じてみたい。

そのためここでは、マルクス価値形態論の論理展開に沿って考察を進めるが、まずは、『資本論』第一巻第一篇第一章第三節「価値形態または交換価値」の「D 貨幣形態」でのマルクスの叙述からはじめることにする。

「形態Ⅰから形態Ⅱへの、また形態Ⅱから形態Ⅲへの移行では、本質的な変化が生じている。これに反して、形態Ⅳは、いまではリンネルに代わって金が一般的等価形態をもっているということのほかには、形態Ⅲと違うところはなにもない。形態Ⅳでは金は、やはり、リンネルが形態Ⅲでそれだったもの――一般的等価物である。前進は、ただ直接的な一般的交換可能性の形態または一般的等価形態がいまでは社会的慣習によって最終的に商品金の独自な現物形態と合生しているということだけである。」

(Marx［1890］: S.84)

マルクスはここで、「形態Ⅰ」から「形態Ⅲ」までの「移行」とは相容れない展開を試みている。だが、これまでの「移行」がどうであれ、価値形態論に「社会的慣習」を組み込むアプローチは、価値形態論自体の課題からすれば、いささか異質的なもののようにみえる。実際のところ、マルクスは同節の冒頭で、「諸商品の価値関係に含まれている価値表現の発展をその最も単純な最も目だたない姿から光まばゆい貨幣形態に至るまで追跡すること」(8)を、価値形態論の課題としているが、それによれば、「社会的慣習」なるものは、「諸商品の価値関係」の外的条件としてしか見えてこない。「形態Ⅳ」への「移

行」において「本質的な変化」が生じないとしたのは、そのためである。(9)

しかし、問題はさほど単純ではない。同節の「C 一般的価値形態」の末尾でのマルクスの叙述を見てみよう。

「一般的等価形態は価値一般の一つの形態である。だから、それはどの商品にでも付着することができる。他方、ある商品が一般的等価形態（形態Ⅲ）にあるのは、ただ、それが他のすべての商品によって等価物として排除されるからであり、また排除されるかぎりでのことである。そして、この排除が最終的に一つの独自な商品種類に限定された瞬間から、はじめて商品世界の統一的な相対的価値形態は客観的な固定性と一般的な社会的妥当性とをかちえたのである。」（Marx［1890］：S.83）

「一般的等価形態」において特徴的なのは、「ある商品」が「他のすべての商品」から「排除される」ことである。これに対して、「最終的に一つの独自な商品種類に限定された瞬間」、つまり貨幣形態においては、「相対的価値形態」が「客観的な固定性と一般的な社会的妥当性」を与えられることになる。その限りにおいて、「一般的等価形態」は、貨幣形態におけるある種の過渡期的形態であり、したがって、複数の一般的等価物を想定することも決して不可能ではあるまい。

確かに「等価形態」の「商品種類」だけを問題にするならば、マルクスが述べているように、形態Ⅲから形態Ⅳへの移行にあたって「本質的な変化」は生じないといってよいかもしれない。しかしながら同時に、「すべての商品」の間の価値関係においては、必ずしもそうはいかないように思われる。マルクスによれば、貨幣商品は、「商品世界」の秩序を確立する覇者である。他のすべての商品は、貨幣商品の登場によって一般商品に転化する。これは、貨幣商品を除いたどの商品ももはや等価形態に立つことはありえないということを意味する。したがって、肝心なのは、特定の貨幣商品の出現そのものではなく、それによって両極商品同士の価値関係の質的変化が生じることである。

貨幣商品を価値表現の一般的材料とすることではじめて商品交換が可能になる。貨幣形態の成立にあたって特徴的なのは、「等価形態」の「商品種類」だけでなく、「相対的価値形態」においても「本質的な変化」が生じることである。これはいってみれば、貨幣商品以外の諸商品の一般商品化である。もっとも、価値形態論においては、抽象＝未完態と客観＝完成態を分けて考える必要がある。形態Ⅰから形態Ⅲまでの諸商品（相対的価値形態）は、形態Ⅰから形態Ⅲまでの等価商品が貨幣商品の抽象的形態とされるように、一般商品の抽象的形態として措定される。われわれは貨幣商品の抽象的形態を知らないのと同様に、一般商品の抽象的形態を知らない。現実世界の商品は、すべてが一般商品であり、最初から「客観的な固定性と一般的な社会的妥当性とをかちえた」ものとして売りに出される。それゆえ、貨幣形態において「相対的価値形態」に立つ諸商品は、「等価形態」に置かれうる潜在的可能性を完全に消去した純粋な商品形態、つまり他人のための使用価値としてのみ存在する。(10)

すでに述べたように、マルクスは、「諸商品の価値関係に含まれている価値表現の発展」を通じた貨幣形態の解明を、価値形態論の課題としており、実際に各段の価値形態は、その「発展」の結果として成り立っている。たとえば、形態Ⅰから形態Ⅱへの移行においては、相対的価値形態に立つ商品が単一商品にとどまらず多種多様な商品との価値関係を結ぶことになる。また、形態Ⅱから形態Ⅲへの移行においては、従来の価値関係は転倒され、相対的価値形態に置かれていた商品が一般的等価物として逆に多種多様な商品との価値関係を結ぶことになる。

このようなマルクスの方法論的展開に賛成するかどうかはさておくとしても、各段の価値形態の成立自体が示すのは、「価値表現の発展」による価値関係の量的／質的変化ということができる。そこで「価値表現の発展」が価値関係の変化を引き起こす機制とされるのは、そのためである。

ところが、マルクスの価値形態論は、貨幣形態に至って突然即物的な貨幣選定論に限りなく後退してしまう。(11)「D 貨幣形態」においては、その内容からわかるように、「リンネル」が「金」という新たな「商品種類」に取って代わるだけのことであって、価値関係の質的変化を論じているとはいえない。むしろそれについては、すでに検討したように、「C 一般的価値形態」の末尾―「三 一般的価値形態から貨幣形態への移行」―に若干言及されているだけである。これでは、一般的価値形態から貨幣形態への移行によって完成される、価値関係における「客観的な固定性と一般的な社会的妥当性」を明確に示しているとはいいがたい。

形態Ⅲから形態Ⅳへの移行においてとるべき方法論的展開は、一般的等価商品同士の置き換えではなく、これまでと同じような方法をもって価値関係の質的変化を解明することである。貨幣商品としての「金」は、価値関係における「客観的な固定性と一般的な社会的妥当性」の確立を象徴するものとして置かれたにすぎず、それ自体が「価値表現の発展」を「追跡」するというような価値形態論の内的必然性を体現しているとは必ずしも限らない。というのは、貨幣商品の選定問題は単に、「社会的慣習」――いわばブラックボックス――に任されているからである。

実際に、マルクスは同篇第二章「交換過程」で、貨幣商品の出現に関して詳しく論じているが、たとえば、「貨幣形態は、域内生産物の交換価値の実際上の自然発生的な現象形態である外来の最も重要な交換物品に付着するか、または域内の譲渡可能な財産の主要要素をなす使用対象、たとえば家畜のようなものに付着する」[12]などといった叙述は、「社会的慣習」による「合生」の具体的な説明に当たるものといってよい。

こうした意味での「社会的慣習」は、価値形態論の内部論理とはいえないにしても、単なる「商品世界」の外的条件として片づけるわけにはいかない。「社会的慣習」における「社会」が含意するのは、あくまでも「商品世界」だからである。もちろん、それ自体は、「商品交換の発展」[13]を前提としているがゆえに、価値形態論においてその内容が論じられているわけではない。「社会的慣習」の中身が不明瞭なまま、一般的等価商品同士の置き換えがなされているのである。

マルクス価値形態論が商品交換（交換過程論）の原理を極力排除しているのは周知のとおりである。しかし同時に、形態Ⅲから形態Ⅳへの移行にあたっては、交換過程論の論点が先取りされているといわざるをえない。「商品交換の発展」の原理についての考察を交換過程論に譲るマルクスの方法の適否はここで問わないにしても、それを価値形態論のなかに組み込もうとするならば、少なくとも価値形態論固有のロジックに基づいて純化する必要があったのではないか。単に交換過程論の議論を先取りして貨幣形態の成立機制として用いるだけでは、貨幣形態における価値関係の質的変化を不明確にし、価値形態論の理論的意義を曖昧にすることになりかねない。

もちろん、そうはいっても見直しの余地が全くないわけではない。すでに検討したように、「C一般的価値形態」の末尾における貨幣形態の成立による価値関係の質的変化は、形態Ⅰから形態Ⅱへの移行における価値関係の拡大または形態Ⅱから形態Ⅲへの移行における価値関係の転倒と軌を一にするものといえるからである。

さて、ここでわれわれが問うべきなのは、「リンネル」と「金」、これら一般的等価商品の間の断絶をいかに捉えればよいのかということである。マルクスによれば、前者は、「他のすべての商品によって等価物として排除される」ものであり、後者は、排除商品の中でも「社会的慣習」によって「合生」したものである。このような排除の原理は、「最終的に一つの独自な商品種類に限定された瞬間」まで働くとされているように、一般的等価物（形態Ⅲ）を引き出すことだけにとどまらず、貨幣商品（形態Ⅳ）の出現にも深く関与すると容易に推察できる。

要するに、「社会的慣習」は、「商品世界」における単なる外的条件を指し示すのではなく、排除の原理を内包しつつ、価値関係の変化を引き起こす機制として作動するのであり、その意味で「金」は、排除商品の最終バージョンといってよい。

このことからわかるように、形態Ⅳにおける「社会的慣習」は、形態Ⅲにおける排除の原理とかけ離れているものではない。むしろそれらは、深く結びついているといったほうが適切であろう。「商品世界」において特定の等価商品の排除が一時的かつ単発的な出来事として現われるにとどまるならば、貨幣商品の出現はありえないからである。

その限りにおいて、「社会的慣習」は、特定商品を排除しようとする「商品世界」のダイナミズムでありながら、同時に前段の価値関係に立ち戻ることのできない不可逆的な運動として形態Ⅳまでの移行を押し進めるものと考えられる。したがって、それは、「商品世界」の埒外から突然組み込まれるものではなく、もとより実在している「商品世界」の枠内の運動として捉える必要がある。

もちろん、そうはいっても「社会的慣習」を安易に排除の原理と等値することはできないだろう。それ自体は、貨幣形態の成立機制としても働くからである。貨幣形態は、単に相対的価値形態に置かれる諸商品からの排除によってではなく、そこからさらに「商品世界」の何らかの内的契機を加えてはじめて成り立つ。そこで、貨幣商品は、排除の原理を内包した「社会的慣習」の所産として出現することになる。

このように、「社会的慣習」は、排除の原理だけでは説明できないメカニズムを内蔵しているためそれ以外のメカニズムとはっきり区別する必要がある。マルクスのいう「社会的慣習」が価値形態論の外的条件とみなされがちなのはまさに、排除の原理との関係が不明瞭であるからである。

「商品世界の一般的な相対的価値形態は、商品世界から除外された等価物商品、リンネルに、一般的等価物という性格を押しつける。リンネル自身の現物形態がこの世界の共通な価値姿態なのであり、それだから、リンネルは他のすべての商品と直接に交換されうるのである。」

（Marx［1890］：S.81）

ここでは「相対的価値形態」に立つ諸商品は、特定商品（リンネル）を「商品世界から除外」するのであるが、それによって、「リンネル」は、単なる一商品ではなく、「この世界の共通な価値姿態」として位置づけられる。そうすることで、「リンネルは他のすべての商品と直接に交換されうる」可能性―いわば直接的交換可能性―を与えられることになる。

直接的交換可能性とは、「リンネル」それ自身の内的世界と無関係に与えられたもの、つまり「商品世界」の「社会的慣習」によって身体化されたものである。それは、「リンネル」からすれば延長された自己であり、また「リンネル」以外の諸商品からすれば「リンネル」本然の属性に他ならない。「リンネル」はもとより、そうした属性を持っていたわけではないが、あるきっかけ―他者からの排除―でそれとの自己同一化をさせられる。そこで、「リンネル」は、それ自身の自然的属性またはそこから社会的に期待される使用価値とは別個に、直接的交換可能性を身体化することで、物神性を帯びることになる。

ここで、〈物〉に当たるのが「リンネル」で、〈神〉に当たるのが身体化された直接的交換可能性である。そして、物神性とは、「リンネル」以外の諸商品からして、〈物〉としての「リンネル」と〈神〉としての身体化された直接的交換可能性とが一体化しているかのようにみえる神秘的転倒性のことである。「リンネル」は、「商品世界」において単に一般的等価物として機能するだけでなく、一般的等価形態を表象するものとして観念される。そこでは、「リンネル」が一般的等価物であり、一般的等価物が「リンネル」であるような転倒現象が生じる。

だが、「リンネル」自体は単なる物で、一般的等価物は概念であるため、両者を等置してしまうのはまさに転倒した観念という他ない。それに反して、物としての「リンネル」のうちに身体化された直接的交換可能性と概念としての一般的等価物とは矛盾なく結び付けられる。われわれが物としての「リンネル」と概念としての一般的等価物との間の転倒性を捕捉しがたいのは、「リンネル」に取り憑いている表象としての直接的交換可能性が両者を媒介し、その断絶を埋めているからである。

ところで、物としての「リンネル」と概念としての一般的等価物とが結び付けられるにあたって、「リンネル」自身の意思は一切反映されない。もちろん、それだけではない。「リンネル」以外の諸商品もまた、それによって等価形態に置かれうる潜在的可能性を喪失することになる。ではなぜそういう可能性を喪失してまで「リンネル」を排除しなければならないのかを問わざるをえない。すなわち、「リンネル」以外の諸商品が一方の可能性―相対的価値形態に立つ可能性―のみを選択し、他方の可能性―等価形態に置かれる可能性―を放棄する理由は何かということである。

その理由として考えられるのは、「リンネル」以外の諸商品の一般商品化である。一方の可能性を放棄しさえすれば、他人のための使用価値という確固たる自己根拠を得ることができる。その場合、自分たちが等価商品として直接的交換可能性を発揮することはできなくなるが、少なくとも等価商品との価値関係を形成することができる。そうすることで、「リンネル」以外の諸商品は、「客観的な固定性と一般的な社会的妥当性」を獲得することになる。この過程を通して、それらは、一般商品としてのアイデンティティを獲得し保持していく。

「リンネル」以外の諸商品は、自己存在の客観的かつ一般的な根拠を他者の絶対性に依拠して正当化しようとする対他反照的なプロセスをつうじて、まだ自己決定権を握っていた過去の自分の姿を自ら消去する。もちろん、こうした試みが単発的に行われるとは必ずしも限らない。「リンネル」以外の諸商品の一般商品化にあたっては、どうしても「リンネル」との固定された価値関係を維持する必要があるからである。

仮に「リンネル」が一般的等価物の地位から引きずり降ろされてしまうと、「リンネル」以外の諸商品もまた一般商品としてのアイデンティティを喪失することになる。それゆえに、一般的等価物としての「リンネル」の妥当性に関しては、誰も真摯に突き詰めないし、また突き詰める必要もない。そうした方が自己獲得に有利であることを暗黙的に認識しているからである。「リンネル」以外の諸商品は、自分たちと同根同質の商品であった「リンネル」の排除・除外と、そうした関係の維持・持続とに積極的に加担することになる。(14)

このことからわれわれは、形態Ⅱから形態Ⅲへの移行にあたって、価値関係の対極性を客観化し一般化する社会的規定力が、相対的価値形態に立つ無数の商品の黙認によって働かされることに気がつく。ある種の共犯体系といってよいかもしれない。より多くの商品がそれに加担するほど、排除商品の地位は絶対的なものになっていく。その過程において、排除の論理は正当化されてしまう。そして、一般的等価形態に置かれる排除商品の貨幣性ないし一般的受領性に関する客観的で一般的な根拠などはもはやどうでもよいことになる。

「社会的慣習」とは、少なくとも形態Ⅱから形態Ⅲへの移行に限っていえば、特定商品をスケープゴート化することであり、それによって、「商品世界」は、一般的等価商品とそれ以外の諸商品とに両極分解してしまう。こうしてはじめて、価値関係の対極性が客観的かつ一般的な形で固定された「商品世界」、いいかえれば、貨幣商品の分岐構造を確立することになる。

第四節　貨幣商品と貨幣概念

われわれは前節の考察をつうじて、価値関係の対極性を客観化し一般化する商品世界の社会的規定力について考察した。本節では、さらに進んで一般的価値形態から貨幣形態への移行における貨幣商品と貨幣概念の合生過程を立ち入って考察することにする。

相対的価値形態に立つ諸商品は、それ自身の存立根拠を客観化し一般化するために、特定商品を自分たちから排除する。そうすることで、それらは、排除された特定商品との価値関係のもとで一般商品としてのアイデンティティを獲得する。[15]これは、自分のなかにある潜在的可能態としての直接的交換可能性を消去することによってはじめて得られるものである。このように、一般商品は、自己の存在の客観性・一般性を他者の絶対性に依拠して正当化する対他反照的なプロセスをつうじて、他人のための使用価値としての自己を完成していく。

他方、一般的等価形態に立たされる商品は、それ以外の諸商品によっていわばスケープゴート化されるのであり、その過程において直接的交換可能性を身体化させられる。それは、個別意志を超越した一般意志として等価商品のなかに受肉される。一般的等価商品は今や、単なる等価商品ではなく、一般意志の定在として現われる。その代わりに、相対的価値形態に立つ可能性を喪失してしまう。すなわち、他のすべての商品と直接交換されうる力を付与される一方で、それ自身の使用価値の直接性ないし即物性は事実上形骸化されてしまう。

しばしば誤解されるところであるが、一般的等価商品または貨幣商品を、一般商品と同様に、あたかも一単位当たりの価値を有しているものであるかのように取り扱うのは的外れである。商品交換において一般商品が求めるのは、厳密にいえば、一般的等価商品／貨幣商品の身体化された直接的交換可能性―〈神〉―であって、それら自身の本然の属性から期待できる直接的で即物的な使用価値―〈物〉―などではない。

したがってここでは、一般的等価商品／貨幣商品に取り憑いている表象としての直接的交換可能性を貨幣表象とよぶことにする。貨幣表象は、すでに前節で述べたように、モノとしての貨幣と概念としての貨幣を媒介し合生させる擬制概念である。一般的等価商品／貨幣商品が現金の形（現物貨幣）をとったり、債務証書の形（信用貨幣）をとったりすることができるのも、貨幣表象によるものといえる。

ではなぜわれわれは、モノとしての貨幣と概念としての貨幣とを区別して考えず、そのモノとしての姿態をそのまま貨幣として捉えてしまうのか[16]。これについて、マルクスは、「その現物形態に等価形態が社会的に合生する特殊な商品種類は、貨幣商品になる」[17]と述べているように、「その現物形態」がそれ自身の内的自然と無縁な社会的関係によって「等価形態」に位置づけられることを強調している。さらにまた、そのような特殊な商品種類たる貨幣商品は、商品世界の内的メカニズムによって形成されたものに他ならない。要するに、「貨幣商品」は「商品世界の共同の仕事」[18]の産物であり、その限りにおいて、貨幣概念は、諸商品間の社会的関係の内的必然として立ちあらわれる。

ところで、貨幣商品と貨幣概念との合生は、貨幣形態の成立過程において一層捕捉し難いものとなってしまう。というのは、貨幣形態がさしあたり、一般商品と貨幣商品との価値関係として現われるからである。そこにおいて価値表現は、たとえば「二〇エレのリンネル＝二オンスの金」[19]などといった形態をとって行われる。これは、〈一定量の一般商品〉と〈一定量の貨幣商品〉との間の非人格的な価値関係に他ならない。このことからわれわれは、「一〇エレのリンネル＝一オンスの金」や「四〇エレのリンネル＝四オンスの金」などといった貨幣形態も容易に想定できる。

このように、貨幣商品（二オンスの金）は、一般商品（二〇エレのリンネル）の価値を現出させる一般的材料として働く。そこから創り出される合理的で計算可能な世界は、価値表現の一般的材料または商品交換の一般的媒介項として機能する貨幣商品の出現によってはじめて形づくられるといえる。そのため、貨幣商品――いわばモノとしての貨幣――は直ちに、合理性＝計算可能性の定在として受け止められることになる。

たとえば、資本主義社会における個別主体の労働能力は一般に、賃金の高低によって優劣を格付けされるのであるが、その際に支払われる貨幣額は、個別主体の労働能力に対する社会的評価にあたって一定の客観性ないし一般性を付与する判断基準となる。このような形で、貨幣形態は、非合理的で不透明な領域――個別主体の労働能力――を合理的で計算可能な領域――低賃金労働（者）または高賃金労働（者）――に置換していく。

しかし他方で、貨幣形態の成立による商品世界の秩序確立は同時に、貨幣商品に刻まれている他人のための使用価値としての自分の過去の痕跡を隠滅する。『資本論』第一巻第一篇第一章第三節「価値形態または交換価値」の「C 一般的価値形態」で、マルクスは次のように述べている。

「すでに第一の形態――二〇エレのリンネル＝一着の上着――もこの対立を含んではいるが、それを固定させてはいない。同じ等式が前のほうから読まれるかあとのほうから読まれるかにしたがって、リンネルと上着というような二つの商品極のそれぞれが、同じように、あるときは相対的価値形態にあり、あるときは等価形態にある。両極の対立をしっかりとつかんでおくには、ここではまだ骨が折れるのである。」（Marx［1890］: S.82）

一般的等価形態が成り立つ以前においては、どの商品も、「あるときは相対的価値形態にあり、あるときは等価形態にある」。そこにおいて、それらはすべて直接的消費対象性と直接的交換可能性を同時に内面化している[20]。一時期は貨幣商品なるものもまた同じく、「リンネル」や「上着」などの商品とともに相対的価値形態に置かれていたはずである。しかし、貨幣商品は、他のすべての商品からの排除によって直接的消費対象性の定在としての自己を喪失してしまった。

さらにまた、貨幣商品の貨幣性・一般的受領性に対するその商品以外の諸商品の沈黙は、モノとしての貨幣と概念としての貨幣との合生の無根拠性を不可視化してしまう。貨幣商品は、他者の犠牲を組織的に隠蔽する「商品世界」の「社会的慣習」によって貨幣形態での一般的等価商品役を肩代わりさせられたにすぎない。これは、貨幣形態の合理的計算可能性がそれ自身の内的必然性によるものではないことを如実に物語る。

貨幣商品は、「商品世界の共同の仕事」の所産として出現するとはいえ、その過程において、多かれ少なかれ強制性ないし暴力性を露呈せざるをえない[21]。そこから生じる貨幣表象によって、特定商品は貨幣概念と合生することになる。貨幣形態の合理的計算可能性は、特定商品と貨幣概念との合生過程でみられる強制性・暴力性を隠蔽するだけでなく、それがあたかも合理的なプロセスを経て出現したものであるかのような錯視を起こすのである。

「商品世界のなかで一般的等価物の役割を演ずるということが、その商品の独自な社会的機能となり、したがってまたその商品の社会的独占となる。このような特権的な地位を、形態Ⅱではリンネルの特殊的等価物の役を演じ形態Ⅲでは自分たちの相対的価値を共通にリンネルで表現しているいろいろな商品のなかで、ある一定の商品が歴史的にかちとった。すなわち、金である。」(Marx［1890］: S.83-84) ／「しだいに、金は、あるいはより狭いあるいはより広い範囲のなかで一般的等価物として機能するようになった。それが商品世界の価値表現においてこの地位の独占をかちとったとき、それは貨幣商品になる。そして、金がすでに貨幣商品になってしまった瞬間から、はじめて形態Ⅳは形態Ⅲと区別されるのであり、言いかえれば一般的価値形態は貨幣形態に転化しているのである。」(Marx［1890］: S.84)

ここで「歴史的」事象を持ち込むのは適切とは思えないが、それはともかく、「金」=「貨幣商品」とそれ以外の諸商品との関係からすれば、後者の「相対的価値」の「表現」は、前者の「特権的な地位」

に依拠する形で行われると考えられる。すなわち、「商品世界の価値表現」は、もはや等価商品の自然的属性などではなく、「一般的等価物の役割を演ずる」等価商品の「特権的な地位」を求める形で行われる。これは、「金」の「特権的な地位」をさらに強化するだけでなく、またそれによってその「地位」に対する一般商品の渇望（価値表現）をもますます高めていくことになる。

すでに検討したように、「金」のこうした覇者的地位は、「商品世界」の「社会的慣習」によって与えられたのであって、その逆ではない。これに対して、一般商品は、敗者とはいえないにしてもさしたる地位を持っていない平民として描写される。「金」の「特権的な地位」はまさに、「商品世界」における貨幣商品と一般商品との間の非対称的なステータスを象徴するものといってよい。

ところで、「金＝貨幣商品」の「特権的な地位」に関するマルクスの議論は、形態Ⅱから形態Ⅲへの移行における「一般的等価物」の出現過程と異なって、「特権的な地位」に対する「金」の自発的かつ積極的な介入に重きが置かれているようにみえる。「ある一定の商品が歴史的にかちとった」、「この地位の独占をかちとったとき、それは貨幣商品になる」などのような結果論的叙述はまさにそれに当たるものといえる。

マルクスは、貨幣形態の成立過程を論じるにあたって、一般的等価商品と貨幣商品との間の隙間を、「商品世界」を治める「金」の支配者的外観をもって縫おうとしているがゆえに、価値形態論と無縁な外的条件―歴史や慣習など―を当てにする他なかった。しかしそれは、一般的等価物選定においてみられる強制性・暴力性の理路とはかけ離れた貨幣商品の出現過程であり、また一般的等価物と貨幣商品との結びつきを理論的に説明するものではないといわざるをえない。

一般に価値形態論では、相対的価値形態と等価形態との間では「彼が王だから自分たちは臣下なのだ」[22]といった転倒した観念が生まれるといわれる。だが、形態Ⅲから形態Ⅳへの移行におけるマルクスの説明からすれば、「金」が「特権的な地位」を享受するのは当然の帰結であり、それ以上の説明を必要としない。というのは、「金」が「特権的な地位」を享受するのは、それ自身がその「地位」を「独占」する「商品世界」の覇者だからである。

しかし、これは、単なる同語反復であり、また結果を原因とする誤謬である。結論を先取りしていえば、転倒した観念は、「独占」の結果ではなく、その原因であるといわなくてはならない。すなわち、一般商品と貨幣商品との間に生じる転倒した観念は、単に「金」が「特権的な地位」を「独占」することからくるのではなく、逆にその「独占」を可能にするものということである[23]。

貨幣商品はひとまず、それ以外の諸商品によって排除される。マルクスは、「リンネル」を一般的等価物として想定しているが、「金」もまた、一般的等価物取り扱いをされつつ、結局のところその「特権的な地位」を「独占」することになったと推察できる。そしてその過程は、すでに検討したように、強制性・暴力性を伴う。だが、問題は、相対的価値形態に立つ諸商品が、「金」の「特権的な地位」の根拠を「金」そのものから引き出そうとする転倒した観念を内面化するということである。それらは、「金」が強制的で暴力的な自分たちの「共同の仕事」によって「金＝貨幣商品」に生まれ変わったとは考えていないようにみえる。

「金」は、やはりその自然的属性からして優れた資質を備えているとか、他の多くの商品によって等価物として需要されているとかなどの理由をもって、その「特権的な地位」の「独占」を根拠づけようとする議論のほとんどは、転倒した観念を無批判的に受容していることに気づいていない[24]。

マルクスによれば、貨幣形態は、「現物形態」――モノとしての貨幣――と「等価形態」――概念としての貨幣――との合生の所産である。もちろん、その過程は、すでに検討したように、排除の原理と沈黙の構造からなる「商品世界」の「社会的慣習」を前提とするが、それだけでは、一般的等価形態に立たされる排除商品に対する転倒した観念は自己完結性をもつことができず、時と場合によってはその「特権的な地位」を喪失してしまう。というのは、相対的価値形態側の諸商品は、貨幣表象の無根拠性――貨幣商品の貨幣性ないし一般的受領性は貨幣商品それ自身の内的自然と無関係に与えられるという意味での無根拠性――を暗黙的に認識しているからである。いわば不都合な真実なのである。

そこで、「金＝貨幣商品」は実は、われわれと同根同質の平民にすぎないのではないかというような不信感が完全に霧散することは考えにくい。しかしながら同時に、「金＝貨幣商品」の「特権的な地位」を否定するのは、一般商品にとっては自分自身の存立根拠の客観性・一般性を自ら否定することになるがゆえに、そうした疑いがたちまち現実的な力を持つことは滅多にないといってよい。

にもかかわらず、貨幣商品の「特権的な地位」は常に、剥奪の可能性を孕んでいるといわなければならない。実際、たとえば金貨幣は、管理通貨制への移行によって貨幣形態の等価商品としての「特権的な地位」を剥奪されたし、貨幣表象に取り憑かれていた自分の身体も同時に解放を迎えることになったのである。もちろん、その歴史的な出来事は、周知のように、商品経済の内的必然性からではなく、国家の制度的介入によるものであった。

それが可能であったのは、国家が制度的操作をつうじて、価値関係の対極性を客観化し一般化する

「商品世界」の社会的規定力を擬制的に形づくったからに他ならない。それによって、中央銀行券が、金貨幣にとって代わる新たな貨幣商品として出現するに至ったのである。金貨幣をボトムアップ型貨幣商品というならば、中央銀行券は、トップダウン型貨幣商品といってよいかもしれない。

だが、貨幣商品の選ばれ方がどうであれ、貨幣商品と貨幣概念の合生過程がそうであるように、その解体過程もまた強制的で暴力的な過程を伴わざるをえない。そうした形をとってでも、特定商品の犠牲を強いるのは、それ自体が一般商品の自己根拠をなす絶対条件だからである。商品経済の内的必然性によってであれ、国家の制度的介入によってであれ、いずれも排除の原理と沈黙の構造とからなる「商品世界」の「社会的慣習」を前提とせざるをえない。それなしには客観的で一般的な価値関係を形成し維持することはありえないからである。

しかしながら同時に、排除の原理・沈黙の構造それ自体は、貨幣表象の無根拠性を想起させるものでもある[25]。それらだけでは、排除商品の貨幣表象は絶対化されず、不完全なものにならざるをえない。ところで、仮に特定商品を自分たちから排除したこと、それによって生じた貨幣表象が排除商品に取り憑いたこと、そして、その排除商品が事実上自己完結性を欠如していることなどをすべて忘却してしまうと、排除された等価商品との関係は、ごく自然なもののように映ることになり、いかなる不信感も感じられなくなる。

ここで忘却という機制は、排除の原理・沈黙の構造とともに「商品世界」の「社会的慣習」の中身を構成するものとして、商品経済における転倒した観念の普遍化にあたって決定的な契機をもたらすことになる。そうして、一般商品は、貨幣商品の「特権的な地位」を正当化させる様々な虚構的物語を真実として受け止める。それらにとってはもはや、その物語の真偽などはどうでもよいことになる[26]。

「商品世界」における排除の原理は、特定商品の一般的等価形態への放逐を可能にし、沈黙の構造は、排除商品との固定された価値関係を維持し持続させる。このことからわれわれは、いわば自己獲得に対する相対的価値形態側の諸商品の強迫を読み取ることができる。

しかし同時に、その過程において露呈した強制性・暴力性は、排除の対象になった特定商品だけでなく、沈黙の構造を固めている一般商品にとっても決して愉快なことではないと考えられる。なぜなら、その商品が一般的等価物の地位につくべき理由は事実上皆無であるということを暗黙的に認知しているからである。排除商品固有の諸特質をもっていくら裏付けようとしても貨幣表象の無根拠性を払拭できるはずがない。そもそもそこには、さしたる客観的かつ一般的根拠はなく、したがって、合理的計算可能性の理路を辿るのは、文字通りナンセンスだからである。

相対的価値形態に立つ諸商品は、貨幣表象の無根拠性を問題にしないだけでなく、問題にしないようにすること自体を忘却することで、結果的に自己根拠の獲得過程において他者の排除からくる不愉快さを払拭しうることになる。これは、貨幣商品と貨幣概念との間の隙間を縫うことで、両者の完全な合生を創り出す。貨幣表象の無根拠性は、今や絶対性に取って代わり、それによって排除商品もまた、貨幣としての自己完結性を備えることになる。こうして、一般商品は、自分（二〇エレのリンネル）の価値の客観性・一般性を、他者（二オンスの金）の絶対性―実は無根拠性―に依拠して表現し、時にはそれを承認されることで、自分を自己完結性の定在として止揚（高次の自己回復）する。

貨幣形態の成立に関する従来の議論では、マルクスがそうであったように、さしあたり一般的等価物としての貨幣商品の出現自体に重きが置かれる。そのためわれわれは、等価商品との対極的な価値関係のなかでそれ自身の客観的かつ一般的なアイデンティティを希求し獲得しようとする一般商品の私的社会性の働きかけ―価値表現の展開―の意義を看過し易い(27)。

だが、価値形態論における形態Iから形態Ⅳに至るまでの展開は、萌芽形態から完成形態へ成熟していく貨幣形態の発展過程を追跡することでありながら、同時に一般商品としてのアイデンティティを完成していく相対的価値形態の価値表現の発展を追跡することでもある。貨幣商品の出現は同時に一般商品の出現であり、その逆もまた同様である(28)。

以上のように、貨幣商品と貨幣概念の合生によって成り立つ貨幣形態は、商品世界のヘゲモニーを握るための商品間の争いにではなく、商品世界の社会的慣習、つまり一般商品群における排除→沈黙→忘却のダイナミズムによってはじめて成り立つことになる。その意味で、貨幣商品は、即物的な貨幣選定論によって描き出されるような商品世界の覇者というよりも、物神性に呪縛されてしまった方便的存在といった方が的確であろう(29)。貨幣商品の支配者的外観は、単に貨幣表象の絶対性からくる錯視にすぎず、それ自身がもとより備えていたものではない。貨幣形態の成立を、貨幣商品の出現または貨幣商品に貫かれているはずの本質的な何かに求めるアプローチは、転倒した観念を無批判的に受容することであり、また結果を原因とする誤謬といわざるをえない。

第五節　銀行券の貨幣性

以上を踏まえ、本節では、銀行券の貨幣性について立ち入って論じることにしたい。「貨幣の多態性」における銀行券の概念規定からすれば、不換銀行券は、兌換銀行券とともに信用貨幣の個別態として位置づけられる。だが、そこでは、第一節と第二節ですでに検討したように、商品形態における直接的消費対象性と直接的交換可能性とがまだ分化されていない商品世界が想定されており、そこからは、貨幣商品―現物貨幣または信用貨幣―の分岐構造を基礎づけることができないという限界がある。

そのような限界を受け止めつつ、第三節と第四節では、価値形態論における貨幣商品の分岐構造を論証するために、価値関係の対極性を客観化し一般化する商品世界の社会的規定力について立ち入って考察し、貨幣商品と貨幣概念の合生の原理について論じた。貨幣商品の分岐構造は、多数の商品が特定商品を自分たちから排除しようとする商品世界の社会的慣習によって形づくられる。そこでは、排除商品が貨幣表象を身体化させられることで、直接的消費対象性だけを体現する側と直接的交換可能性だけを体現する側とに分岐することになる。現物貨幣と信用貨幣は、いずれも貨幣表象を身体化している価値関係の形成因子である以上、本物か代理物かといった区分は、商品論においては意味をなさない。

繰り返しになるが、価値表現の展開にあたって一般商品が求めるのは、貨幣商品の身体ではなく、そのなかに身体化されている貨幣表象に他ならない。信用貨幣の存立根拠もまた、その身体にではなく、身体化された貨幣表象にこそあるというべきである。このことから兌換銀行券が信用貨幣の個別態として位置づけられることは容易に了解できる。だが、それに反して、不換銀行券の位置づけについては、再考の余地があるといわざるをえない。

すでに考察したように、貨幣商品なるものは排除商品の最終バージョンとして、貨幣形態の右辺に置かれているものにすぎない。価値形態論は、貨幣商品なるものが先に在り、それが何らかのプロセスを経て貨幣的地位をかちとるというような話形とそぐわない。個よりも形式が先立つといってよいかもしれない。貨幣商品も一般商品も、ひとしくそのような形式の所産といえる。

ここでは、それを貨幣形式とよぶことにする。貨幣形式は、貨幣商品と一般商品の出現を可能にするメタ構造であり、それはまた商品世界の諸商品が共有する観念体系として働いている。貨幣形式からすれば、不換銀行券は、信用貨幣ではなく、金属貨幣と同様な現物貨幣の個別態として位置づけられることになる。というのは、その出現によって、価値関係の対極性・非対称性を客観化し一般化する商品世界の社会的規定力が働くことになるからである。

ところが他方では、不換銀行券自体の発行方式は一般に、「貨幣の多態性」の方法論的展開においてもみられるように、不換銀行券を信用貨幣の個別態として位置づける決定的な準拠として取り上げられる。すなわち、

「重要なことは、中央銀行券も、貸付関係のなかで発行されることによって、信用関係を内蔵して貨幣性を獲得していることである。発行される中央銀行券は預金とともにバランスシートの負債項目に入り、資産項目の金や外貨、手形（原理的にはこの手形が重要であるが）さらに国債などと、良好なバランスを保たなければならない。言い換えれば、中央銀行は、一方で企業や銀行の手形を受け取りつつ、他方で自分の手形（先取り貨幣）たる中央銀行貨幣を発行するのである。」

（竹内［2004］：一〇一頁）

ここで「中央銀行券」は要するに、「中央銀行」と「企業や銀行」との間の「貸付関係のなかで発行される」信用貨幣である。これに対して、山口［2008］は、竹内の議論の冒頭では信用貨幣が支払約束として定義されていることを指摘しながら、次のような疑問を呈している。

「まず、竹内はここで、『現在の中央銀行券は厳密な意味での信用貨幣ではない』といっているが、この点が『はじめに』で『［現行の］貨幣はある意味で信用貨幣である』、『一種の信用貨幣』であるというように、『信用貨幣』に修飾語を付けた理由であろう。しかし、信用貨幣を支払い約束と定義する以上、修飾語を付けてみても不換中央銀行券を信用貨幣とはいえないであろう。つまり、それはあくまでも、『一種の』支払約束ではないし、『ある意味での』支払約束でもないであろう。」

（八九頁）

山口は、「中央銀行券も、貸付関係のなかで発行されることによって、信用関係を内蔵して貨幣性を獲得している」という竹内の説明に対して、その「意味が不分明である」と指摘し、「あえていうとすれば、たとえば、割り引いた手形の将来の価値が先取り的に貨幣性を与えているとでもいうべきところではなかろうか」と述べている（八九～九〇頁）。このように、「信用貨幣」をめぐる概念上の齟齬は、「不換中央銀行券」を事実上の「信用貨幣」として位置づけられるかどうかによって生じていることがわかる。

ここではさしあたり、「現在の中央銀行券は厳密な意味での信用貨幣ではない」とすれば、「中央銀行券」の「貨幣性」の根拠は、「自分の手形（先取り貨幣）たる中央銀行貨幣」が「中央銀行」によって発行されることにあるとはいえなくなる。[30] すなわち、「貨幣」の発行方式ないし流通方式上のメカニズムにおける「信用」は、「将来の価値が先取り的に貨幣性」を与えられる場合の「信用」とは概念的に相容れない。

さらにまた、山口は、吉田［2002］の電子マネー論について、「吉田の信用貨幣の定義は請求権ではなく、貸出しないし信用関係によって発行＝創出された貨幣ということになり、その点で現代の不換中央銀行券も信用貨幣であると見ているのであろうと思われるが、これには疑問がある」（八四頁）とし、次のように述べている。

「信用貨幣とは、一般的には、あるいは『資本論』の支払手段論での用語法では、貨幣請求権（債務者からいえば支払約束）が貨幣性をもっていることをいったものと理解してよいだろう。不換銀行券も信用関係によって創出されたものではあるにしても、ある資産に対する直接的な請求権ではないのに対して、信用関係が作り出した債権＝債務関係、つまり将来の支払に対する請求権そのものがそのままで貨幣性をもつ場合があるのであるから、信用貨幣という用語を、伝統的な用語法に従って後者の場合に限定して使い、不換銀行券には別の用語をあてて、両者の区別を不分明にしてしまわないでおく方が、信用関係によって創出される貨幣の流通性の根拠を重層的に考察する上でも有用ではないかと思われる。」（同上）

要するに、「不換銀行券も信用関係によって創出されたものではある」というところの「信用関係」は、商品交換と結びついた「債権＝債務関係」を意味しているわけではないということである。そのため、その概念規定にあたって一旦「両者の区別」が問われるのである。

このことからわかるように、「不換銀行券」は、いかなる意味でも売り手（相対的価値形態）と買い手（等価形態）との間の「債権＝債務関係」の形成を可能にする因子ではない。等価形態側の買い手はすでに、相対的価値形態側の売り手との商品交換にあたって、自分の「不換銀行券」を等価物として譲渡するのであり、したがって当然に、一定期間後に現物貨幣を譲渡するという債務証書を発行すべき事態は生じない(31)。

それにもかかわらず、「不換銀行券」を「信用貨幣」として位置づけようとする議論の多くが、山口が指摘するように、その根拠を「発行＝創出」のメカニズムそのものに求めているのは確かである。だが、それだけではやはり十分とは言えない。問題は要するに、「不換銀行券」の「発行＝創出」のメカニズムを原理的にどう捉えたらよいかということである。

「原理論では、国家権力という経済主体を想定することはできないのであるが、この制度は商品経済的な合理性とあまり齟齬をきたさないようにもみえる。貨幣としての金について、市場でいちいち純度を確認したり、秤量したりするのは、市場の当事者にとって煩雑であり、コストがかかる。それを権威のある、したがって比較的に信頼度の高い国家が行うことによって様々な混乱を避けることができるであろうし、貨幣取扱費用の節約も可能になるであろう。市場の側から鋳貨制度への要請もこのような契機から考えられることである。」（竹内［1997］：二二七頁）

「国家権力」といった「制度」が「市場の側」からして「商品経済的な合理性とあまり齟齬をきたさない」というのは、「鋳貨制度」だけに限らず、「現代の不換中央銀行券」をみても一目瞭然である。ただし、竹内自身も指摘しているように、「市場の側」からの「要請」といったある種のシグナルによって「制度」としての「国家権力」がそこに介在しうる余地が生じるのであって、その逆ではない。ゆえに、「制度」を「原理論」次元で捉える際には「市場の側」からはじめなければならないということになる。そしてこのことは、「貨幣」が「市場」―商品経済の埒内―と「制度」―商品経済の埒外―との関係の産物であることを示唆する。

「通常、貨幣『制度』は、法的な制度として存在する。現実の商品経済において法貨が貨幣として通用する根拠は、商品経済の論理に抵触しない限りにおいて、政治的・文化的な領域など商品経済の外部で形成された合意を受け入れなければ機能しえないという、商品経済の特質に由来するように思われる。商品経済は、一方で自律性を確保しうる論理を内包する社会でありながら、他方で、その論理を外部のもので補完せざるをえない構造をもつ社会であり、貨幣『制度』は、それを端的に示す事例と考えられるのではないだろうか。」（岡部［1996］：二五一頁）

これによれば、「貨幣」が「貨幣」として実在するためには、「商品経済の外部で形成された合意」が必要とされる。「制度」としての「貨幣」のこのような一面、つまり「貨幣」は単なるモノではなく「商品経済の外部で形成された合意」の産物という側面は、金属貨幣などといった現物貨幣の鋳造過程だけでなく、不換銀行券の発行・創出メカニズムにおいても容易に見てとれる。いずれも制度的補完によってはじめて鋳造されるし、また発行されるのである。

確かに、不換銀行券は、中央銀行の発行・創出のメカニズムによって流通するのであるが、だからといって、それが直ちに不換銀行券を信用貨幣として位置づけうる根拠になるとは限らない。そこでの信用は、「商品経済」の枠内において成立した信用関係（債権債務関係）と無関係に、「商品経済」の「外部のもので補完」した「制度」としての法律的擬制を意味するからである。貨幣は市場と制度の産物であるといわれるが、そこでは前者の側面―価値関係の形成因子としての側面―はやはり見当たらない。

われわれは原理論において、「商品経済の外部」を直接想定するわけにはいかないがゆえに、いかなる「制度」が貨幣流通に関与するのかを知るすべはないし、さしあたりそれは問題ではない。したがって、「商品経済」または「貨幣」にたいする制度的介入は一旦括弧に入れざるをえない[32]。

貨幣制度を支える法律的擬制が金属貨幣（鋳貨制度）だけでなく、不換銀行券（通貨制度）にも等しく働くことを受け止めるならば、特に不換銀行券を、金属貨幣と同様な現物貨幣の個別態として位置づけることには何ら問題は生じない。実際に、岡部自身も述べているように、「現実に、貴金属との交換が保証されなくとも貨幣は通用している。これらの事態は、商品経済が、貨幣が貴金属などの有体物でなければならないことを要しないことを示している」といえる。

もちろん、ここでは、「現実」がそうだから「貴金属との交換が保証されなくとも貨幣」になりうるということをいっているのではない。そうではなく、不換銀行券の素材的無価値さそれ自体は、不換銀行券が、金属貨幣と同格な現物貨幣の個別態として位置づけられることを妨げないということである。なぜなら、貨幣表象の無根拠性に示されるように、貨幣商品の直接的で即物的な諸属性は、価値表現または価値実現にあたって意味をなさないからである。

一般に、不換銀行券を信用貨幣の個別態として位置づける議論の多くは、不換銀行券自体は金属貨幣のように一単位当たりの価値を有するものではないがゆえに、信用貨幣（あるいは国家紙幣）ではあっても決して現物貨幣とはいえない、というふうに考えている。すなわち、金は、貨幣商品でなくても貴金属、つまり一種の商品としての価値をもつことができるが、銀行券は、貨幣商品でなければ、単なる紙切れにすぎず、誰もそれを私的欲望の対象としないということである。

だが、こうした見方は、いってみれば、商品と同様に貨幣を、あたかも一単位当たりの価値を有しているものであるかのように取り扱う誤謬―これは通俗的な意味での商品貨幣説の貨幣観をそのまま踏襲している―を犯している。[33] 山口［2000］は、そのような即物的貨幣観について次のように述べている。

「不換銀行券の実質的有用性は、いわば制度によって支えられている有用性であるという点で、奢侈品としての金の実質的有用性とは異質のもののようでもあるが、奢侈品としての有用性もいわば慣習によるものである面もある。というよりも、欲望は歴史的、社会的産物である。」（一九六頁）／「紙幣や鋳貨についてはもちろん、貨幣としての金についても、貨幣の価値は実は素材に内在しているわけではない。その意味では、貨幣商品説が想定している貨幣も、その価値は素材という実体をもっているわけではない。素材とは使用価値のことであるとすれば、使用価値＝有用性も必ずしもあるものの内属性ではなく、一種の関係性であるから、時代によって変化するものである。」（山口［2006a］：二八頁）

すでに述べたように、商品は、貨幣形式からしてそこ（相対的価値形態）に置かれてしまったものにすぎない。一単位当たりの「価値」をどれくらい有しているかを問われる側が商品であり、問うている、あるいは問うことができる側が貨幣なのである。ゆえに、「原理論においては、実は貨幣の素材を特定する必要はないのである。貨幣素材の使用価値はいろいろな点で交換手段としての機能に適したものとしておくだけでよい。原理論ではとりあえず便宜的に金地金をとって貨幣の性質と機能を説明しているわけであるが、純粋理論の問題としては、実はその素材そのものは何でもよいのである。地金でも、鋳貨でも、紙片化した情報でもよい。さらには有体物でない当座預金でも電子情報でもよい。あるいはそれらを組み合わせた複数の素材でもよい。市場経済の発展段階と展開地域によって、それぞれの特殊な事情に応じた利便性の大きい素材が商品世界の共同作業として選び出されて通用するとしておけばよい」[34]ということになる。

「貨幣素材の使用価値」に対する「原理論」の答えは、それは「一種の関係性」からなるものということになる。それゆえ、「貨幣の素材を特定する必要はない」し、その一単位当たりの「素材の使用価値」もまた意味をなさない。「不換銀行券」そのものは、財としての「使用価値＝有用性」をほとんど持っていないが、価値関係の対極性を客観化し一般化する商品世界の社会的規定力を働かせることで、価値表現の一般的材料または商品交換の一般的媒介項としての役割を果たすというような商品論的観点（貨幣形式の観点）からすれば、金属貨幣と同様な現物貨幣として位置づけられるべきである。

さらにまた、それは、相対的価値形態に置かれる商品の価値を実現させることが可能であり、多少騰落が生じるとしても比較的長期間にわたってその価値を安定的に保蔵することができる[35]。この限りにおいては、「貨幣商品」の「素材そのものは何でもよい」というところの「素材」は原理的に、「交換手段としての機能に適したもの」、もしくは比較的長期間にわたって商品の価値を安定的に保蔵するにあたって「適したもの」であれば「何でもよい」ということになる。したがって、「不換銀行券」はまさに、商品経済における貨幣固有の機能や役割を担う現物貨幣の個別態として、原理論体系のな

かに矛盾なく組み込まれるのである。もちろん、

「不換中央銀行券は金とは縁が切れている貨幣であり、金属貨幣でないことは確かである。その限りで名目貨幣であるといってもよいであろう。しかし、では商品とも縁がきれている貨幣なのかというと、次の二点でそうではない。まず、名目貨幣でも、それ自体商品である。この貨幣について商品の二要因を考えてみるならば、使用価値はその貨幣としての諸機能である。この使用価値のゆえに被受領性が大きい。価値はもちろん貨幣以外の諸商品に対するその購買力である。諸商品の価値は貨幣の量、すなわち価格で示されるが、貨幣にはもちろん価格がない。しかし、価値が、したがって価値量がないわけではない。この価値の大きさをあえて外的なもので示そうとするならば、物価表を逆に読むしかない。これらの点で、貨幣は商品であるといっても、もちろん特殊な商品である。／不換銀行券が商品と縁が切れていないもう一つの点は、このこととも関連するが、貨幣は諸商品との関連の中で始めて貨幣でありうるということに由来する。貨幣の価値は諸商品の量と貨幣の量との関係（比率）としてしかない。しかもこの貨幣価値は、市場経済にとっては安定的でなければならない。」（山口［2000］：一九三頁）

「貨幣は諸商品との関連の中で始めて貨幣でありうるということに由来する」と山口はいうが、その逆もまた同様である。貨幣商品であれ一般商品であれ、貨幣形式の産物である以上、「金属貨幣」とか「名目貨幣」とかといった区別は、貨幣商品の内なる原理に関する議論というより、現物貨幣の

個別的態様として位置づけられる金属貨幣または不換銀行券の個別的特質に関する議論にすぎない。貨幣商品の貨幣性にあたって問うべきは、山口が正しく指摘しているように、「金」と「縁が切れている」かどうかではなく、「商品」と「縁が切れている」かどうかである。「不換中央銀行券」は、「貨幣以外の諸商品（＝一般商品：引用者）に対するその購買力」、つまり「価値」をもって、「諸商品の価値」を「価格」として表示させる。これが「物価表」である。

このことから、不換銀行券を金属貨幣とともに現物貨幣の個別態として位置づけるのは、商品論の論理に背馳しないということがわかる。これに対して、不換銀行券を兌換銀行券と同様な信用貨幣として捉える見方は、多かれ少なかれ貨幣商品についての通俗的な理解―商品貨幣説の貨幣観＝即物的貨幣観―に与するような意図せざる結果をもたらす。

不換銀行券は一見、貨幣素材においてはもちろんのこと、その発行・創出のメカニズムの特性上、国家の制度的介入が行われている点、さらにまた、中央銀行の債務発行＝信用創造をつうじて形づくられている点からすれば、兌換銀行券との相違はないようにみえる。だが、それは単に、現物貨幣または信用貨幣の個別態としての発行／流通方式ではあっても、貨幣商品の存立根拠にはならない。したがって、当該貨幣商品の固有の発行／流通方式そのものが、あたかも価値関係の形成因子として働く貨幣商品の存立根拠であるかのように扱うのは妥当ではないように思われる。

もっとも、不換銀行券は、中央銀行が国家に対する債権をバックにして発行されるものであり、それゆえ、当該国家に対する国際的な信認度がその価値と連動している。不換銀行券が信用貨幣（または国家紙幣）としてみなされがちなのは、当該国家および中央銀行の信用を貨幣発行の不可欠な根拠としているからである。(36) しかし、不換銀行券は、信用貨幣の個別態である兌換銀行券とは似て非なるものであり、いってみれば、独占的な購買力を発揮する現物貨幣として、その獲得自体が商品経済においては至上の目的かつ唯一の理由である。

金属貨幣は、鉱物資源の埋蔵量および生産量などをめぐる自然環境的諸条件によって限界づけられているというのが、現物貨幣の個別態としての特質をなす。同様に、不換銀行券にあたっては、当該国家および中央銀行などをめぐる制度的諸条件が現物貨幣の個別態としてのそれ自身の特質をなす。これらはいずれも、当該現物貨幣の価値変動を左右するものではあるが、原理的にはその発行／流通に関わるテクニカルな問題―貨幣機能論的問題―にすぎず、それら自体が貨幣商品としての自己根拠をなすとは限らない。

以上、本章の考察から、貨幣商品の存立根拠は、商品経済それ自身とは異なる原理によって営まれる領域から突然与えられるのではなく、貨幣表象、貨幣概念および貨幣形式からなる商品経済のメタ原理によって形づくられる、ということが明確になろう。

―小括―

最後に、以上の内容をまとめつつ、商品流通（市場）における信用売買（信用価格）の存立根拠について述べることで、本章を締めくくることにしたい。

本章では、商品論の枠内において信用貨幣の生成原理を抽象し、次のような結論を導き出した。信用貨幣は、相対的価値形態側の価値表現の形態にあたって現物貨幣とともに一つの潜在的可能態として併存するが、ただしその際、それは、貨幣商品の分岐構造から生じる貨幣表象を身体化しているものでなければならない。現物貨幣と信用貨幣は、いずれも貨幣形式によって根拠づけられる価値関係の形成因子である点で、先後関係ではなく並列関係にあるということができる。

これは一見、並列説における金属貨幣と信用貨幣の位置づけと類似しているようにみえる。そこでは両者は、貨幣商品の下位範疇として位置づけられているからである。だが、そこで信用貨幣の萌芽と目された茶債務は、商品形態の直接的消費対象性に基づいて発行されており、それ自体として貨幣表象を身体化しているものとは言い難い。したがって、そこから価値関係の対極性を客観化し一般化する商品世界の社会的規定力―貨幣商品の分岐構造を創り出す要因―を基礎づけることはできない。

さらにまた、並列説においては、兌換銀行券とともに不換銀行券が信用貨幣の個別態として位置づけられている。そこでは、不換銀行券の位置づけに関する他の議論と同様に、その根拠を信用貨幣の発行・創出メカニズムに求めているが、そこでいう信用とは、結局突き詰めれば、発行機関の権威や社会的影響力にたいする信頼ないし信認を意味するのであって、商品交換に密着した概念としての信用を意味しているとは言い難い。

そうした意味での信用を、不換銀行券を信用貨幣として位置づける際の根拠とするならば、信用貨幣そのものはもはや、価値関係の形成因子ではなくなり、したがってまた、その機能分析―貨幣論および信用論―における理論的土台を提供することもできなくなる。これは結果的に、商品流通（市場）における信用売買（信用価格）の存立根拠を損なうことにもなりかねない。

従来の原理論体系では、信用貨幣は、貨幣形態の成立による貨幣商品の出現を前提として発行されるものとされている。そこではさしあたり、現物貨幣（金属貨幣）を商品交換の媒介手段とする現金売買が先になり、買い手（借り手）の信用（債務）をもって行う信用売買は、現金売買の補助的かつ変則的な展開として扱われる。その結果として、貨幣論においてはいわば買うために売る（W－G・G－W'）展開を商品流通の初発形態とする原市場像が形づくられることになる。このようにして、商品論の貨幣像は、貨幣論の市場像と表裏の関係にあることがわかる。

しかし他方で、そうした市場像は、商品流通における信用売買の存在意義を捉え損なうことになりかねない。というのは、それは、信用貨幣が商品論において現物貨幣とともにひとまず価値関係の形成因子として生成されることを看過するものに他ならないからである。商品流通―ないしその場としての市場―にとって肝心なのは、貨幣商品の個別的様態ではなく、個別商品そのものの価値実現である。貨幣商品を商品交換の単なる便宜的な道具ではなく、価値関係の形成因子（商品論）または商品価値の実現因子（貨幣論）として捉えるならば、信用売買は、現物貨幣と信用貨幣との間の並列関係が示唆するように、現金売買とともに商品流通の初発形態（原市場像）における不可欠な条件をなしていると考えざるをえない。

商品論におけるこのような現物貨幣と信用貨幣の並列関係は、単純な市場に参入する商品W所有者にとってはじめから二つの選択肢が与えられていることを示唆する。それゆえ、販売W－Gを展開する商品W所有者は、現金売りとともに併存する信用売りという選択肢を念頭に置きながら販売W－Gを進めるものとして再規定されなければならない。これは確かに、流通手段論、蓄蔵貨幣論、そして支払手段論に繋がる従来の貨幣論の論理体系と明らかに矛盾する。

しかし、そうした理論体系は、すでに論じたように、交換性の定在を一般的等価物として規定する商品論の貨幣観、また、買うために売る（W－G・G－W'）交換方式―現金売りと現金買い―を商品流通の初発形態とする貨幣論の市場観に基づいて編み出されたものといえる。貨幣商品の機能分析にあたって信用貨幣―交換性と保蔵性の定在として機能する貨幣商品の下位範疇―がいくつかの機能を前提としてはじめて分岐するとされてきたのは、そのためである。

こうした観点を踏まえて、次のような問題を考えてみよう。すなわち、商品流通（市場）からみた信用売買（信用価格）の存立根拠はどこにあるのであろうか。小幡［2013］: 八九頁によれば、それは、「価格分散に対する抑制効果」として作用することにある。というのは、「もしこの抑制効果がまったく作用しなければ、その商品に内在する価値を実現しようとし、意図せざる結果として維持される商品在庫は消失し、バッファを内蔵した市場構造は瓦解する可能性がある」からである。

確かに、販売W－G自体が貨幣の獲得を前提として行われる以上、商品W所有者としては相対的に低い現金価格で滞貨を一掃せざるをえないことが起こりうるが、その際に、相対的に高い信用価格の存在は、引き下げ圧力によって分散する現金価格に対する、いわば価格下落の抑止力として働くことになると考えられる。

しかしながら同時に、次のような論点を想起する必要がある。すなわち、市場に参入する商品W所有者は、はじめから購買Ｇ－Ｗ'を念頭に置いているものとは必ずしも断定できないということである。というのは、商品Ｗ所有者は、商品Ｗ'を購買するためだけでなく、自商品Ｗを、一旦貨幣商品Ｇに取り替えることで、比較的長期間にわたってその価値を安定的に保蔵するために販売Ｗ－Ｇを行うこともありうるからである。

その限りで、単純な商品流通における商品Ｗ所有者を、最初から購買Ｇ－Ｗ'だけを目的にして販売Ｗ－Ｇを進めるものとして措定することはできない。われわれが貨幣商品Ｇを求める商品Ｗ所有者の販売行為から読み取れるのは、商品Ｗ所有者が貨幣商品Ｇの獲得を目的として市場に参入しているということだけであって、その行為自体が、一般的な価値保蔵手段―〝富Ｇ〟―に対する需要によるものなのか、もしくは一般的な流通手段―〝商品Ｇ〟―に対する需要によるものなのかを特定することはできないといわざるをえない。

仮に商品Ｗ所有者が価値の安定的な保蔵を目的に、自商品Ｗを貨幣商品Ｇに取り替えておこうとするならば、貨幣商品Ｇ自体は、さしあたり商品価値の保蔵手段として対象化される。この場合において、商品Ｗ所有者が、相対的に低い現金価格より、利子が資金の価格として含まれている相対的に高い信用価格を得るために信用売りに乗り出すような可能性を排除することはできない。

さらにまた、販売Ｗ－Ｇをつうじて受け取った貨幣商品Ｇを将来の流通手段として支出してもよいが、獲得後直ちに購買Ｇ－Ｗ'を展開しない限り、貨幣商品Ｇを現物で所持し続けるのはむしろデメリットになりうる。それゆえ、商品Ｗ所有者は、相対的に高い信用価格で自商品Ｗの価値を実現させると同時に、当初の目的をも達成できる信用売りを選好することもありうると推察できる。

このことから、単純な商品流通の販売過程W－Gにあたって、商品W所有者が現金売りだけを追求しているとも、また需要品W'の獲得を目指しているとも断定できないということがわかる。信用売買というもう一つの選択肢は、商品W所有者にとって販売W－Gを促進させうる可能性を与えると同時に、利子の獲得をも可能にする商品経済的契機に他ならないからである。また、買い手にとっても、購買G－W'のために必要な貨幣商品Gを現物で貯め込む一連の過程を先送りすることで、現時点では買えない需要品W'をいち早く入手できるようにする。特に高価の商品――いわば耐久消費財――を買い入れるにあたって信用売買の選好傾向が著しく見られるのは、そのためである。

要するに、商品交換の一形式としての信用売買は、現金売買と同様に販売期間の不確実性を根本的に消去するわけにはいかないとしても、商品流通の回転速度を早めることで、市場全体における商品価格の激しい騰落を抑制し、市場の構造的安定性を一層高める役割を果たす。そこで、商品価格は、現金価格と信用価格との間の緊張関係によって影響されるのであり、市場は、そのような価格形成のメカニズムを内在化した擬制的機構として営まれる。

市場は、いってみれば、現金売買と相異なる方式の商品交換を併存させることで、それ自身の構造的安定性を量的かつ質的に高度化する。市場が商品流通の回転速度(回転期間)を促進(短縮)するよう慫慂するのは、それが自己存続とも直結する問題だからである。

商品交換は、当該一般商品／貨幣商品の所有主体(私的所有権)を変更(移転)する一連の過程であるが、その際に、売り手が買い手からいかなる貨幣商品――現物貨幣または信用貨幣――を受け取ったかについて、市場は一切関心を持たない。肝心なのは、私的所有権者同士の権利義務関係の成立による所有主体（私的所有権）の変更（移転）そのものであって、それがいかなる方式をとっているかといったテクニカルな問題は、二義的かつ副次的なものにすぎないのである。

【注】

（1）宇野［1964］：二九頁。

（2）今村［1994］：二三頁・二一九頁。

（3）Marx［1890］：S.141。

（4）一層詳細な解説については、泉［2012］を参照されたい。

（5）こうした観点から横山［2006］は、「特に一般的等価形態になる商品は、みずからのイニシアチブで他のあらゆる商品との交換が可能であり、またそれによって所有者の欲望を満たすことができる。こうした意味において、一般的等価形態とは、商品の本性を十分に発揮できる形態である」（七七頁）としつつ、「実際にすべての商品が貨幣であることはありえないが、商品は他の商品に対する直接的交換可能性を求めるという本性において、『商品は貨幣である』と言えるのではないだろうか」（七八頁）と述べている。要するに、「商品」は、「貨幣」と同様に「他の商品に対する直接的交換可能性を求めるという本性」を有するということである。ただしそれは、特定段階における「商品」の一側面を一般化したものといわなければならない。というのは、「商品」の「他の商品に対する直接的交換可能性」は、第Ⅱ形態から第Ⅲ形態への移行を分岐点として相容れない様相を帯びるようになるからである。すなわち、それは一般に、価値形態の対極性が固定化・固着化されていない状態の下において等価商品に与えられるものにすぎず、ゆえに価値形態の固定化・固着化されている状態の下における「一般的等価形態になる商品」のそれとは似て非なるものである。とくに後者の場合、「一般的等価形態になる商品」を除いた「すべての商品」は、「他の商品に対する直接的交換可能性を求めるという本性」を喪失することで、単なる一般商品の地位に追いやられるのであって、自らの「本性を十分に発揮できる」チャンスさえ得られなくなる。したがって、「『商品は貨幣である』と言える」というのは、あくまでも「一般的等価形態（または貨幣形態：引用者）になる商品」に限るものであって、「すべての商品」に当てはまるものではないといわざるをえない。これについては本章の第三節と第四節で詳しく述べることにする。

（6）Harvey［2014］は、貨幣について次のように説いている。「もし貨幣がまったくつかの間の瞬間しか価値を保存できないのであれば、それは流通媒体としても役立たないだろう。他方で、もし単なる流通手段としての貨幣を求めるのであれば、銀貨という『現実』貨幣とまったく同じように、偽造貨幣もその役目を果たせる。それゆえに金や銀は、価値尺度や価値保存には優れているが、商品流通が回りつづけるためには、今度は手形や紙幣／信用貨幣といった形態で表わす必要がある」（五五頁）。要するに、「価値を保存できない」ような「単なる流通手段としての貨幣」は、「流通媒体」にもなりえないということである。この点は、「商品流通が回りつづける」にあたって、等価物における「価値を保存」する機能と「流通媒体として」の機能とは、いずれも欠くべからざるものということを示唆しつつも、本文の「三角取引における「茶」または「茶債務」のような「流通媒体」は、価値表現の一般的材料または商品交換の一般的媒介項として機能し難いということを逆説的に物語っている。

（7）他方で、貨幣なき市場は、いわゆるLETS（Local Exchange Trading System）の理論的な土台をなしている。西部［2000］によれば、それは、「参加者が財・サービスを自発的に取引しあう自律的な経済ネットワークであり、各参加者が交換媒体として固有の地域通貨を発行・管理しながら利用する仕組みである」（九六頁）。さらに、そこにはテクニカルな設計上、「双務的な権利義務関係を前提にしない。黒字や赤字は特定の取引相手や個人に遡求する債権や債務ではないし、何らの法的拘束力にも基づかない。黒字はLETSという制度あるいはLETSの全参加者に対する権能であり、参加者は自分の黒字によりそれを得た特定の参加者からだけでなく、LETSのどの参加者からも財・サービスを購入することができる」（一二〇頁）。要するに、この種の「取引」では、たとい自分の口座が「黒字」でないにしても、買い手は自分の信用で「交換媒体として固有の地域通貨」を「発行」し、それをもって売り手から一定の「財・サービス」を「購入」することで、一旦売り買いは終了する。個別「参加者」の口座には、「黒字」か「赤字」かどちらかで記録されうるが、全体「参加者」の口座の合計は恒常的にゼロ状態を維持する。確かに、「LETS」は、「双務的な権利義務関係を前提にしない」がゆえに、「茶」に対する指図証券としてしか機能しない、「三角取引」の茶債務とは似て非なるものである。このことから、一方で「LETS」が開放型の交換関係として、他方で「三角取引」が閉鎖型の交換関係として形づくられているということがみてとれる。ただし、いずれの「取引」においても、「参加者」同士の関係が、一般的等価物の不在を所与とする〈単純な価値形態・拡大された価値形態〉の商品世界に基づいている点を見逃してはならない。そこでは「参加者」は、自由に相対的価値形態に置かれたり、等価形態に置かれたりしながら、誰もが平等に信用／信頼貨幣の発行主体になりうるからである。いわば購買力の根源を、提供可能な自分自身のものに由来するようにしているのである。すなわち、「三角取引」は、その三角関係を離脱してしまえば、通用しなくなる私的欲望の相互一致を前提とする交換関係であり、「LETS」は、通貨発行権を個々の「参加者」に与えながら、それに伴う履行義務を該当コミュニティに結びつけさせることで、物々交換の難点とされる欲望の不一致問題を乗り越え、「参加者が財・サービスを自発的に取引しあう」というような、いわば貨幣なき商品流通を繰り広げるものに他ならない。このように、両取引は、その構造上の相違（閉鎖型／開放型）があるとしても、〈単純な価値形態・拡大された価値形態〉の商品世界に根を下ろしている点で同様なカテゴリを共有しているものといえよう。

（8）Marx［1890］：S.62。

（9）これについて、永谷［2006］は、「むしろ形態Ⅰから形態Ⅱ、さらに形態Ⅲへの移行では、価値形態の発展に共通性があり、同次元的発展といえるのにたいし、形態Ⅲから形態Ⅳ（貨幣形態）への移行に際しては、その発展を基礎にしながらも、新次元への新たな『本質的な変化』が起こる」（九四頁）と述べている。本書では、「形態Ⅲから形態Ⅳ（貨幣形態）への移行」にあたって「本質的な変化」を捕捉する永谷の見方に異存はないが、ただし「一般的等価として選ばれることの多い少数の高級な商品」（九五頁）の「物体的属性」（同上）に基づいて貨幣商品の貨幣性ないし一般的受領性を基礎づける、即物的な貨幣選定論には同意しかねる。これについて詳しくは本文で述べる。

（10）他方で、大黒［2015］は、「商品所有者の意向は、即自的には市場に登録された特定の商品を目指して『あれが欲しい』という対象欲求としてまずは表明される。しかしこの表明は、交換を通さざるを得ないため、独自の商品を自身も市場に登録しなければならないという社会的要請にともなわれている。『あれが欲しい』という対象欲求は、『私の商品の特異性を認めよ』という承認欲望、さらに『私のこの欲求の固有性を認めよ』という承認欲望として即座に対自化される」（六六頁）と述べている。ただし、ここで考えてみたいのは、価値表現の形態にあたって相対的価値形態に置かれる「商品の特異性」とその「商品所有者」のもつ「欲求の固有性」をどこまで明確に想定しうるのかということである。「商品」は、いってみれば、他者との対極的な価値関係によってそこ（相対的価値形態）に置かれてしまったもののことであり、その意味で、「単体では存在できない対他反照的な関係概念」（青木［2016］：二三六頁）に他ならない。「商品」が価値関係に先立ってそれ自身の個体的完結性を備えているものであるかのように想定するのは、「商品」をはじめから完成態―いわば一般商品―として規定することである。だが、「単純な価値形態、すなわち一連の諸変態を経てはじめて価格形態にまで成熟するこの萌芽形態の不十分さは、一見して明らかである」（Marx［1890］：S.76）というマルクスの叙述においても示されるように、「価格形態」以前における両極商品は、各々一般商品と貨幣商品との「萌芽形態」にすぎず、したがって、いずれも自己を完成態として自覚しているとは限らないように思われる〔青木［2016］：二七一～二七五頁〕。

（11）この点に関しては、商品所有者の私的欲望を導入しマルクス価値形態論を全面的に刷新した宇野弘蔵においてもさほど変わりはない。宇野［1964］は、「当然のことであるが、一般的等価物は等価物商品として最も適した使用価値を有する商品に帰着することになる。金、銀が、そして結局金が、かかる一般的等価物として固定され、貨幣となるのである」（三六頁）と述べていることからわかるように、商品自体の自然的属性を貨幣形態の成立の契機としている。だが、それは、両極商品同士の価値関係からくる内的必然性とはいいがたい。価値形態の移行における宇野の方法論的展開は、もちろんマルクスのそれとは相容れないが、「この形態は、単にそういうように理論的に考え得るというだけのものではない。〔……〕それは〔……〕社会的にそうなるのであっておのずから特定の商品に限定されて来る」（宇野［1973］：三九～四〇頁）と述べられているように、一般的価値形態から貨幣形態への移行にあたってはマルクスの方法論的展開とそれほど相違しないものとなっている。

（12）Marx［1890］：S.103。

（13）同上。

（14）他方で、Aglietta／Orléan［1982・1984］は次のように述べている。「Bの欲望はあらゆる点でAの欲望に似ている。それは他者の承認を求める。他者の承認を得るためには、自己の所有する物が他者自身にとって望ましいものだということを、つまりそれが使用価値になりうるということを、証明せねばならない。だがそのためには、交換関係をひっくりかえさなければならない。つまりAが受動的にならねばならない。このようにして、われわれは否応なしに分身の破壊的暴力へとゆきつく。この暴力は、AとBとの間の欲求の二重の一致を徹底して排除する」（四二～四三頁）。ここでは、「A」だけでなく、「B」も「他者の承認を求める」ものとされているが、これは、貨幣形態〈一定量の一般商品＝一定量の貨幣商品〉がそうであるように、「a量のA財＝b量のB財」（同上）が「A」側の独りよがりの宣言によって形づくられることを根本的に看過するものではないだろうか〔これについては本書の第二章第三節を参照されたい〕。すでに検討したように、商品世界の社会的慣習において暴力的機制が働くのは確かであるが、それにしても「A」と「B」との間の非対称的な価値関係を、双方の暴力的敵対の所産として捉える見解には首肯し難い。

(15) 今村［1982］：一一〇頁。

(16) 仮に吉沢文男［1957］：二一八～二一九頁は、貨幣のことを「『空』なるもの」・「『空』的存在」や「『空即是色』的態様」などとして表現しているが、ここでいう貨幣とは、厳密にいえば、モノとしての貨幣ではなく、抽象的範疇ないしは観念的場所としての貨幣を意味する。一般に貨幣と呼ばれるものは、それの現物形態にすぎない。ゆえに、両者の相違を看過するのは、転倒した観念を無批判的に受容することだといわなければならない。

(17) Marx［1890］：S.83。

(18) Marx［1890］：S.80。

(19) Marx［1890］：S.84。

(20) これについては、山口［1985］：二一一～二一二頁の図及び菅原［2012］：二四頁の図1-1-1を参照されたい。

(21) Aglietta／Orléan［1982・1984］：四五～四八頁。

(22) Marx［1890］：S.72。

(23) これに関して、大黒［2016］は次のように述べている。「じっさい、それ自身は『使用価値』（有限）でしかない商品が、到達しえない自己の分身を求め能動的に『価値』（無限）を表現することで、等価形態身体に直接的交換可能性を付与し、逆に自己をそれに受動的に従属させてしまうという主客逆転のロジックは、権力をめぐる主導権争いのダイナミズムの帰結でなくてなんであろう」（九一頁）。本書では、相対的価値形態と等価形態との間の対極的関係から「主客逆転のロジック」を見出す大黒の見方に同意するが、それが「権力をめぐる主導権争いのダイナミズム」に「帰結」するとは考えていない。というのは、そこでの「主客逆転」は、「商品」自体の権力志向性ではなく、自己完成への再帰的な展開とその結果として成り立っているからである。

(24) 他方、石橋［2016］は、貨幣について次のように述べている。「貨幣とは、本質としては物的なものとして捉えられるべきではないのではないか。例えば、電子マネーという現代の貨幣は、物的な姿をとらない。貨幣とは、金・鋳貨・紙幣・銀行券・電子マネーなどの姿を貫いている何かではないか。それがその時々にさまざまな貨幣体という姿をとるのではないか。さらには、デジタル化し物的な姿もとらなくなり、媒体を移動する情報そのものとなるのではないか。本来的な貨幣たる金貨幣が鋳貨になり、紙幣になり、銀行券になり、電子マネーとなったと考えるのではなく、貨幣があるときは金、あるときは紙幣、あるときは鋳貨、あるときは銀行券、あるときは電子マネーという姿をとっているのではないか。貨幣機能を果たすものが貨幣であって、貨幣機能がさまざまな姿をとって果たされるにすぎないのではないか」（九二頁）。これは、「貨幣体」そのものから「貨幣」の「本質」を根拠づけようとする即物的な貨幣選定論とは相容れないが、「貨幣」を「貨幣」たらしめる根本的な契機を、個々の「貨幣体」のうちに在るはずの「何か」でもって根拠づけようとする点では、即物的な貨幣選定論と類似しているといわざるをえない。

(25) ここでいう貨幣表象の無根拠性は、貨幣表象の非合理的成り立ち方を強調するもので、決して「貨幣存在の無根拠性」（岩井[1998]：一〇二～一〇七頁）なるものを指し示しているわけではない。岩井[1999]は、マルクスの価値形態論から「欲望を無限に先送りする構造」（一三頁）を発見し、そのことから「貨幣は貨幣として使われているから貨幣だ」（一四頁）と主張している。だが、この種の循環論法が、貨幣が形式的使用価値を特化している立派な商品としていかに生成されるのかについて論じているとはいいがたい〔これについて詳しくは山口[2008]：六三～七二頁及び竹内[2019]：一二～一三頁を参照されたい〕。他方で、大黒[2000]：七一～八六頁は、そうした「構造」に基づきハイパーインフレの可能性を理論的に引き出す岩井の方法論的展開に対して、「流通根拠を『他者指向性』に還元してしまうことは、かえって貨幣流通の自動的安定性を含蓄させることになる」と指摘している。

(26)「金が一般的等価におさまるからといって、それは発生の秘密をたどればやはり〝意図せざる結果〟においてそうなのである。しかし、このような『信認』が全くの恣意に堕さないのは、ともかくもその根底に、自らの合理的推論に対する確信と、そうした推論の普遍性に対する確信が、各経済人にまがりなりにもあるからだといわなければならない。そしてこのことを、貨幣の生成にともなう『基礎的信認』と呼んでよいように思われる。／もちろんどこまでいっても自覚的な『信頼』はつねに『不信』と隣り合わせなのであり、貨幣が一般的等価として永続するためには、この特定素材に対する自覚的信頼という手続きそのものを括弧に入れる必要がある。そしてその括弧入れを可能にするのが、貨幣の『形式的使用価値』に対する尽きることなき欲求と捉えうるのである。」（大黒［2000］：四八～四九頁）

(27) これに関してマルクスは、次のように述べている。「リンネルの価値存在が上着とのその同等性に現われることは、キリスト教徒の羊的性質が神の仔羊とのその同等性に現われるようなものである」（Marx［1890］：S.66）。「キリスト教徒の羊的性質」なるものがはじめから在ったわけではなく、「神の仔羊とのその同等性に現われる」時にはじめて「キリスト教徒」というそれ自身のアイデンティティが得られることになる〔新田［2010］：四〇～四三頁〕。すなわち、「リンネル」は、「上着」という「価値鏡」（Marx［1890］：S.67）をとおして自己を認識することになる。そこで、たとえ「二〇エレのリンネル」が自然的属性を異にする「一着の上着」に置き換えられるとしても、それ自身のアイデンティティを喪失することはありえない。むしろ他者（一着の上着）の承認をつうじて恣意的かつ主観的な自己規定特有の自閉性を破ることになり、そこから一定の客観性を確保しうるからである。その意味からいえば、価値表現の展開は、独りよがりの自己規定または自己根拠を社会的に正当化してもらうことで、高次の自己回復（止揚）を可能にするものに他ならない。

(28) こうして、商品と貨幣は、「単体では存在できない対他反照的な関係概念」（青木［2016］：一三六頁）であることがはっきりする。両者はいずれも、商品世界の社会的規定力によってそれら自身の存立根拠を与えられる。その限りで、商品や貨幣がいかなる特性・特質を備えているのかは二義的な問題にすぎないといわざるをえない。

(29) これはいってみれば、一般商品の自己認識のための方便的存在ともいえるだろう。他方、これに関連して、栗本［1979］は、「貨幣が崇拝されるのは、それがもはや素材の持つ世俗的意味から一面で乖離し、示現された〝聖体〟だからである。このような点を理解できなかったマルクスは、何とか素材（貴金属、主食、家畜）的使用価値や交換価値から貨幣の本質を論じ来たろうとして無益な努力を重ねた」（二二六頁）と指摘している。本書では、貨幣商品が〝聖体〟だけからなっているとは考えていないが、それはともかく、価値形態論を、ある種の貨幣起源論として捉える栗本の見解には賛同し難い。「価値形態論で大切なのは、貨幣の起源ではなく、『貨幣形態』の起源である。ある物が貨幣であるのは、それが何であるかに関係がなく、たんにそれが貨幣形態という場所に置かれるからだ。マルクスは、それを『商品世界の社会契約』として見たといってよい」（柄谷［2010］：一四〇〜一四一頁）。

（30）貨幣の貨幣性ないし一般的受領性については、岡部［1996］：二四五〜二四六頁及び大黒［2000］：二四頁を参照されたい。他方で、山口［2000］は、貨幣の貨幣性・一般的受領性に関する岡部の解説に対して、「ここには、ここの因果の関係が、どうして『誰もが欲するモノであるがゆえに、誰もが受け取りを拒否しない』というように逆にはならないのか、の説明がない。〔……〕要するにここの議論は、因果論的な体裁は取っているが、実は、現実を前提し、それを記述しているだけであって、現実を理論的に、つまり因果論的に再構成しようとする議論ではない」（二九七頁）と指摘している。これに対して、岡部［2001］は、「『誰もが欲する』がゆえに『誰もが受け取りを拒否しない』というのでは同語反復であって、むしろ、問題は、自らの欲求を満たさないものを新たに欲するという意識をどのように導き出すのかということにあるのではないだろうか」（二三頁）と述べている。要するに、両者は、直接的消費対象への需要と一般的な流通手段への需要とが相互に結びついているか、あるいは断絶しているかによって見解が分かれているといってよい。本書では、両方の需要は相容れないものであるがゆえに、価値形態論における第1／2形態と第3／4形態との間には断絶が存在するとみているが、そうした断絶が生じる根因は、すでに述べたように、商品世界の社会的慣習にあると考えている。

（31）「不換銀行券の弁済を、弁済を求められている当の不換銀行券で行うというのは循環論であり、これをもって弁済ということはおそらくできまい。」（泉［2011］：一二三頁）

(32) 不換銀行券の概念規定をめぐる論争にあたって、いわば不換銀行券＝信用貨幣説に代表される岡橋[1969]の立論は、不換銀行券が銀行の信用創造メカニズムによって発行される点に着目しており、他方で、不換銀行券＝国家紙幣説に代表される麓[1967]の立論は、不換銀行券の債務性が事実上喪失されている点に着目している。前者は信用創造に、後者は支払約束に焦点を合わせている点で、両説は不換銀行券における信用概念の取り扱い方を異にしていることがわかる。ただし、原理論―なかんずく商品論―では、国家や中央銀行などの外的因子はさしあたり排除される―か、または抽象度を極めて高める形で扱う―のであって、われわれとしてはそうした法律的擬制に基づいた通貨発行のメカニズムを、不換銀行券それ自身の存立を根拠づける因子として取り入れることは難しいといわざるをえない。

(33) 実際に、岩井[1999]は次のように述べている。「まず、貨幣商品説が正しくないことはすぐわかる。一万円札は一万円の価値がある貨幣である。しかし、印刷は非常に精巧だがただの紙きれにすぎない紙幣そのものを欲望の対象にする人はいない(つまり、商品としての価値はない)」(八頁、岩井[1998]：八七~九七頁)。すなわち、ここでの要点は、「一万円札」の自然的属性の一単位当たりの「価値」はほとんどないのに、「一万円の価値がある貨幣」として通用されている。したがって、「貨幣商品説」は「正しくない」のだということである。しかし、そこでは、何故「貨幣」が、実質的使用価値の定在としての「商品」と対極的な立場で、形式的使用価値の定在として現われてくるのかについての考察は見当たらない。そこでは、「商品」は単に、実質的使用価値を持つもの―いわば私的欲望の対象―であるがゆえに、「貨幣」もまた、実質的使用価値の定在でなければならないというのが「貨幣商品説」であるかのように扱われているにすぎない。

(34) 山口[2006a]：三三頁。

(35) 奥山[2013]によれば、「不換紙幣は、商品の所有者の価格づけによって購買力を付与され、価値を与えられるが、その価値は、貨幣価値の変動が収斂するような均衡的な価値を持っていないのである。物価は限りなく上がることもあれば、限りなく下がることもある。不換紙幣それ自身には、物価を安定させる機能はないことになる」（三二頁）。「したがって、貨幣の価値という点では、不換紙幣はその性格からして、安定性、保存性の問題を抱えている」（三三頁）。ただし、ここでいう「貨幣価値」の「安定性、保存性」の高低自体は、あくまでも貨幣流通上の「問題」であって、価値表現上の「問題」ではない。したがって、たとい「不換紙幣」が貨幣流通上の「問題を抱えている」としても、それを金属貨幣と同格の現物貨幣として位置づけるにあたって何ら支障はないように思われる。

（36）奥山［2013］：一二六～一二八頁、Lapavitsas［2006］：七〇～七三頁。

あとがき

信用貨幣は、口約束やトークン、紙製媒体、電子記録など様々な姿で現われるが、いずれも所有主体（私的所有権）を変更（移転）させるものとして働くという点で、現物貨幣とともに貨幣商品の下位範疇として位置づけられる。現物貨幣と信用貨幣は、各々相異なる交換方式―現金売買または信用売買―によって現出されるとはいえ、いずれも相対的価値形態側の価値表現の展開によって等価形態に置かれる貨幣形態の等価商品、つまり貨幣表象を身体化している価値関係の形成因子である点で、両者の間の質的相違は存在しないといわなければならない。

しかしながらその反面においては、現物貨幣と信用貨幣との間の量的相違が厳然と存在することも事実である。信用売買においては一般に、現金売買と異なり、資金（一定期間の貨幣用益権）の売買が追加的に行われる。それによって、利子が資金の価格として発生し、信用価格と現金価格との間には差額が生じる。それゆえ、信用貨幣は、現物貨幣とは相容れない外形を持つことになる。資金もまた、商品である以上、高く売ることも安く買うことも可能であるが、だからといって、信用関係（債権債務関係）における債務履行の不確実性を完全に払拭させることはできない。利子は、そもそも一定期間の貨幣用益に対して支払われるものにすぎないからである。

ところで、仮に信用関係における買い手（借り手）の債務履行の不確実性を代位する第三の経済主体が存在するとすれば、買い手（借り手）が自分の信用（債務）で商品交換を行える可能性は一層高まると考えられる。その種の経済主体は、売り手（貸し手）が獲得するはずだった利子の一部または全部、時にはそれ以上を自分の利益とする。すなわち、買い手（借り手）に対する売り手（貸し手）側の債務履行請求権をいわば商品Wとして買い入れながら、後に買い手（借り手）にその債務を返済させることで、そこから差額を獲得する。これはいってみれば、安く買って高く売る、商人資本的形式（G―W―G'）の価値増殖方式に当てはまる。

このように、信用売買では、商品と資金という二種類の「商品」を同時に売買しているがゆえに、現金売買では見当たらない経済主体が商品経済的動機をもって介入することになる。もちろん、信用貨幣は、その生成原理からしてそのような経済主体を前提とせずとも発行・流通されうるのであるが、それによって、信用貨幣の発行・流通はさらなる一般化を試みることができる。そうなると、今度は直接自分の名義となっている債務証書を発行して、手形を割り引いたり、直ちに貸付を実行したりすることも可能になると推察できる。

したがって、信用貨幣は、債務履行の不確実性を代位する専業的かつ専門的な経済主体によって現物貨幣との量的相違を形骸化し、流通手段としての貨幣機能を一層高度化することで、現物貨幣の実在自体を相対化することができる。実際に、金本位制の下での兌換銀行券がそうであったように、債務証書というその本然の姿はほとんど形骸化され、現物貨幣と同様なものとして観念されたのである。

それに反して、不換制下の現代の不換銀行券は、中央銀行が国債や手形などを根拠にして発行するというメカニズムからすれば、兌換銀行券と変わりがない。だが、繰り返しになるが、中央銀行が保有する資産としての国債や手形などは、不換銀行券を発行する際の形式的かつ名目的な根拠にすぎず、それゆえに、不換銀行券は、兌換銀行券のような実体的根拠（金）を持たない。不換銀行券がその流通において国家に対する大衆の信頼・信認や法的擬制などといった観念的土台の上に成り立っているのは、銀行券発行における保有資産の形式性・名目性と決して無関係ではない。

こうした特殊性のため、不換銀行券は往々にして信用貨幣として位置づけられる。それは、発行／流通方式にあたって既存（兌換制）の通貨制度をそのまま借用しており、金兌換停止という条件以外には事実上兌換銀行券と相同するからである。しかし、兌換銀行券がいくら現物貨幣の諸機能を果たしていたとしても、その保有者は原理的には、発行主体との信用関係を結んでいる債権者に他ならない。

他方で、不換銀行券の保有者は、発行主体との信用関係を形成しない。それゆえ、それをもってする商品交換（現金売買）においては、交換当事者以外の第三の経済主体の介入は起こらない。これは、買い手（借り手）の信用（債務）をもってする商品交換（信用売買）において第三の経済主体が介入しうるのと対照的である。

すでに述べたように、売り手（貸し手）と買い手（借り手）との間の信用関係における第三の経済主体の介入は、債務履行の不確実性を代位することで、その買入価格（G）と請求金額（G'）との間の差額を自分の利益とするのであるが、また同じ理屈で他の専業的かつ専門的な経済主体に再び債務履行の不確実性を代位させることも可能である。

実際に、現代資本主義を特徴づける金融危機は、消費者信用（信用創造による耐久消費財の買い入れ）

における債務不履行によって触発されたものに他ならない。また周知のように、投資銀行は、住宅ローンを取り扱う金融機関から受信者（特に低所得層）に対する与信者（金融機関）側の債権を買い取り、それらを分割・合成するなどの金融工学的加工過程を通して不特定多数を対象とする、いわばローリスク・ハイリターンの金融化証券（サブプライム・ローン）を作り出すことで、貨幣用益の需要者と供給者を有効に結びつけた。いわば債権の証券化である。これが結局、受信者（消費者）の債務不履行からもたらされる危機を増幅させる根因となったのである。この種の証券金融業のビジネスモデルはまさに、従来の産業金融のそれとは異なり、金融商品の運用および取引から得られる収益を価値増殖の源泉とするものといってよい。

いずれにせよ、信用関係における債務履行の不確実性に介在する経済主体の存在は、資本概念を原理的に考察するうえで欠かせないものと考えられる。だが、ここでは、その成立および展開を論じるにあたって十分な検討がなされていない。それに対する原理的解明は、資本形式論についての考察とともに今後の課題としたい。

＊＊

人間は、モノを作るが、同時にそれに縛られる。自由と従属との間を行き来する存在といってよいかもしれない。言語も神も貨幣も…すべて人間が作ったものであるが、一旦作られたら、その制作者であってもそれらを意のままに制御することはできない。作られたモノは、一定の生命力をもって一人歩きし、やがて主体と客体の関係を転倒させる。

そこで人間は、転倒した関係を疑えない自然の摂理として観念するようになる。転倒した関係が終わりを迎えてはじめて人間は被支配感を覚えるようになるが、そうなると、今度は旧支配者が弾劾の対象となる。しかしその際、人間は、それ自身が既に新たな従属関係に組み込まれていることに気がつかない。まさに虚構の変奏という他ない。

われわれは、人間と人間によって作られた擬制的概念体系との間の関係を通して、人間における世界との付き合い方をみる。その一つとして貨幣を取り上げることができる。貨幣は、人間が世界と付き合うための一つの方便として考案されたものであるが、とりわけ近代においてそれは、絶対的存在として格上げされることになる。

貨幣は一般に、人間同士または人間と社会の関係を、等価原理に立脚して再編する力を有しているといわれる。ありとあらゆるものに等価原理を主張し貫徹させようとする存在としての近代的人間――個人(individual)――こそ、貨幣支配の産物(またはその証し)に他ならない。

マルクスは、人間と貨幣の関係の転倒性を看過すると同時に、貨幣存在を価値(労働)の物的外皮として道具化してきた古典派経済学の観点を退け、価値形態論を打ち出したが、この批判は今日でも依然として有効である。そこでは、人間と貨幣との間の支配従属関係自体が問題ではなく、それに気がついていない認識状態こそ問題なのである。貨幣体のテクニカルな側面を寄せ集めて、その存在を説明するだけでは、「貨幣の謎(なぞ)」を解くことも、ひいては人間における世界との付き合い方を理解することもできない。

歴史を振り返ると、貨幣支配を超克しようとした多様な試みは、無残な結果に終わった。それは、貨幣に対する無理解から生じたものでもあったし、いってみれば、近代空間における神聖冒瀆とでもいうべきものであった。貨幣廃棄論は、少なくとも近代空間においては意味をなさない。貨幣による人間の支配を相対化するためには、人間支配の新たな形式が到来しなければならない。

もちろんそうはいっても、今のところその実体を知る術はないし、特にそれ自体がマルクス経済学原理論の課題とも思われないが、ただ一つ確かなのは、もしそうなると、人間は、貨幣との関係において被支配感を覚えるようになり、結局、貨幣の存在自体を相対化する方向に舵を切り始めるだろうということである。

そうして、貨幣支配の歴史空間としての資本主義は終焉を迎えることになろうが、その場合においても、やはり、人間は、自分の作ったモノに縛られるような生き方を繰り返しているのではないだろうか。

＊＊

本書は、二〇二〇年三月に北海道大学大学院経済学院に提出した博士学位論文「信用貨幣の生成原理に関する研究」を修正・加筆したものである。本書を出版するにあたって、私は、多くの方々にお世話になった。なかんずく、岡部洋實先生（北海道大学名誉教授）は、私が二〇一四年九月に研究生（北海道大学）として来日して以来、修士課程および博士後期課程を修了するにあたって多くのご指導を賜った。心より感謝する次第である。なお、出版に際し仲介の労をお執りくださった橋本努先生（北海道大学教授）と、本書をお世話いただいた社会評論社の松田健二さんにもお礼を申し上げる。

二〇二一年七月

著者

＊参考文献

青木孝平［1984］『資本論と法原理』論創社。

青木孝平［1992］『ポスト・マルクスの所有理論―現代資本主義と法のインターフェイス』社会評論社。

青木孝平［1999］「交換過程における占有と所有―市場経済と法カテゴリーの相関社会科学的考察」鈴鹿医療科学大学『鈴鹿医療科学大学紀要』第六号。

青木孝平［2001］「分析派マルクス主義の批判的検討―宇野原理論の社会哲学的再構成に向けて」九州大学経済学会『經濟學研究』第六八巻第二・三号。

青木孝平［2002a］『コミュニタリアニズムへ―家族・私的所有・国家の社会哲学』社会評論社。

青木孝平［2002b］「価値形態論における占有と所有―資本主義における人間の地位を解読するために」鈴鹿医療科学大学『鈴鹿医療科学大学紀要』第九号。

青木孝平［2005］「コミュニタリアニズムとしての宇野経済学」経済理論学会編『季刊 経済理論』第四一巻第四号。

青木孝平［2008］『コミュニタリアン・マルクス―資本主義批判の方向転換』社会評論社。

青木孝平［2009］「コミュニズムとコミュニタリアニズム」千葉大学『公共研究』第五巻第四号。

青木孝平［2016］『「他者」の倫理学―レヴィナス、親鸞、そして宇野弘蔵を読む』社会評論社。

青木孝平［2019］『経済と法の原理論―宇野弘蔵の法律学』社会評論社。

阿部秀二郎［2006］「『経済人』の行方―新古典派・合理的経済人の批判を通して」SGCIME編『現代マルクス経済学のフロンティア』（マルクス経済学の現代的課題：第Ⅱ集現代資本主義の変容と経済学・第三巻）御茶の水書房。

飯田和人［1993］「価値形態の発展（下）」明治大学政治経済研究所『政経論叢』第六一巻第五・六号。

石井英朗［1964］「商品経済と私有制について―その覚え書き」『思想』第四八五号。

石橋貞男［2016］『現代の貨幣』白桃書房。
泉　正樹［2004a］「商品貨幣説の意味すること」経済理論学会編『季刊 経済理論』第四一巻第一号。
泉　正樹［2004b］「不換銀行券と計算貨幣」埼玉大学経済学会『社会科学論集』第一一三号。
泉　正樹［2011］「不換銀行券と商品価値の表現様式（1）—現代の不換銀行券の原理的把握に向けて」東北学院大学学術研究会『東北学院大学経済学論集』第一七六号。
泉　正樹［2012］「不換銀行券と商品価値の表現様式（2）—小幡道昭の貨幣・信用論に学ぶ」東北学院大学学術研究会『東北学院大学経済学論集』第一七八号。
泉　正樹［2013a］「書評：沖公祐著『余剰の政治経済学』」東京大学経済学会『經濟學論集』第七八巻第四号。
泉　正樹［2013b］「貨幣の本源的概念についての覚書」東北学院大学学術研究会『東北学院大学経済学論集』第一八〇号。
泉　正樹・結城剛志［2016］「貨幣・信用論をめぐる研究状況—Economy&Society誌における論争を手掛かりとして」埼玉大学経済学会『社会科学論集』第一四六・一四七合併号。
泉　正樹・江原慶・柴崎慎也・結城剛志［2019］『これからの経済原論』ぱる出版。
市原靖久［2006］「西洋的法観念の形成—imago Deiからhomo juridicusへ」關西大學法學會『關西大學法學論集』第五六巻第二・三号。
伊藤　誠［1989］『資本主義経済の理論』岩波書店。
伊藤　誠・C.ラパヴィツァス［2002］『貨幣・金融の政治経済学』岩波書店。
伊藤　誠［2010］「価値概念の深化とその歴史的基礎—マルクス、アリストテレス、宇野の対話から」櫻井毅・山口重克・柴垣和夫・伊藤誠編『宇野理論の現在と論点—マルクス経済学の展開』社会評論社。
伊藤　誠［2016］『マルクス経済学の方法と現代世界』桜井書店。
今村仁司［1982］『暴力のオントロギー』勁草書房。
今村仁司［1985］『排除の構造—力の一般経済序説』青土社。

今村仁司［1990］『理性と権力―生産主義的理性批判の試み』勁草書房。

今村仁司［1994］『貨幣とは何だろうか』筑摩書房。

今村仁司［2000／2016］『交易する人間―贈与と交換の人間学』講談社。

今村仁司［2005］『マルクス入門』筑摩書房。

岩井克人［1990］「貨幣とは何か」日本大学経済学研究会『経済集志』第五九巻第四号。

岩井克人［1998］『貨幣論』筑摩書房。

岩井克人［1999］「電子マネーの貨幣論」西垣通・NTTデータシステム科学研究所編『電子貨幣論』NTT出版。

岩田　弘［1972］『資本主義と階級闘争―共産主義Ⅰ』社会評論社。

岩野茂道［2005］「ドル本位制・再論」鹿児島国際大学『地域経済政策研究』第六号。

岩野茂道［2007］「貨幣と国家―クナップの銀行券について」鹿児島国際大学『地域経済政策研究』第八号。

植村高久［1992］「経済人の背後―流通論の方法」山口重克編『市場システムの理論―市場と非市場』御茶の水書房。

宇野弘蔵編［1956a／2019］『経済学（上巻）』KADOKAWA。

宇野弘蔵編［1956b／2019］『経済学（下巻）』KADOKAWA。

宇野弘蔵・向坂逸郎編［1958］『資本論研究』至誠堂。

宇野弘蔵編［1959］『現代経済学演習講座改版経済原論』青林書院新社。

宇野弘蔵［1963］『経済学ゼミナール（2）価値論の問題点』法政大学出版局。

宇野弘蔵［1964／2016］『経済原論』岩波書店。

宇野弘蔵［1966］『社会科学の根本問題』青木書店。

宇野弘蔵編［1967］『資本論研究Ⅰ商品・貨幣・資本』筑摩書房。

宇野弘蔵編［1968］『資本論研究Ⅴ利子・地代』筑摩書房。

宇野弘蔵［1969a］『資本論の経済学』岩波書店。

宇野弘蔵［1969b／2016］『社会科学としての経済学』筑摩書房。

宇野弘蔵［1972］『経済学の効用』東京大学出版会。

宇野弘蔵［1973］「経済原論Ⅰ」『宇野弘蔵著作集（1）』岩波書店。

宇野弘蔵［1974a］「マルクス経済学原理論の研究」『宇野弘蔵著作集（4）』岩波書店。

宇野弘蔵［1974b］「経済学方法論」『宇野弘蔵著作集（9）』岩波書店。

宇野弘蔵［1975／2014］『増補・農業問題序論』こぶし書房。

宇野弘蔵・梅本克己［1976／2006］『社会科学と弁証法』こぶし書房。

宇野弘蔵［1977］『資本論入門』講談社。

宇野弘蔵［1996］『価値論』こぶし書房。

宇野弘蔵［2015］『資本論に学ぶ』筑摩書房。

梅沢直樹［1998］「価値形態論の見直しのために」滋賀大学経済学会『彦根論叢』第三一五号。

梅沢直樹［2001］「『価値形態論の見直しのために』再論」滋賀大学経済学会『彦根論叢』第三三一号。

梅沢直樹［2002］「貨幣の帯びる象徴性をめぐって」滋賀大学経済学会『彦根論叢』第三三七号。

梅沢直樹［2009］「原理論体系における流通論のあり方をめぐって―スミス・ポランニーとの交錯を通して」滋賀大学経済学会『彦根論叢』第三七七号。

梅沢直樹［2012］「貨幣論の提起する方法論的問題をめぐって」滋賀大学経済学会『彦根論叢』第三九四号。

江原　慶［2017］「価値の量的表現論」東京大学大学院経済学研究科『経済学論集』第八二巻第一号。

江原　慶［2018］「価値形態論における計算貨幣」経済理論学会編『季刊 経済理論』第五四巻第四号。

江原　慶［2019a］「資本の変容と『金融化』―清水真志の『貨幣資本家』再考論によせて」大分大学経済学会『大分大学経済論集』第七〇巻第五・六号。

江原　慶［2019b］「銀行業と資本―分化・発生論批判」政治経済学・経済史学会『歴史と経済』第六一巻第四号。

大内　力［1978］『信用と銀行資本』東京大学出版会。

大内秀明［1965］「私的所有と商品経済―スミスとマルクス」東北大学教養部『東北大学教養部紀要』第二号。

大内秀明［1971］『宇野経済学の基本問題』現代評論社。

大塚久雄［1966］『社会科学の方法―ヴェーバーとマルクス』岩波書店。

大塚久雄［2000］『共同体の基礎理論』岩波書店。

大藪竜介［1978］『マルクス、エンゲルスの国家論』現代思潮社。

岡橋　保［1969］『信用貨幣の研究』春秋社。

岡橋　保［1976］「流通信用論―ヒルファディング信用論の研究」金融経済研究所『金融経済』第一五六号。

岡部洋實［1984］「利子の根拠―商業信用における利子をめぐって」伊藤誠・桜井毅・山口重克編『利子論の新展開』社会評論社。

岡部洋實［1989］「銀行信用の展開と預金・発券（1）」北海道大学『經濟學研究』第三八巻第四号。

岡部洋實［1990］「銀行信用の展開と預金・発券（2）」北海道大学『經濟學研究』第三九巻第四号。

岡部洋實［1994］「原理論における株式会社論の可能性」北海道大学『經濟學研究』第四三巻第四号。

岡部洋實［1995］「商品交換と『価値表現』―カール＝メンガーの価値論の含意」北海道大学『經濟學研究』第四四巻第四号。

岡部洋實［1996］「貨幣『制度』生成の論理」河村哲二編『制度と組織の経済学』日本評論社。

岡部洋實［2000］「貨幣生成論への視座（1）―山口重克氏の批判に応える」北海道大学『經濟學研究』第四九巻第四号。

岡部洋實［2001］「貨幣生成論への視座（2）―山口重克氏の批判に応える」北海道大学『經濟學研究』第五〇巻第四号。

岡部洋實［2006a］「貨幣と認識―労働の同質性をめぐって」SGCIME編『現代マルクス経済学のフロンティア』（マルクス経済学の現代的課題：第Ⅱ集現代資本主義の変容と経済学・第三巻）御茶の水書房。

岡部洋實［2006b］「『資本の商品化』論に関する批判的一考察」北海道大学『經濟學研究』第五六巻第二号。

岡部洋實［2016］「価値概念の再考」経済理論学会編『季刊 経済理論』第五三巻第二号。

岡本栄司・満保雅浩［1997］『電子マネー』岩波書店。

沖 公祐［2012］『余剰の政治経済学』日本経済評論社。

沖 公祐［2019］『「富」なき時代の資本主義―マルクス『資本論』を読み直す』現代書館。

奥山忠信［1990］『貨幣理論の形成と展開―価値形態論の理論史的考察』社会評論社。

奥山忠信［1999］『富としての貨幣』名著出版。

奥山忠信［2013］『貨幣理論の現代的課題―国際通貨の現状と展望』社会評論社。

奥山忠信［2016a］「価値論の正統性」経済理論学会編『季刊 経済理論』第五三巻第二号。

奥山忠信［2016b］「貨幣から資本への転化の論理」『埼玉学園大学紀要』第一六号。

奥山忠信［2017］「物神性論の形成」『埼玉学園大学紀要』第一七号。

小幡道昭［1988］『価値論の展開―無規律性・階級性・歴史性』東京大学出版会。

小幡道昭［2004］「種の属性としての価値」東京大学経済学会『経済学論集』第七〇巻第一号。

小幡道昭［2006］「貨幣の価値継承性と多態性―流通手段と支払手段」東京大学経済学会『経済学論集』第七二巻第一号。

小幡道昭［2009］『経済原論―基礎と演習』東京大学出版会。

小幡道昭［2012］『マルクス経済学方法論批判―変容論的アプローチ』御茶の水書房。

小幡道昭［2013］『価値論批判』弘文堂。

小幡道昭［2014］『労働市場と景気循環―恐慌論批判』東京大学出版会。

小幡道昭［2016］「商品価値の内在性―価値重心説批判」経済理論学会編『季刊 経済理論』第五三巻第二号。

柄谷行人［1986／1992］『探究Ⅰ』講談社。

柄谷行人［1978／1990］『マルクスその可能性の中心』講談社。

柄谷行人［2010／2015］『世界史の構造』岩波書店。

萱野稔人［2005］『国家とはなにか』以文社。

萱野稔人［2016］『暴力と富と資本主義―なぜ国家はグローバル化が進んでも消滅しないのか』角川書店。

萱野稔人［2017］『カネと暴力の系譜学』河出書房新社。

川合一郎［1951］「信用理論の根本問題」金融経済研究所『金融経済』第七・八号。

川合一郎［1977］「信用論における論理と行動」大阪市立大学経済学会『経済学雑誌』第七七巻第四・五号。

川合一郎［1981］「資本と信用」『川合一郎著作集（2）』有斐閣。

木村一郎［1976］「利子」大内秀明・桜井毅・山口重克編『資本論研究入門』東京大学出版会。

熊野純彦［2013］『マルクス 資本論の思考』せりか書房。

栗本慎一郎［1973］「経済人類学の意義と貨幣論の再構成―『富の一般的代表物としての貨幣』論」天理大学学術研究会『天理大学学報』第二四巻第七号。

栗本慎一郎［1979／2013］『経済人類学』講談社。

栗本慎一郎［1980／1984］『幻想としての経済』角川書店。

栗本慎一郎［1982］『経済人類学の眼』青土社。

久留間鮫造［1957］『価値形態論と交換過程論』岩波書店。

古結昭和［1976］「信用理論の基本規定（序説）―信用貨幣と利子生み資本」高知大学『海南経済学』第四号。

古結昭和［1979］「利子生み資本の概念について―通説に欠落せる一論点」高知大学『高知論叢』第七号。

古結昭和［1983］「利子生み資本の現実的生成と銀行制度―信用制度の基本的枠組、その一」高知大学『高知論叢』第一六号。

小島　寛［1984a］「世界貨幣と蓄蔵貨幣」東京経済大学『東京経大学会誌』第一三五号。

小島　寛［1984b］「『資本論』における蓄蔵貨幣論」山口重克・平林千牧編『マルクス経済学・方法と理論』時潮社。

小島　寛［1998］「貨幣と資本―宇野弘蔵の所説によせて」東京経済大学『東京経大学会誌』第二〇七号。

小島　寛［2015］「貨幣価値について」東京経済大学『東京経大学会誌』第二八五号。

小松和彦・栗本慎一郎［1982］『経済の誕生―富と異人のフォークロア』工作舎。

齋藤實男［1983］「商品物神崇拝と『価値』（1）」一橋研究編集委員会『一橋研究』第八巻第二号。

齋藤實男［1984］「商品物神崇拝と『価値』（2）」一橋研究編集委員会『一橋研究』第八巻第四号。

桜井　毅［1977］「宇野『原論』の学説史的意義」日本評論社『経済評論』第二六巻第七号。

佐藤金三郎・岡崎栄松・降旗節雄・山口重克編［1977］『資本論を学ぶI』有斐閣選書。

佐藤金三郎［1992］『「資本論」研究序説』岩波書店。

柴垣和夫［1968］「資本主義経済と基本的人権―諸権利と経済との距離」東京大学社会科学研究所編『基本的人権（1）・総論』東京大学出版会。

柴垣和夫［1997］『現代資本主義の論理―過渡期社会の経済学』日本経済評論社。

柴垣和夫［2016］「社会諸科学から社会科学へ」武蔵大学経済学会『武蔵大学論集』第六三巻第二・三・四号。

柴崎慎也［2016］「商業資本のもとにおける債務の集積」経済理論学会編『季刊 経済理論』第五三巻第二号。

清水　敦［2007］「貨幣の本質とその能動性」小幡道昭・青才高志・清水敦編『マルクス理論研究』御茶の水書房。

清水　敦［2010］「宇野価値尺度論の論理と射程」櫻井毅・山口重克・柴垣和夫・伊藤誠編『宇野理論の現在と論点―マルクス経済学の展開』社会評論社。

清水真志［2006］『商業資本論の射程―商業資本論の展開と市場機構論』ナカニシヤ出版。

清水真志［2007a］「商品世界と使用価値（1）―欲望論の視座から」専修大学社会科学研究所『専修大学社会科学研究所月報』第五二七号。

清水真志［2007b］「商品世界と使用価値（2）―欲望論の視座から」専修大学社会科学研究所『専修大学社会科学研究所月報』第五二八号。

清水真志［2014］「もう一つの商業資本論（3）―『商人資本に関する歴史的事実』を手掛かりとして」専

修大学経済学会『専修経済学論集』第四八巻第三号。

清水真志［2017］「貨幣資本家と資本（3）―今日の『金融化』を背景にして」専修大学経済学会『専修経済学論集』第五一巻第三号。

清水正徳［1977］「宇野理論と弁証法」日本評論社『経済評論』第二六巻第七号。

清水正徳・降旗節雄［1983］『宇野弘蔵の世界―マルクス理論の現代的再生』有斐閣。

清水正徳［1994］『人間疎外論』紀伊國屋書店。

清水正徳［2005］『自己疎外論から「資本論」へ』こぶし書房。

下平尾勲［1974］『貨幣と信用―形態論研究』新評論。

菅原陽心［1997］『商業資本と市場重層化』御茶の水書房。

菅原陽心［2012］『経済原論』御茶の水書房。

鈴木鴻一郎［1959］『価値論論争』青木書店。

鈴木鴻一郎編［1960］『経済学原理論（上）』東京大学出版会。

鈴木鴻一郎編［1962］『経済学原理論（下）』東京大学出版会。

鈴木鴻一郎［1977］「宇野理論の方法」日本評論社『経済評論』第二六巻第七号。

頭川　博［1981］「利子生み資本と貨幣前貸の二つの区別」日本評論社『一橋論叢』第八五巻第六号。

高橋洋児［1981］『物神性の解読―資本主義にとって人間とは何か』勁草書房。

高橋洋児［1992］「経済学原理論のなすべきこと―出番のない名優にならないために」山口重克編『市場システムの理論―市場と非市場』御茶の水書房。

高橋洋児［2015］『なぜ、お札でモノが買えるのか』言視舎。

侘美光彦［1976］「商品」大内秀明・桜井毅・山口重克編『資本論研究入門』東京大学出版会。

竹内晴夫［1996］「信用の不確実性と制度的対応」河村哲二編『制度と組織の経済学』日本評論社。

竹内晴夫［1997］『信用と貨幣―貨幣存立の根拠を問う』御茶の水書房。

竹内晴夫［2004］「電子マネー考—日本における電子マネー実験」SGCIME編『金融システムの変容と危機』（マルクス経済学の現代的課題：第Ⅰ集グローバル資本主義・第五巻）御茶の水書房。

竹内晴夫［2019］「仮想通貨は貨幣として流通するか—信用論の観点から」信用理論研究学会二〇一九年度春季大会報告資料。

竹田茂夫［2001］『思想としての経済学—市場主義批判』青土社。

武田信照［1982］『価値形態と貨幣—スミス・マルクス・ヒルファディング』梓出版社。

建部正義［2002］「岩井克人氏の電子貨幣論の帰結」中央大学『商學論纂』第四三巻第四・五号。

田中史郎［1991］『商品と貨幣の論理』白順社。

田中英明［2010］「商品の『資本性』—空所の純粋性から」滋賀大学経済学会『彦根論叢』第三八二号。

田中英明［2017］『信用機構の政治経済学—商人的機構の歴史と論理』日本経済評論社。

大黒弘慈［2000］『貨幣と信用—純粋資本主義批判』東京大学出版会。

大黒弘慈［2006］「主体の二重化（経済学における）」SGCIME編『現代マルクス経済学のフロンティア』（マルクス経済学の現代的課題：第Ⅱ集現代資本主義の変容と経済学・第三巻）御茶の水書房。

大黒弘慈［2015］『模倣と権力の経済学』岩波書店。

大黒弘慈［2016］『マルクスと贋金づくりたち』岩波書店。

中野　正［1958］『価値形態論』日本評論新社（中野正著作集刊行委員会編『中野正著作集第一巻』日本評論社、一九八七年）。

中野　正［1985］『経済学原理—「資本論」の問題点』ミネルヴァ書房。

中村泰治［1987］「蓄蔵貨幣と貨幣論」神奈川工科大学『幾徳工業大学研究報告』第一一号。

中村泰治［1992］「本来の貨幣と現代の貨幣」山口重克編『市場システムの理論—市場と非市場』御茶の水書房。

中村泰治［2009］「商業信用の成立条件と信用創造」浦和大学『浦和論叢』第四〇号。

永谷　清［1975］『科学としての資本論』弘文堂。

永谷　清［1997］『資本主義の核心』世界書院。
永谷　清［2006］「マルクス価値形態論のさらなる発展」法政大学『経済志林』第七四巻第一・二号。
永谷　清［2010］「価値の形態規定と実体規定─宇野派価値論の欠陥」櫻井毅・山口重克・柴垣和夫・伊藤誠編『宇野理論の現在と論点─マルクス経済学の展開』社会評論社。
永谷　清［2013］『市場経済という妖怪─「資本論」の挑戦と現代』社会評論社。
西部　忠［2000］「〈地域〉通貨LETS 貨幣・信用を超えるメディア」柄谷行人編『可能なるコミュニズム』太田出版。
西村可明［1977］「マルクスの所有概念について─社会主義経済論からの一考察」岩波書店『経済研究』第二八巻第三号。
新田　滋［1994］「市場プロセスと人間行為」茨城大学教養部『茨城大学教養部紀要』第二六号。
新田　滋［1997a］「自然状態と価値形態─純粋資本主義社会をめぐって」茨城大学政経学会『茨城大学政経学会雑誌』第六六号。
新田　滋［1997b］「信用創造理論の批判的再検討─フィリップス説と山口・小島説の問題点から」茨城大学人文学部『社会科学論集』第三〇号。
新田　滋［2001］『恐慌と秩序─マルクス〈資本論〉と現代思想』情況出版。
新田　滋［2004］「交換過程と価値形態─青木孝平氏の価値形態論をめぐって」経済理論学会編『季刊　経済理論』第四一巻第一号。
新田　滋［2005］「侘美理論と世界資本主義論の可能性」茨城大学人文学部『社会科学論集』第四二号。
新田　滋［2010a］「商品・貨幣・市場形式の生成」茨城大学人文学部『社会科学論集』第四九号。
新田　滋［2010b］「価値形態論と物神性論─廣松渉、柄谷行人による解釈の批判的再構築」茨城大学人文学部『社会科学論集』第五〇号。
新田　滋［2014］「『復元論』と『分化発生論』について─宇野弘蔵と山口重克の方法論をめぐって」専修

大学社会科学研究所『社会科学年報』第四八号。
長谷部孝司［1988］「購買手段としての貨幣と価値尺度論の展開」『筑波大学経済学論集』第二〇号。
浜　矩子［2009］『グローバル恐慌―金融暴走時代の果てに』岩波書店。
日高　普［1966］『商業信用と銀行信用』青木書店。
日高　普［1968］『銀行資本の理論』東京大学出版会。
日高　普［1983］『経済原論』有斐閣選書。
日高　普［1994］『マルクスの夢の行方』青土社。
平田清明［1971］『経済学と歴史認識』岩波書店。
廣西元信［2002］『資本論の誤訳』こぶし書房。
廣松　渉［1969/1991］『マルクス主義の地平』講談社。
藤川昌弘［1976］「信用」大内秀明・桜井毅・山口重克編『資本論研究入門』東京大学出版会。
藤田　勇［1974］『法と経済の一般理論』日本評論社。
麓　健一［1953］『信用創造理論の研究』東洋經濟新報社。
麓　健一［1956］『金融経済論―信用理論の基本体系』日本評論新社。
麓　健一［1967］『不換銀行券論』青木書店。
降旗節雄［1965］『資本論体系の研究』青木書店。
降旗節雄［1997］『貨幣の謎を解く―価値形態論から現代金融まで市場経済の貨幣論的分析』白順社。
降旗節雄［2000］「宇野理論の構造と現代―体制問題の焦点としての現状分析」降旗節雄・伊藤誠共編『マルクス理論の再構築―宇野経済学をどう活かすか』社会評論社。
松井　暁［1990］「商業信用と利子生み資本」一橋研究編集委員会『一橋研究』第一五巻第三号。
松井　暁［1991］「信用と利子生み資本」日本評論社『一橋論叢』第一〇五巻第六号。
松尾秀雄［1996］「交換の原理と共同体」河村哲二編『制度と組織の経済学』日本評論社。

松尾秀雄［1999］『市場と共同体』ナカニシヤ出版。

松尾秀雄［2009］『共同体の経済学』ナカニシヤ出版。

松田正彦［1996］「情報と信用制度」河村哲二編『制度と組織の経済学』日本評論社。

松本久雄［2003］『マルクス信用論の解明と展開』日本図書センター。

御園生等編［1991］『いま、マルクスをどう考えるか』河出書房新社。

宮沢和敏［1996］「信用力と信用取引」茨城大学人文学部『社会科学論集』第二九号
宮沢和敏［1997］「一覧払債務の流通根拠—山口重克氏の銀行信用論の検討」茨城大学政経学会『茨城大学政経学会雑誌』第六六号。

望月清司［1977］「宇野経済学をささえた宇野史学—大塚資本主義論との対比において」日本評論社『経済評論』第二六巻第七号。

守山昭男［1994］『銀行組織の理論』同文舘出版。

安田展敏［1984］「購買手段としての貨幣」山口重克・平林千牧編『マルクス経済学・方法と理論』時潮社。

安冨　歩［2000］「貨幣とは何か？【複雑さへの移行】」藤原書店『環』vol. 3、八六〜九五頁。

山口系一［1999］「経済主体にとっての貨幣と信用」小幡道昭編『貨幣・信用論の新展開』社会評論社。

山口重克［1976］「貨幣・資本」大内秀明・桜井毅・山口重克編『資本論研究入門』東京大学出版会。

山口重克［1983a］『資本論の読み方—宇野弘蔵に学ぶ』有斐閣。

山口重克［1983b］『競争と商業資本』岩波書店。

山口重克［1984］『金融機構の理論』東京大学出版会。

山口重克［1985］『経済原論講義』東京大学出版会。

山口重克［1987］『価値論の射程』東京大学出版会。

山口重克［1992］「段階論の理論的必然性—原理論におけるいくつかのブラック・ボックス」山口重克編『市場システムの理論—市場と非市場』御茶の水書房。

山口重克［1996］『価値論・方法論の諸問題』御茶の水書房。

山口重克［2000］『金融機構の理論の諸問題』御茶の水書房。

山口重克編［2004］「新版・市場経済—歴史・思想・現在」名古屋大学出版会。

山口重克［2006a］「電子マネーの貨幣論的考察」木立真直・辰馬信男編『流通の理論・歴史・現状分析』中央大学出版部。

山口重克［2006b］『類型論の諸問題』御茶の水書房。

山口重克［2008］『現実経済論の諸問題』御茶の水書房。

山口重克［2013］「資本主義の不純化と多様化—小幡道昭の批評に答える」経済理論学会編『季刊 経済理論』第五〇巻第二号。

楊枝嗣朗［1986］「不換銀行券＝不換国家紙幣説の帰結—不換銀行券論争と現代信用理論（1）」佐賀大学経済学会『佐賀大学経済論集』第一九巻第三号。

楊枝嗣朗［1987］「『信用論への蓄積論の復位』説批判—不換銀行券論争と現代信用理論（2・上）」佐賀大学経済学会『佐賀大学経済論集』第二〇巻第一号。

楊枝嗣朗［2008a］『貨幣論の再生—貨幣の抽象性と債務性（上）』佐賀大学経済学会『佐賀大学経済論集』第四〇巻第六号。

楊枝嗣朗［2008b］『貨幣論の再生—貨幣の抽象性と債務性（下）』佐賀大学経済学会『佐賀大学経済論集』第四一巻第一号。

横山章祐［2006］「価値形態論と商品貨幣説」経済理論学会編『季刊 経済理論』第四三巻第二号。

吉沢英成［1981］『貨幣と象徴—経済社会の原型を求めて』日本経済新聞社。

吉沢文男［1957］「貨幣・商品に対する仏教的観照—仏教的経済観覚え書」駒澤大学『駒澤大學研究紀要』第一五号。

吉田　暁［2002］『決済システムと銀行・中央銀行』日本経済評論社。

吉田　暁［2008］「内生的貨幣供給論と信用創造」経済理論学会編『季刊 経済理論』第四五巻第二号。

Aglietta, Michel・Orléan, André［1982・1984］, *La violence de la monnaie*, Paris：Presses Universitaires de France（井上泰夫・斉藤日出治訳『貨幣の暴力—金融危機のレギュラシオン・アプローチ』法政大学出版局、一九九一年）。

Braudel, Fernand［1976］, *La Dynamique du Capitalisme*, Paris：Flammarion（金塚貞文訳『歴史入門』中央公論新社、二〇〇九年）。

Dodd, Nigel［1994］, *The Sociology of Money：Economics, Reason and Contemporary Society*, Cambridge：Polity Press（二階堂達郎訳『貨幣の社会学』青土社、一九九八年）。

Harvey, David［2010］, *A Companion to Marx's Capital*, London：Verso（森田成也・中村好孝訳『〈資本論〉入門』作品社、二〇一一年）。

Harvey, David［2014］, *Seventeen Contradictions and the End of Capitalism*, London：Profile Books（大屋定晴・中村好孝・新井田智幸・色摩泰匡訳『資本主義の終焉—資本の17の矛盾とグローバル経済の未来』作品社、二〇一七年）。

Hicks, John R.［1969］, *A Theory of Economic History*, Oxford University Press（新保博・渡辺文夫訳『経済史の理論』講談社、一九九五年）。

Hilferding, Rudolf［1955］, *Das Finanzkapital*, Dietz Verlag, Berlin（林要訳『金融資本論』〔1〕・〔2〕大月書店、一九六一年）。

Innes, Alfred M.［1913］, "What is Money?," *The Banking Law Journal*, 30（5）, May, pp.377-408.

Innes, Alfred M.［1914］, "The Credit Theory of Money," *The Banking Law Journal*, 31（2）, January, pp.151-168.

Lapavitsas, Costas［2006］, 泉正樹・吉村信之訳「権力と信頼—貨幣と信用の構成要素として」SGCIME編『現代マルクス経済学のフロンティア』（マルクス経済学の現代的課題：第Ⅱ集現代資本主義の変容と経済学・第三巻）御茶の水書房。

Locke, John［1690］, *Two Treatises of Government,* ed., P. Laslett, Cambridge University Press, 1988（加藤節訳『完訳 統治二論』岩波書店、二〇一〇年）。

Macpherson, Crawford B.［1962］, *The Political Theory of Possessive Individualism：Hobbes to Locke,* Oxford University Press（藤野渉・将積茂・瀬沼長一郎訳『所有的個人主義の政治理論』合同出版、一九八〇年）。

Martin, Felix［2013］, *Money：The Unauthorised Biography,* Bodley Head（遠藤真美訳『21世紀の貨幣論』東洋経済新報社、二〇一四年）。

Marx, Karl［1858-1861］, *Ökonomische Manuskripte und Schriften 1858-1861,* in Marx-Engels Gesamtausgabe, II-2, Dietz Verlag, Berlin, 1980（資本論草稿集翻訳委員会訳『マルクス資本論草稿集③』大月書店、一九八四年）。

Marx, Karl［1890］, *Das Kapital,* Erster Band, *Karl Marx-Friedrich Engels Werke,* Band 23, Institut für Marxismus - Leninismus beim ZK der SED. Dietz Verlag, Berlin, 1962（岡崎次郎訳『資本論（マルクス＝エンゲルス全集版第一巻第一分冊）』大月書店、一九七二年）。

Marx, Karl［1894］, *Das Kapital,* Dritter Band, *Karl Marx-Friedrich Engels Werke,* Band 25, Institut für Marxismus - Leninismus beim ZK der SED. Dietz Verlag, Berlin, 1964（岡崎次郎訳『資本論（マルクス＝エンゲルス全集版第三巻第二分冊）』大月書店、一九七二年）。

Menger, Carl［1923］, *Grundsätze der Volkswirtschaftslehre,* 2. Aufl., mit einem Geleitwort von Richard Schüller, aus dem Nachlaß herausgegeben von Karl Menger, Wien und Leipzig（『一般理論経済学—遺稿による「経済学原理」第二版』第二巻、八木紀一郎・中村友太郎・中島芳郎訳、みすず書房、一九八四年）。

MP: Deleuze, Gilles et Guattari, Félix [1980], *Mille plateaux*, Paris, Minuit（宇野邦一・小沢秋広・田中敏彦・豊崎光一・宮林寛・守中高明訳『千のプラトー（下）』河出書房新社、二〇一〇年）。

North, Douglass C. [1981], *Structure and Change in Economic History*, New York: Norton（大野一訳『経済史の構造と変化』日経BP社、二〇一三年）。

Polanyi, Karl [1957a], "The Semantics of Money-Uses," reprinted in G. Dalton (ed.), *Primitive, Archaic and Modern Economies*, pp.175-203, Boston, MA: Beacon Press, 1968（「貨幣使用の意味論」玉野井芳郎・平野健一郎編訳『経済の文明史』日本経済新聞社、一九七五年）。

Polanyi, Karl [1957b], "Aristotle Discovers the Economy," Polanyi, K., C. M. Arensberg, and H. W. Pearson, eds., *Trade and Market in the Early Empires*, pp.64-94, The Free Press, Glencoe（「アリストテレスによる経済の発見」玉野井芳郎・平野健一郎編訳『経済の文明史』日本経済新聞社、一九七五年）。

Polanyi, Karl [1957c], *The Great Transformation: The Political and Economic Origins of Our Time.* Beacon Press, Foreword by Joseph E. Stiglitz, With a New Introduction by Fred Block, Boston: Beacon Press, 2001（野口建彦・栖原学訳『[新訳] 大転換—市場社会の形成と崩壊』東洋経済新報社、二〇〇九年）。

Polanyi, Karl [1977], *The Livelihood of Man*, Academic Press（玉野井芳郎・栗本慎一郎訳『人間の経済I—市場社会の虚構性』岩波書店、一九九八年）／（玉野井芳郎・中野忠訳『人間の経済II—交易・貨幣および市場の出現』岩波書店、一九九八年）。

Wood, Ellen M. [1995], *Democracy Against Capitalism: Renewing Historical Materialism*, Cambridge University Press（森川辰文訳・石堂清倫監訳『民主主義対資本主義—史的唯物論の革新』論創社、一九九九年）。

Wood, Ellen M. [1999], *The Origin of Capitalism*, Monthly Review Press（平子友長・中村好孝訳『資本主義の起源』こぶし書房、二〇〇一年）。

Wood, Ellen M. [2003], *Empire of Capital*, London：Verso（中山元訳『資本の帝国』紀伊國屋書店、二〇〇四年）。

＊初出一覧

第一章：「商業信用の形態と利子―貨幣貸借の理論領域」北海道大学『經濟學研究』二〇一九年六月、第六九巻第一号。

第二章：「商品交換の駆動原理―私的所有と価値関係」北海道大学『經濟學研究』二〇二〇年一月、第六九巻第二号。

第三章：「価値形態論の再考―価値形態の移行過程を中心に」経済理論学会編『季刊・経済理論』二〇一九年一月、第五五巻第四号。

第四章：「貨幣蓄蔵の基本規定―富としての貨幣と商品としての貨幣」経済理論学会編『季刊・経済理論』二〇二〇年七月、第五七巻第二号。

第五章：「信用貨幣の生成原理に関する一考察」北海道大学『經濟學研究』二〇二一年一二月、第七一巻第二号（※刊行予定）。

〔著者紹介〕

海　大汎（へ・デボム）

1986 年　韓国・ソウル生まれ
2013 年　韓国外国語大学人文学部言語認知科学専攻卒業
2017 年　北海道大学大学院経済学院修士課程修了
2020 年　北海道大学大学院経済学院博士後期課程修了
　　　　博士（経済学）
現在　北海道大学大学院経済学研究院助教

貨幣の原理・信用の原理
マルクス＝宇野経済学的アプローチ

2021 年 9 月 30 日　初版第 1 刷発行

著者　：© 海大汎
装幀　：右澤康之
発行人：松田健二
発行所：株式会社 社会評論社
　東京都文京区本郷 2-3-10
　電話：03-3814-3861　Fax：03-3818-2808
　http://www.shahyo.com
組版　：Luna エディット .LLC
印刷・製本：倉敷印刷 株式会社